期权套保运用

运用

风险管理与策略实践

五矿期货 编著

中国出版集团 东方出版中心

图书在版编目（CIP）数据

期权套保运用：风险管理与策略实践 / 五矿期货编
著. -- 上海：东方出版中心，2025. 5. -- ISBN 978-7-
5473-2708-1

I. F830.91

中国国家版本馆CIP数据核字第20252WR047号

期权套保运用：风险管理与策略实践

编　　著　五矿期货
责任编辑　钱吉苓
封面设计　钟　颖

出 版 人　陈义望
出版发行　东方出版中心
地　　址　上海市仙霞路 345 号
邮政编码　200336
电　　话　021-62417400
印 刷 者　扬州皓宇图文印刷有限公司

开　　本　710mm×1000mm 1/16
印　　张　26.25
字　　数　346 千字
版　　次　2025 年 5 月第 1 版
印　　次　2025 年 5 月第 1 次印刷
定　　价　168.00 元

课题组成员

杨宝宁　周　智

万常旺　卢品先　刘洁文

李仁君　李立勤　杨　艳

邱慧芳　张剑锋　周继梅

孟　远　焦方正

荐序一

　　企业在经营过程中面临着各种不确定性,如何在风险普遍存在的环境中稳健经营是每个企业必须面对的问题。在开放经济环境下,企业还要承受价格波动剧烈及国际市场联动紧密的双重挑战。如何有效管理风险,特别是金融工具如何助力防控风险,从而服务实体经济,是金融高质量发展必须回答的课题。期权等衍生工具的出现,不仅弥补了传统风险管理手段的不足,更为企业的经营决策注入了前所未有的灵活性与创新性。相比传统金融强国,我国的衍生品市场无论是市场规模还是企业的参与程度都还有非常大的差距。尽管如此,这个市场中还是有一批先行者在努力探索。

　　五矿期货是中国最早成立的一批期货公司之一,在三十年的发展历程中,公司始终坚持立足产业,聚焦服务实体,逐渐成长为集期货经纪业务、风险管理业务、资产管理业务、国际业务和交易咨询业务为一体的综合性期货公司。在产业服务、特色发展和做市业务方面处于行业领先地位,经营业绩与行业地位稳步提升,已成为行业领先的产业系期货公司。

　　金融与产业的深度融合,是推动经济高质量发展的关键所在。如何高效运用金融工具,推动产业高质量发展,是各行业共同关注的重大课题。近年来,各行业在期货、期权等工具的应用上,已从初期的探索性尝试逐步迈向精细化、体系化的新阶段。随着期权市场的日益成熟,其在精准风险管理、收益提升及商业模式创新等方面的潜力愈发显现,为行业深化金融工具应用开辟了更为广阔的空间。同时,衍生工具更广泛而精细的使用,对从业人员也提出了更高的要求。一本难度适中、内容接地气的参考书成为破解问题的关键。

本书系统阐述期权工具理论，并辅以真实案例，书中深入探讨的期权进阶策略，不仅限于传统的套期保值，更延伸至收益增强与成本控制等前沿领域，精准回应了当前众多企业面临的迫切需求。例如，在原材料价格上行压力下，企业通过买入看涨期权锁定采购成本，有效规避了期货锁仓可能引发的流动性压力；而在价格高位运行时，期权策略的运用则成为企业提升竞争力、确保稳定收益与市场优势的利器。本书在此类实际问题上的深刻剖析与有效解答，无疑为行业实践提供了宝贵的参考。

相比传统教科书，本书所展现的专业深度与实践经验的丰富性令人赞叹。书中不仅系统性地构建了期权基础理论框架与套期保值策略的宏观视图，而且通过详尽剖析一系列真实案例，实现了理论与实践的无缝对接，特别是最后一章的多个实战案例，其生动性与启示性尤为突出。如某金属企业通过对市场动态的精准预判与期权策略的灵活部署，在有效规避风险的同时，还为企业争取了额外的收益空间。这种"攻守并蓄"的策略范式，超越了单一风险管理的范畴，充分彰显了期权工具在复杂市场生态中的多元价值。

本书不仅为期权工具在各行业的推广与应用提供了坚实的理论基础，更为金融与产业深度融合的创新模式探索提供了线索和可供操作的方法论。无论是对从业者，还是对初入衍生品大门的学生，本书都非常具有参考价值。我国在衍生品领域的发展还有相当的路要走。但路虽远，行则必至，在这条路上，本书无疑是一个可靠的伙伴。

对外经济贸易大学中国金融学院院长

2024 年 12 月 17 日于北京

荐序二

近年来,供需动态变化和地缘政治因素引发了大宗商品价格的持续剧烈波动。根据 Mysteel 数据,过去四年各大宗商品价格指数的年化波动率平均在 10%~40% 之间[①]。在这种持续高波动的环境下,大宗商品产业链上的企业面临显著的利润波动和财务不稳定,极端情况下甚至可能危及企业生存。

因此企业愈发重视价格风险管理。越来越多的企业开始将 Mysteel 提供的数据和分析工具应用在风险对冲决策中。这一趋势在我们所服务的各个领域广泛存在,包括黑色金属、有色金属、能源化工、建筑材料、农产品和新能源等行业,以实现企业平滑利润曲线和降低财务风险的目标。

在运用传统期货工具进行套期保值时,企业需要关注两种间接成本:一是持有保证金的机会成本,二是失去价格有利变动时的收益机会。

期货交易的保证金占用了企业大量资金,特别在面临巨大波动时保证金要不断调整,容易对企业的流动性造成压力。这些资金本可用于其他更具价值的项目,造成资源配置的非最优状态。

另外,失去价格有利变动时的收益机会也是一种间接成本。期货套期保值策略可以概括为"反向操作,均等相对,盈亏相抵",也意味着在锁定价格的同时失去了在价格波动中获取潜在收益的机会。

这使得期权套期保值逐渐受到市场青睐。通过支付期权费,企业获得了应对价格不利变动的保护,同时在价格有利变动时仍能享受潜在收益。

[①] 计算方法为:当年最高价格减去最低价格,再除以该年度的平均价格。

这种非线性的风险和回报结构，使期权在高度波动的市场中更具吸引力。

随着大宗商品市场可能出现更强的波动性和不可预测性，如何有效管理这些波动风险，避免财务困境，并在此基础上保护和创造价值，已成为现代企业不可忽视的战略手段之一，也是企业竞争力的重要体现。如果能灵活运用各种金融工具（期货、期权、掉期和结构化产品），企业便能以更低的成本和更优的风险管理方案实现套期保值目标。

本书为希望探索期权套期保值的读者提供全面的指导。期权的理论和实操虽然较为复杂，但也正是这一特点赋予了期权独特的魅力和强大的风险管理能力。作为一家具有深厚产业基础的期货公司，五矿期货凭借在多个商品市场和行业中的丰富实战经验，结合大量经典案例，对这些经验进行了系统化的梳理和总结。通过本书，读者不仅能深入理解期权套期保值的理论框架，还能从实际操作层面获得切实可行的指导，进一步丰富自己的"武器库"，以更好地应对复杂多变的市场形势。

高波

上海钢联电子商务股份有限公司

联席董事长、总裁

2024 年 12 月 17 日于上海

荐序三

在当今复杂多变的经济环境中,企业面临的市场风险日益增加,企业的风险管理能力已成为核心竞争力的重要组成部分。江特电机作为新能源产业中的重要一员,一直致力于通过创新和技术进步来推动锂电行业的发展,并积极响应国家绿色发展的号召。在这个过程中,我们深刻认识到,除了技术革新外,掌握先进的金融工具和风险管理策略同样至关重要。因此,当我读到本书时,深感其对于企业风险管理的指导意义非凡,特此推荐给我的同行及所有关心企业稳健发展的朋友们。

首先,我被书中深入浅出的讲解所吸引。从期权的基础概念到套保运用,再到期权策略的实践案例,本书为读者提供了一个全面而系统的学习路径。它不仅让企业客户系统地了解期权套保的基本原理和策略,还教会了我们如何在不同的市场环境下进行有效的风险管理,犹如打开了一扇通往期权世界的大门。

随着阅读的深入,书中所呈现的期权进阶套保策略更是令人眼前一亮,期权多部位交易及套保策略、期权 + 期货套保策略等内容,极大地提升了风险管理策略的灵活性与多样性,能够帮助企业更好地应对各种复杂的市场环境,为我们提供了宝贵的参考。作为企业的经营者,我深知理论与实践相结合的重要性。本书通过大量实际案例的解析,将期权套保策略在不同情境下的应用展现得淋漓尽致,让读者能够直观地感受到期权在风险管理中的独特魅力。对于江特电机而言,无论是在锂矿原材料价格波动的应对上,还是在电机产品市场价格不稳定时期的风险防控中,这些进阶策略都提供了新的思路与方法。

在带领江特电机不断前行的过程中，我始终秉持着"深耕行业谋发展，履职尽责为人民"的理念。我相信，通过学习和应用本书中的风险管理策略，江特电机将能够更好地应对未来的市场挑战，实现更加稳健的发展。同时，我也希望更多的企业能够从中受益，共同推动中国新能源产业的繁荣与发展。

最后，我要感谢本书的作者，他们通过深入浅出的笔触，将复杂的期权套保知识变得易于理解，为企业经营者提供了一本难得的实战指南。无论是初创型企业还是已经成熟的大型企业，都能够从中获得启发，并将其应用于实际工作中去，这本书将成为关心企业风险管理者的必读之作。

江西特种电机股份有限公司总裁

2024 年 12 月 18 日于宜春

前　言

在市场的快速发展与波动性日益增强的今天，不论实体企业、金融机构还是个人交易者，风险管理的意识和能力很大程度上决定了其收益稳健性。期权这一工具不仅为市场参与者提供了灵活的风险管理手段，也为资产配置、资本运作及投机策略增添了新的维度。通过使用期权，交易者可以在复杂的市场中实现精准的风险对冲，优化投资组合的风险收益比。期权所带来的"有限风险、无限收益"的特点，使其成为应对市场风险的"护身符"、现代投资与风险管理中的"后起之秀"。

在这些年的期货从业经验中，我目睹了期权在不同市场环境下的独特应用价值，也见证了不少市场参与者对于期权从陌生到熟悉，从疑虑到接纳，从"信不过"到"离不开"的变化历程。同时我也感受到，对于诸多产业单位、个人交易者而言，做好风险管理往往是"知易行难"：在实际操作中总感到无从下手，特别是在如何将复杂的理论与具体套保操作结合、如何从自身需求出发，制定高效的风险管理策略上存在较大障碍。许多时候，企业还是依赖于传统的套期保值策略，建立期货头寸去对冲现货端风险。然而这种策略在面对市场变化时相对较为被动，往往无法实现最佳效果，且对资金占用形成一定压力。因此，如何精准运用期权工具进行风险管理，成为企业亟待解决的痛点。

本书基于这一背景，回应了期货与期权市场的实际需求，架设了一条理论与实践之间的桥梁，深入探讨了期权在风险管理中的核心作用，系统讲解了期权套保与策略的应用。无论您是资深的金融从业者，还是刚刚踏入期货市场的交易者，都能在本书中找到切实可行的策略与思路。全书共分为六章，从理论到实践逐步深入：前两章介绍了期权的基础知识与实务操作，并系统阐述了期权在套期保值中的基本策略；第三章则进入期权进阶套保策略，涵盖多部位交易及期权与期货的结合使用，帮助读者提升操作的灵活性与复杂性；第四章专注于金融期权的应用，探讨如何通过动态套保策略有效管理投资组合中的风险；第五章则将目光转向场外期权与奇异期权，分析这些创新工具在特殊市场环境中的应用；第六章通过实际案例分析，展示了期权策略在不同情境下的应用，极大增强了理论与实践的结合。通过系统的理论讲解与真实案例分析相结合，本书不仅帮助读者深入理解期权工具的本质，更为那些希望通过期权工具有效管理风险的企业、交易者进行套保提供了可行的操作策略。

作为本书的编著方，五矿期货有限公司是世界 500 强中国五矿旗下核心期现业务平台，拥有上期所、大商所、郑商所、中金所、广期所及上海国际能源交易中心会员资格，历经 30 多年发展，已经成为集期货经纪业务、风险管理业务、资产管理业务、国际业务和交易咨询业务为一体的综合性期货公司，目前拥有 5 家分公司、3 家子公司和 18 家期货营业部，在金属、贵金属、新能源品种服务能力等方面处于行业领先地位。

五矿期货写作团队有丰富的业务一线经验、具备扎实的理论知识储备：他们服务有色、黑色金属产业链客户，提供针对性的期权风险管理解决方案，帮助企业有效应对市场波动；他们积极响应国家乡村振兴战略国家政策，以"保险 ＋ 期货"模式服务三农，帮助农户应对市场价格波动和自然灾害。凭借对期权工具的深刻理解与创新应用，相关工作效果获得市场、社会的广泛认可和行业多个荣誉奖项。本书充分体现了他们在期权管理领域的独到见解和丰富经验，旨在通过专业的理论和实务操作，为读者提供切实可行的期权风险管理策略。

在本书撰写过程中，我们参考了大量关于期权套保的文献和资料，并结合实际案例进行了深入分析和总结。我们发现，尽管现有的文献大多集中于期权定价领域，但关于期权在企业实际应用情况的文献相对较少。因此，本书特别注重将理论与实践相结合，通过具体案例来展示期权套保策略在实际操作中的应用和效果。

本书适合广大交易者、企业管理人员、金融从业人员以及相关专业学生阅读和参考。通过阅读本书,读者可以系统地了解期权套保的基本原理和策略,掌握在不同市场环境下风险管理的方法和技巧,同时为培养具有实战能力的期现复合型人才提供有力的支持。

金融衍生品市场工具在不断发展进化。随着全球市场的日益复杂多变,期权等风险管理工具的多样化、专业化和个性化也将随之走向新的阶段。未来,无论是在企业的风险控制、投资组合的优化,还是在农业生产等领域,期权工具都将发挥越来越重要的作用。通过阅读和思考,相信读者不仅可以提升自己的理论素养,还能将书中案例总结提炼、举一反三、为我所用。期待您从本书中汲取宝贵的知识,在未来的市场中取得成功!

五矿期货有限公司党委书记、董事长

2024 年 11 月 13 日于深圳

目　录

第一章
期权基础与实务

第一节　期权发展历程

一、国际期权市场发展历程

世界上非标准化的场外期权其实很早就已经出现,不过标准化的场内期权一直要到 1973 年才正式问世,距离标准化的期货商品问世,已经过去了一百多年。

1973 年,芝加哥期权交易所(CBOE)首次明确地定义了期权合约,并成功地为期权产品建立了交易市场。此后,国际期权市场经历了从初创到逐步成熟,再到全球化与多元化的多个阶段。

在期权商品正式问世之后,由于标准化的合约可以为交易者有效地降低交易成本,以及解决了场外期权流动性不足等问题,使得期权商品蓬勃发展,世界各国也开始陆续推出各自的期权商品。

(一)初创期(20 世纪 70 年代至 80 年代)

20 世纪 70 年代,金融市场经历了一系列的变革。随着布雷顿森林体系的瓦解,浮动汇率制度逐渐确立,市场波动性显著增加,交易者对于能够有效管理风险的金融工具的需求日益迫切。

同时,金融自由化思潮兴起,金融市场逐步开放,推动了金融衍生品的创新。

1973 年,芝加哥期权交易所正式开业,成为全球第一家专门进行期权交易的交易所。

起初，期权交易主要集中在一些大型金融机构之间，交易量相对较小，品种也相对有限。随着市场的不断发展，越来越多的交易者开始认识到期权交易的价值，期权交易逐渐获得了更多的关注。

到了80年代，计算机技术的快速发展和金融市场的进一步开放催生了更多的期权交易所和期权产品，期权市场不断创新、逐渐完善。

（二）逐步成熟期（20世纪90年代）

进入20世纪90年代，金融自由化进程加速，各大期权交易所纷纷推出更多的期权产品，如外汇期权、商品期权、利率期权等，以满足交易者的多样需求。新型期权产品的推出为市场带来了新的增长点，期权市场的参与者数量与类型都逐渐增多；电子交易平台的普及与升级，使得交易更加迅速、高效，期权市场的活跃度和流动性都显著提升。

同时，市场监管规则也逐渐完善，监管力度显著加强，各国监管机构着力防范市场操纵和违规行为，维护市场的公平与稳定。

（三）全球化与多元化时期（21世纪初至今）

进入21世纪，随着全球化的加速推进，国际期权市场呈现出显著的全球化与多元化发展特点。

创新产品不断涌现，市场参与者更加多元化，自动化交易、区块链、人工智能等前沿技术开始在期权市场中得到探索和应用，各国交易所之间的合作与交流更加密切、深入。新的活力和动力持续注入期权市场，推动了期权市场的不断壮大和完善，形成了更加开放、包容和创新的市场格局。

国内的期权商品起步较晚，直到2015年才推出首只股票期权、2017年才推出商品期权、2019年才推出股指期权。经过这些年的发展，目前国内的场内期权已经上市64个不同的品种（截至2024年12月），也已经达到全体场内衍生品的约三成的成交量，是发展相当迅速的一个商品，未来有相当好的发展前景。

表 1-1-1　期权发展重要事件

年份	事件	意义
1865	芝加哥期货交易所（CBOT）推出了第一批标准期货合约	世界上的第一只标准期货
1973	芝加哥期权交易所（CBOE）推出了标准化的股票期权合约	世界上的第一只场内期权
1978	伦敦证券交易所（LSE）推出了股票期权合约荷兰的欧洲期权交易所（EOE）推出了股票期权合约	欧洲的第一只场内期权
1995	香港联合证券交易所（香港联交所 HKEx 的前身）推出了股票期权合约	亚洲的第一只场内期权
1997	日本大阪证券交易所（OSE）、东京证券交易所（TSE）、韩国交易所（KRX）推出了期权合约	
1999	新加坡交易所（SGX）推出了期权合约	
2001	印度国家证券交易所（NSE）、中国台湾期货交易所（TFE）推出了期权合约	
2015	上海证券交易所（后简称"上交所"）推出了股票期权合约	中国的第一只场内期权

二、国内期权市场发展历程

（一）国内期权上市时程

2015 年上交所上市了上证 50ETF 期权，是国内第一只场内期权，也是国内第一只股票期权；2017 年上市了豆粕和玉米期权，代表商品期权也开始上市；2019 年上市了 10 个期权品种，其中包含了股指期权，也意味着国内当时所有的证券、期货交易所都有期权商品上市。而后 2022 年、2023 年各有 14 个期权商品上市，2024 年也有 12 个期权商品上市，使得国内期权累计已经具有 64 个品种,发展形态相当不错,也显示各交易所都把期权商品当成主流商品来推展。

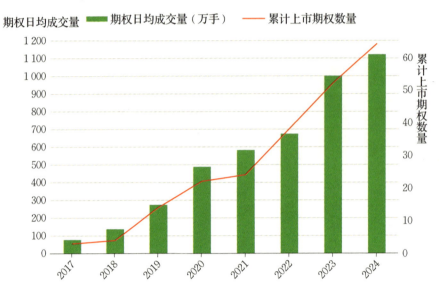

图 1-1-1 2017—2024 年国内期权商品上市数量及日均成交量

表 1-1-2 国内期权商品上市时间

年份	上市数量	上市商品
2015	1	上证 50ETF（510050）
2017	2	豆粕（M）、白糖（SR）
2018	1	铜（CU）
2019	10	橡胶（RU）、玉米（C）、棉花（CF）、铁矿石（I）、甲醇（MA）、精对苯二甲酸（PTA）、黄金（AU）、上证 300ETF（510300）、深证 300ETF（159919）、沪深 300 股指（000300）
2020	8	菜籽粕（RM）、液化气（LPG）、动力煤（ZC）、塑料（L）、聚氯乙烯（PVC）、聚丙烯（PP）、铝（AL）、锌（ZN）

年份	上市数量	上市商品
2021	2	棕榈油（P）、原油（SC）
2022	14	豆一（A）、豆二（B）、豆油（Y）、菜籽油（OI）、花生（PK）、工业硅（SI）、白银（AG）、螺纹钢（RB）、中证1 000股指（000852）、上证500ETF（510500）、深证500ETF（159922）、创业板ETF（159915）、深证100ETF（159901）、上证50股指（000016）
2023	14	乙二醇（EG）、苯乙烯（EB）、碳酸锂（LC）、合成橡胶（BR）、短纤（PF）、纯碱（SA）、锰硅（SM）、硅铁（SF）、尿素（UR）、苹果（AP）、对二甲苯（PX）、烧碱（SH）、科创50ETF（588000）、科创板50ETF易方达（588080）
2024	12	红枣（CJ）、玻璃（FG）、玉米淀粉（CS）、生猪（LH）、鸡蛋（JD）、铅（PB）、镍（NI）、锡（SN）、氧化铝（AO）、原木（LG）、多晶硅（PS）、瓶片（PR）

再看各交易所的期权品种，其中上交所、深交所、中金所上市的股票期权以及股指期权，都可归类在金融期权的大类中。其余的四个商品期货交易所中，上期所（含上期能源）主攻金属类期权以及一部分的能化类期权；大商所及郑商所主打能源化工、农产品类的期权，以及一小部分的金属类期权；广期所成立时间最晚，目前仍是以新能源相关的期权品种为主。

（二）全球期货、期权历年成交量变化

再看全球范围内的场内期货、期权发展情形。下两图统计了全球范围内2000—2024年期货和期权的成交量。

图中可以看到，2000—2020年期货与期权的成交量相差不远，不过到了2021年之后，期权成交量的增长力道明显超越期货，显示在全球范围内，期权的受欢迎程度持续增加。

表 1-1-3　国内期权上市品种分类（交易所品种分类）（截至 2024/12）

品种		合计	上交所	深交所	中金所	上期所（能源）	大商所	郑商所	广期所
金融		12	上证 50ETF、沪深 300ETF、中证 500ETF、科创板 50ETF、科创 50ETF	沪深 300ETF、中证 500ETF、创业板 ETF、深 100ETF	上证 50 股指、沪深 300 股指、中证 1 000 股指				
金属		17				黄金、白银、铜、铝、锌、螺纹钢、镍、锡、氧化铝	铁矿石	锰硅、硅铁、玻璃	工业硅、碳酸锂、多晶硅
能源化工		18				原油、橡胶、合成橡胶	LPG、L、PVC、PP、乙二醇、苯乙烯	动力煤、PTA、对二甲苯、烧碱、甲醇、纯碱、短纤、尿素、瓶片	
农产品		17					豆一、豆二、豆粕、豆油、玉米、棕榈油、玉米淀粉、鸡蛋、生猪、原木	白糖、棉花、菜油、菜粕、花生、苹果、红枣	
合计		64	5	4	3	13	17	19	3

图 1-1-2　全球期货、期权商品成交量比较（单位：亿手）

图 1-1-3　全球期货、期权商品成交量占比比较

（三）期权成交量占全部场内衍生品成交量比重

再来看一下国内期权的成交量比较情形，下面各图表显示的是全球、国内（不含 ETF 期权）、国内（含 ETF 期权）这三种范围内的期权与期货成交量占场内衍生品的比率。就算把 2022—2024 年期权成长率大幅提升的这三年拿掉，只算 2000—2021 年的占比，在全球范围内期货与期权的成交量占比也大约是一半一半。不过在国内，虽然期权成交量占比持续攀

升,但直到 2024 年,期权成交量(含 ETF 期权)占场内衍生品的比率也只大约三成,距离全球平均数值还有一段距离,这也代表未来国内期权市场还有不小的成长空间。

1. 全球期货与期权成交量占场内衍生品比重

2021 年之后,期权的发展势头非常迅猛,目前全球场内衍生品的八成以上成交量都来自期权商品。

图 1-1-4　全球期货与期权成交量占场内衍生品比重变化

表 1-1-4　全球期货与期权成交量占场内衍生品比重变化

年份	全球		期权成交量	期权占比	合计成交量（亿手）
	期货成交量	期货占比			
2017	148.6	58.9%	103.6	41.1%	252.2
2018	172.0	56.7%	131.3	43.3%	303.3
2019	192.7	55.8%	152.3	44.2%	345.0
2020	255.5	54.6%	212.7	45.4%	468.2
2021	292.8	46.8%	333.3	53.2%	626.1
2022	293.7	35.0%	545.3	65.0%	839.1

续　表

年份	全球		期权成交量	期权占比	合计成交量（亿手）
	期货成交量	期货占比			
2023	291.9	21.2%	1 081.9	78.8%	1 373.8
2024	295.4	14.3%	1 772.4	85.7%	2 067.8

2. 国内（不含 ETF 期权）期货与期权成交量占场内衍生品比重

国内,在不含 ETF 期权（就是只统计期货交易所的期权商品）的情形下,期权占场内衍生品的成交量比重目前还不到 15%,占比还是偏低。

图 1-1-5　国内期货与期权成交量占场内衍生品比重变化（不含 ETF 期权）

表 1-1-5　国内期货与期权成交量占场内衍生品比重变化（不含 ETF 期权）

年份	国内（不含 ETF 期权）			期权成交量	期权占比	期权同比	合计成交量（亿手）
	期货成交量	期货占比	期货同比				
2017	30.7	99.8%		0.1	0.2%		30.8
2018	30.1	99.4%	−2.0%	0.2	0.6%	257.0%	30.3

续　表

年份	国内（不含 ETF 期权）			期权成交量	期权占比	期权同比	合计成交量（亿手）
	期货成交量	期货占比	期货同比				
2019	39.2	99.0%	30.3%	0.4	1.0%	122.2%	39.6
2020	60.3	98.0%	53.7%	1.3	2.0%	209.0%	61.5
2021	72.7	96.7%	20.6%	2.5	3.3%	95.1%	75.1
2022	63.4	93.7%	−12.7%	4.3	6.3%	73.7%	67.7
2023	73.8	86.8%	16.3%	11.2	13.2%	163.5%	85.0
2024	65.9	85.2%	−10.7%	11.4	14.8%	1.9%	77.3

注：全球期货期权的成交量数据来自 FIA（美国期货业协会），但因为 FIA 没有上交所、深交所这两家交易所的数据，所以我们就把国内期货期权商品的数据分成两个部分统计：一是不含 ETF 期权的数据（和 FIA 统计口径一样），二是包含 ETF 期权的数据（国内实际情形）。

3. 国内（含 ETF 期权）期货与期权成交量占场内衍生品比重

国内，在含 ETF 期权（就是统计所有交易所的期权商品）的情形下，期权占场内衍生品的成交量比重目前还不到 30%，占比偏低，也显示后续还有很大的成长空间。

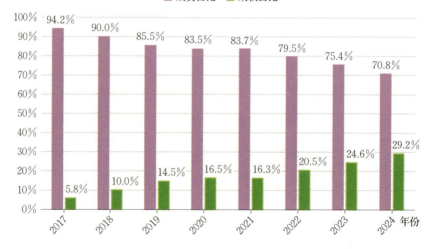

图 1-1-6　国内期货与期权成交量占场内衍生品比重变化（含 ETF 期权）

表 1-1-6 国内期货与期权成交量占场内衍生品比重变化（含 ETF 期权）

年份	国内（含 ETF 期权）			期权成交量	期权占比	期权同比	合计成交量（亿手）
	期货成交量	期货占比	期货同比				
2017	30.7	94.2%		1.9	5.8%		32.6
2018	30.1	90.0%	−2.0%	3.3	10.0%	76.9%	33.5
2019	39.2	85.5%	30.3%	6.6	14.5%	98.8%	45.9
2020	60.3	83.5%	53.7%	11.9	16.5%	78.5%	72.1
2021	72.7	83.7%	20.6%	14.1	16.3%	19.2%	86.8
2022	63.4	79.5%	−12.7%	16.3	20.5%	15.3%	79.7
2023	73.8	75.4%	16.3%	24.0	24.6%	47.2%	97.8
2024	65.9	70.8%	−10.7%	27.1	29.2%	13.1%	93.0

（四）金融期权及商品期权成交量、持仓量比较

接下来再看国内期权商品的分类状况。图 1-1-7 至图 1-1-10 是金融期权与商品期权的成交量与持仓量比较。

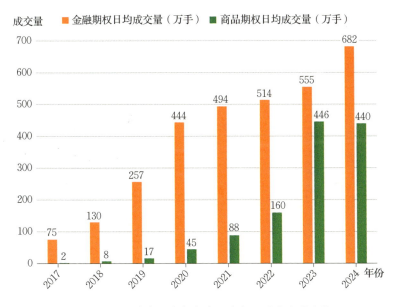

图 1-1-7 国内金融期权与商品期权日均成交量比较

图 1-1-8　国内金融期权与商品期权成交量占比比较

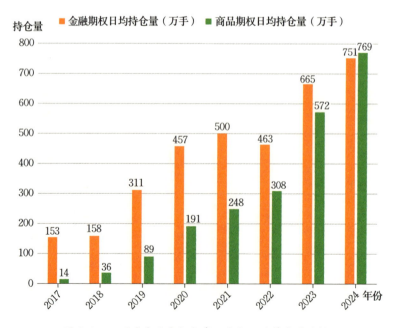

图 1-1-9　国内金融期权与商品期权日均持仓量比较

图 1-1-10 国内金融期权与商品期权持仓量占比比较

首先可以看到,金融期权在2015年就开始上市,而商品期权直到2017年才开始上市,且上市初期商品品种并不多,因此2017—2019年的商品类期权的成交量与持仓量完全比不上金融类期权。

2022年之后,商品期权在上市商品日益增多的情形下,成交量及持仓量才逐渐赶上金融期权,2024年虽然金融期权的日均成交量占比又有所回升,不过持仓量占比仍是金融与商品期权各约一半的情形。显示商品期权的发展确实有着不错的成长。

(五)国内期权成交量比较

虽然商品期权的成交量占比逐渐增加,但数量分散,而金融期权由于种类较少,所以单一品种的成交量还是较高的,从图1-1-11中可以发现2024年国内期权成交量前五名的期权品种仍然是金融类的期权。

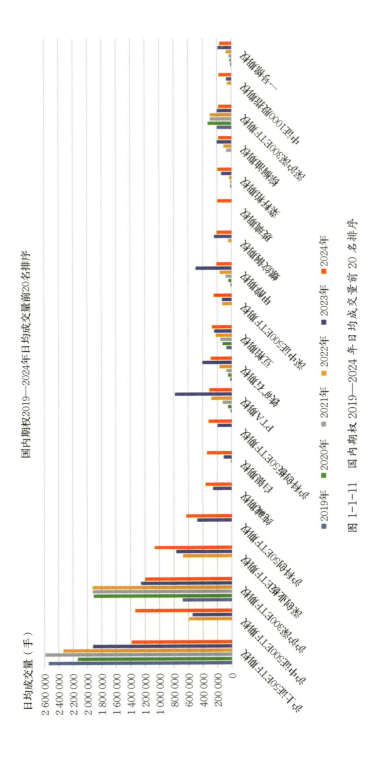

图 1-1-11　国内期权 2019—2024 年日均成交量前 20 名排序

第二节　期权基础概念

一、期权的本质

首先介绍一下期权是什么。

> 期：未来
> 权：权利

期：和期货的"期"是同样的意思，就是代表"未来"的意思。

权：代表"权利"。

所以我们把两个字组合起来，期权就是"未来的权利"。

那么，"未来的权利"是什么意思呢？

> 现货：现在交易，现在交割
> 期货：现在交易，未来交割
> 期权：现在交易，未来是否交割的权利

我们把现货、期货、期权做一个简单的对比：

现货：就是现在交易，用的是现在的价格，现在就做交割，比如股票。

期货：就是现在交易，用的是现在的价格，不过是在未来才做交割。

期权：就是现在交易，但和期货不同的是，交易的是"未来是否交割的权利"。

听起来是不是有点模糊？ 没关系，先用两个例子来介绍买入看涨期权和买入看跌期权。

生活中的期权范例 1：看涨期权——买房定金

【背景说明】

小明想要买房，于某年 6 月付了 10 万元定金和房产商签订了一份购房合同，约定小明可以在当年 12 月以 500 万元的价格购买某套商品房。

到年底的时候，有两种可能的情形：

【情形 1-1】当年 12 月房价上涨到 550 万元。

此时小明可用 500 万元的价格买房，较现货价格省下 40 万元（50 万 —

10万＝40万元）。

【情形1-2】当年12月房价下跌到450万元。

此时小明放弃10万元定金，以市价450万元买房。

【功能】花小钱办大事，最大损失有限。

生活中的期权范例2：看跌期权——买保险

【背景说明】

小明买房后怕发生意外，付了5万元保险费和保险公司签订了房屋保险合同，约定在一年以内如果房屋发生意外，可以赔偿小明房屋损失部分。

后续一样有两种情形：

【情形2-1】一年平安度过，风调雨顺。

此时小明损失5万元保险费。

【情形2-2】不幸发生火灾，房屋全毁。

此时小明获得500万元理赔金。

【功能】有限成本，有效套保。

接下来再看卖出期权的范例：

生活中的期权范例3：卖出期权

【背景说明】

小明买入了房屋保险，就是买入期权的一方，而保险公司的角色，就是卖出期权的一方，那么保险公司是如何获利的呢？

【情形分析】

小明不幸发生火灾，房屋全毁的概率有多少？

小明付出5万元，最高获赔500万元，就是100倍的收益；反过来说，就是只要发生火灾的概率低于1%，保险公司就能获利，所以卖出期权，就是收取统计概率和时间的价值。

【功能】做概率和时间的朋友，把预期和统计转化为收益。

从上面几个范例，可以对期权商品的功能有个初步的认识，买入看涨期权就是买到了一个用约定价格买入的权利，买入看跌期权就是买到了一个用约定价格卖出的权利，而卖出期权就是卖方收了买方支付的权利金，所以有了配合买方的义务。

二、两种期权的买卖双方对比

(一)两种期权的权利

期权的权利有两种,就是买入的权利和卖出的权利;再加上买入方和卖出方两种角色,就有四种不同的方向。

1. 买入看涨期权

支付权利金,得到一个买入的权利。行权后得到一个多头部位。

2. 卖出看涨期权

收取权利金,得到一个卖出的义务。行权后得到一个空头部位。

3. 买入看跌期权

支付权利金,得到一个卖出的权利。行权后得到一个空头部位。

4. 卖出看跌期权

收取权利金,得到一个买入的义务。行权后得到一个多头部位。

另外,为了保证卖方有能力履行义务,因此卖方(含卖出看涨期权和卖出看跌期权)还需要付出保证金。

表 1-2-1 看涨期权、看跌期权比较

	看涨期权(CALL）		看跌期权(PUT）	
角色	买方(权利方)	卖方(义务方)	买方(权利方)	卖方(义务方)
权利义务	买入的权利 (＋＋)	卖出的义务 (－＋)	卖出的权利 (＋－)	买入的义务 (－－)
行权履约	买入部位	卖出部位	卖出部位	买入部位
权利金	付出权利金	收取权利金	付出权利金	收取权利金
保证金	—	付出保证金	—	付出保证金

注:前面的 ＋－ 号,买入为 ＋、卖出为 －;后面的 ＋－ 号,看涨为 ＋、看跌为 －。从 ＋－ 号的相加,就能得出最终行权后得到的部位方向,例如看涨期权的卖方,符号为 －＋,负正得负,因此最终得到空头部位,其他角色以此类推。

从表 1-2-1 中可以知道,期权买方支付权利金,获得权利,期权卖方收取权利金,承担义务,所以期权交易也就是一个权利的买卖,这也就是本节一开始提到期权的"权"的意思。

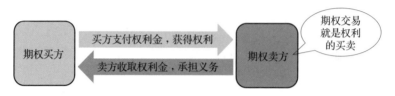

(二)期权合约内容说明

期权定义:期权是一种合约,该合约赋予持有人(买方)在约定时间内以约定价格买入或卖出一定数量某种资产的权利。

期权的合约中需要包含下列条件:

1. 行权方向

权利的分类,分为买入的权利和卖出的权利,C 就是看涨期权(CALL),P 就是看跌期权(PUT)。

2. 参与者

分为买入方和卖出方,也就是刚刚提到的期权买方支付权利金,获得权利;期权卖方收取权利金,承担义务。

3. 执行期间

(1)欧式期权:只能在到期日执行权利,例如车票、机票、电影票,只能在票券上规定的时间来执行,提早或延后都不行。

(2)美式期权:在买入之后一直到结算日,每天都可以选择执行权利,例如月饼券,在买入之后,到结束时间之前,都可以选择去兑换月饼。

顺带一提,国内的期权中有欧式期权也有美式期权,所有的金融期权(含股票期权和股指期权)都是欧式期权,所有的商品期权都是美式期权。

4. 标的资产

买卖双方约定买入或卖出的资产种类,如股票、股指、商品期货等。

5. 行权价格

买卖双方约定买入或卖出的资产价格,看涨期权就是行权时买方买入的价格,看跌期权就是行权时买方卖出的价格。

6. 合约单位

买卖双方约定买入或卖出的资产数量,如股票期权是每张 10 000 股,股指期权指每点 100 元,商品期权是 1 手期权等于 1 手标的期货等等。

表 1-2-2 期权主要合约内容

合约内容	意义	分类	说明
行权方向	权利分类	看涨期权	买方可以买入一种资产的权利
		看跌期权	买方可以卖出一种资产的权利
持有人(买方)或出售者(卖方)	参与者	买方(权利方)	买入期权的一方,付出权利金,拥有权利
		卖方(义务方)	卖出期权的一方,收取权利金,只有义务
约定时间内	执行期间	欧式	只能在到期日执行权利(如车票、机票、电影票)
		美式	在到期日之前任何一天都可以执行权利(如月饼券)
某种资产	标的资产	—	双方约定买入或卖出资产的种类(如股票、商品、外汇)
约定价格	行权价格	—	双方约定买入或卖出资产的价格
一定数量	合约单位	—	双方约定买入或卖出资产的数量

下面试着来解读两个期权代码中的合约要素:

(1)510300P2401M03500

① 510300:标的名称(沪深 300ETF)

② P：期权的类型是看跌期权

③ 2401：合约月份是 2401

④ M：代表此合约尚未除息过（假如第一次除息，则代号会变成 A；第二次除息，则代号会变成 B……以此类推）

⑤ 03500：行权价为 3.5 元

（2）CU2401C70000

① CU：标的物是铜期货

② 2401：合约月份为 2401

③ C：此期权类型为看涨期权

④ 70000：此合约行权价为 70 000 元/吨

从上面两个例子，可以看到期权代码里面就已经呈现许多的合约要素。

（三）范例

假设我们买了一个行权价为 90 000 元/吨的碳酸锂看涨期权，代表的是结算行权的时候，不论当时碳酸锂价格是多少，都可以用 90 000 元/吨来买入 1 手碳酸锂期货。假设当时碳酸锂期货价格是 100 000 元/吨，那么行权用 90 000 元/吨买入，然后立刻以市价 100 000 元/吨卖出，就有 10 000 元/吨的收益。

假设我们买了一个行权价为 90 000 元/吨的碳酸锂看跌期权，代表的是结算行权的时候，不论当时碳酸锂价格是多少，都可以用 90 000 元/吨来卖出 1 手碳酸锂期货。假设当时碳酸锂期货价格是 80 000 元/吨，那么行权用 90 000 元/吨卖出，然后立刻以市价 80 000 元/吨买入，就有 10 000 元/吨的收益。

当然，如果价格不利，比如持有 90 000 元/吨的碳酸锂看涨期权，但是结算时市价已经掉到 80 000 元/吨，就选择放弃行权，直接用市价 80 000 元/吨来买入，一样能买到较低的价格。

另外，也不是必须持有到结算，在持仓过程中，如果价格有利，而我们觉得行情可能不会再延续了，那么也可以选择直接平仓出场。

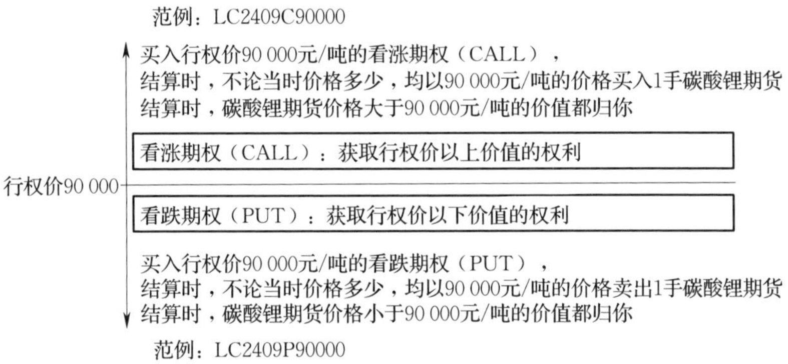

范例：LC2409C90000

买入行权价90 000元/吨的看涨期权（CALL），
结算时，不论当时价格多少，均以90 000元/吨的价格买入1手碳酸锂期货
结算时，碳酸锂期货价格大于90 000元/吨的价值都归你

看涨期权（CALL）：获取行权价以上价值的权利

行权价90 000

看跌期权（PUT）：获取行权价以下价值的权利

买入行权价90 000元/吨的看跌期权（PUT），
结算时，不论当时价格多少，均以90 000元/吨的价格卖出1手碳酸锂期货
结算时，碳酸锂期货价格小于90 000元/吨的价值都归你

范例：LC2409P90000

图 1-2-1　期权范例内容

三、期权与期货的关系

（一）期权与期货的基本关系

接下来分析期权与期货的关系。世界上是先有期货,然后才发展出期权商品的,期权可以说是补足了期货的不足而出现的商品。

场内的期货和期权都是标准化的商品,让交易者能更方便地交易,而期货的价格对于期权来说,有着非常重要的影响,因为两者都是远期的合约。不过期权相较期货更加灵活,期货只有多空双向,而期权则除了看多及看空外,还可以有不看多、不看空、看盘整等更多方向,这些都是期货与期权的基本关系。

表 1-2-3　期权与期货的关系

项目	关系
交易特点	都是买卖远期标准化合约的交易
产生时间	先有期货后有期权,期货的发育为期权交易的产生和发展奠定了基础
价格关系	期货价格对期权交易合约的行权价格及权利金的确定均有影响
交易机制	期货交易可以多空双向,期权交易同样可以（再加上看涨和看跌两种期权,实际上有四种持仓部位）

项目	关系
交易方式	均可以对冲平仓。买方不一定行权，卖方不一定持有至到期
行权持仓	标的物为期货合约的期权，执行时买卖双方会得到相应的期货持仓

（二）期权与期货的主要区别

不过期权与期货之间虽然有着密切的关联，但在很多方面两者还是不同的，先从交易所定义的期货和期权商品来看：

1. 期货合约，是指交易所统一制定的、规定在**将来某一特定的时间和地点交割**一定数量标的物的标准化合约。

2. 期权合约，是指交易所统一制定的、规定买方有权在将来某一时间以**特定价格买入或者卖出**约定标的物的标准化合约。

期权和期货之间还是有差异的。

1. 买卖双方的权利与义务：期权的买方只有权利，卖方只有义务，权利和义务是分离的，不过期货的买卖双方都有相同的权利和义务，一旦部位持有到结算，买方必须买入，而卖方也必须卖出。

2. 保证金收取：期货的买卖双方因为有着相同的权利义务，所以双方都需要缴纳保证金，而期权只有卖方有义务，因此只有卖方需要缴纳保证金。

3. 权利金收取：期货没有权利金概念。期权买方需要支出权利金，而卖方收取权利金。

4. 盈亏情形：期货的买卖双方因为有着相同的权利义务，所以同样面临着（理论上）无限的盈利与亏损。而期权买方的最大亏损在进场时就已经确定了，就是权利金，买方不会有权利金以外的损失；期权卖方的最大收益在进场时也已经确定了，同样是权利金，卖方不会有权利金以外的收益。

5. 盈亏分布：期货的损益情形是线性的，在基差不变的情形下，标的物涨 1 元，期货多方就赚 1 元；标的物跌 1 元，期货空方就赚 1 元。而期权的损益情形不是线性的,受到行权价、隐含波动率、时间价值等影响,除非是非常深实值,Delta 值趋近于 1,此时标的物涨 1 元,看涨期权才会跟着涨 1元,否则其他情形都是此时标的物涨 1 元,看涨期权涨不到 1 元,甚至可能是下跌的,这也说明了期权商品和其他商品的不同。

6. 到期交割:期货双方持有部位至到期,将自动交割,买方必须买入,卖方也必须卖出。而期权的行权权力在买方手上,买方可以选择行权(实值)或弃权(平值或虚值),而当买方选择行权之时,卖方就必须履行交割义务。

7. 合约种类:期货只有不同月份的合约,而期权则除月份之外,每个月份还有不同的行权价可供选择,选择性更多。

8. 波动率:市场对波动率的预期不会反映在期货价格上,但会反映在期权的价格上。

9. 策略:期货就是单纯的看多和看空策略,而期权则多了不看多、不看空、看大幅波动,以及看盘整等更多策略可供运用。

表 1-2-4　期权与期货的差异

项目	期货	期权
买卖双方的权利与义务	对等。买卖双方的权利与义务是相同的	不对等。买方只有权利,卖方只有义务
保证金收取	买卖双方均需缴纳保证金,逐日计算	只有期权的卖方需要缴纳保证金,逐日计算
权利金收取	期货没有权利金概念	期权买方支付权利金,卖方收取权利金
盈亏	买卖双方都面临着无限的盈利与亏损	期权买方的最大亏损是确定的(权利金)
		期权卖方的最大收益是确定的(权利金)
盈亏分布	期货损益情形是线性的	期权损益情形是非线性的

续　表

项目	期货	期权
到期交割	期货合约持有至到期，将自动交割	期权买方可以选择行权（实值）或弃权（虚值）
		期权卖方可能被要求履约（实值）
合约种类	仅有交割月份可供选择	多个合约月份 ＋ 多个不同行权价可供选择
波动率	市场对波动率预期不会反应在价格上	市场对波动率预期会反应在期权价格上
策略	看涨、看跌	看涨、看跌、看不涨、看不跌、盘整

（三）现货、期货、期权的差别范例

我们再用生活中的范例来说明现货、期货、期权的不同之处。

假设现在菜店有一种菜，每斤 10 元，小明预计在下个月要买 10 斤这种菜，那么用现货、期货、期权这三种方式来买菜，有什么不一样？

1. 现货买菜：小明在下个月直接以当时市价买 10 斤菜。

2. 期货买菜：小明现在付了 10 元保证金，和菜店订了下个月以 10 元／斤的价格买 10 斤菜的合同。

3. 期权买菜：小明现在付了 2 元权利金，和菜店有下个月以 10 元／斤的价格买 10 斤菜的权利。

假设下个月菜价有 15 元／斤和 5 元／斤等两种情形，三种方式的结果是如何呢？

1. 现货买菜：小明直接用第二个月的市价买菜，情形如下

（1）15 元／斤：小明花了 150 元买菜，比第一个月贵了 5 元／斤，成本大增；

（2）5 元／斤：小明花了 50 元买菜，比第一个月便宜 5 元／斤，成本大降。

在没做对冲的情形下，小明的经营成本大幅波动，因此有了第二种方式：期货。

2. 期货买菜

（1）15元／斤：小明以合同价 10元／斤买菜，花了 100元，比第二个月市价便宜 5元／斤，成本和第一个月相同；

（2）5元／斤：小明以合同价 10元／斤买菜，花了 100元，比第二个月市价贵了 5元／斤，成本和第一个月相同。

在使用期货的情形下，不论第二个月的菜价多少，小明都用合同价格 10元／斤买菜，成本得以有效控制。

但小明也想着，第二个月菜价 15元的时候，用期货价格买菜非常好，但是如果第二个月菜价只有 5元，能不能也有更好的价格来买菜呢？这时小明还有第三种选择：期权。

3. 期权买菜

（1）15元／斤：小明选择执行权利，以合同价 10元／斤买菜，花了 100元，比第二个月市价便宜 5元／斤，成本和第一个月相同；

（2）5元／斤：小明选择放弃权利，用第二个月市价 5元／斤买菜，花了 50元，比第一个月市价便宜 5元／斤。

在使用期权的情形下，小明可自由选择是否执行权利，合同价有利时选择执行合同，市价有利时选择放弃权利，直接用市价买入，可选择最有利的方式来执行。

表 1-2-5　现货、期货、期权买菜范例

种类	第一个月市价	成本	第二个月市价	到期结算	说明
现货	10元／斤	—	15元／斤	15元／斤×10斤＝150元	直接以第二个月市价 15元／斤买菜，比第一个月贵 5元／斤
			5元／斤	5元／斤×10斤＝50元	直接以第二个月市价 5元／斤买菜，比第一个月便宜 5元／斤

种类	第一个月市价	成本	第二个月市价	到期结算	说明
期货	10 元 / 斤	10 元	15 元 / 斤	10 元 / 斤 × 10 斤 ＝100 元	以合同价 10 元 / 斤买菜，和第一个月相同，比第二个月市价便宜 5 元 / 斤
			5 元 / 斤	10 元 / 斤 × 10 斤 ＝100 元	以合同价 10 元 / 斤买菜，和第一个月相同，比第二个月市价贵 5 元 / 斤
期权		2 元	15 元 / 斤	10 元 / 斤 × 10 斤 ＝100 元	执行权利，以 10 元 / 斤买菜，和第一个月相同，比第二个月市价便宜 5 元 / 斤
			5 元 / 斤	5 元 / 斤 × 10 斤 ＝50 元	放弃权利，以第二个月市价 5 元 / 斤买菜，比第一个月便宜 5 元 / 斤

（四）期权功能的比喻

也可以用象棋来比喻这些金融商品。

1. 现货：就像兵卒一样，一次走一步，不能回头，就像现货不能做空。

2. 期货：就像车一样，全场飞奔，威力巨大，但不能跨子，对于斜角的敌人也无能为力。

3. 期权：就像马、炮一样，炮也可以跑得和车一样快（就像隐含波动率上升的时候），炮隔子吃子的能力，以及马的日字走法，也像期权策略的多样性一样，可以弥补车的不足。

一个好的棋手能让车马炮都得到很好的运用，就像能够应对各种的盘势运用期权、期货等各式策略组合。

再用象棋来比喻买入期权和期货套保方式的不同：

1. 用期货给现货套保：现货有利就是期货不利，现货走远了，期货可能需要追保,此时对于企业的资金运用就会带来不利影响。

2. 用期权给现货套保:买入期权无须追保,现货走远了,期权也无须变动,企业资金能更有效地得到运用。

四、期权的特性:能从多个角度看行情

(一)期权的多个角度

那么为什么期权能有这么好的功能呢? 其实是因为期权的特性相当多元,可以从下列多个角度来看期权的灵活性。

1. 权利义务:期权的权利义务分离功能,是期权和现货、期货的第一个不同点,也是期权灵活特性的第一个来源。

2. 方向:期权买卖方的特性不同,加上看涨看跌期权的方向,组合起来就有多样的不同方向可供选择。

3. 时间:期权和期货一样有着不同的合约月份可选择。

4. 空间:期权每个月份的不同行权价有着不同的成本和收益情形,让交易者可根据本身的需求有更合适的选择。

5. 波动:期权的隐含波动率,也是独一份,是现货和期货所不具备的,所以期权还可以用来管理波动性风险。

表 1-2-6 期权看行情的多个角度

商品	权利义务	方向	时间	空间	波动
现货	买卖方一样	看涨	—	—	—
期货	买卖方一样	看涨 + 看跌	有不同到期日	—	—
期权	买方有权利卖方有义务	看涨+看跌+看不涨+看不跌 + 大波动 + 横盘	有不同到期日	有不同行权价,可针对不同的价位、成本、收益需求,让交易者有更多样的组合选择	有隐含波动率,让期权在管理方向性风险的同时还可以管理波动性风险

从图 1-2-2 中可以看见,期权权利义务分离、不同行权方向、不同到期日、多样的行权价,用各种方式组合在一起,就可组合出许多不同的策略,满足不同交易和投资目的的需要。简单来说,就是多样性和灵活性。

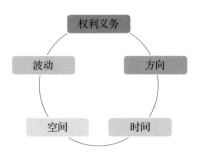

图 1-2-2　期权的五个维度

（二）期权的主要功能

表 1-2-7　期权的主要功能

功能		说明	
1. 风险管理功能		买期权就类似于买保险,权利金就类似于保险费	
		期货套保(风险规避):在规避方向性风险的同时,也放弃了潜在的收益	
		期权套保(风险管理):能够在锁定最高损失的条件下,保留潜在的收益	
		买方:不须追缴权利金,进场成本较低,也不会有额外损失	
		卖方:可增加收益,但需注意行情往不利方向前进时,可能有额外风险	
2. 收益增强功能	增强收益	期权买方的杠杆效果,可增强投资组合的报酬率	
		期权卖方把行情可能到不了的点位换成钱,备兑策略也可增加投资组合的收益	
	杠杆效果	现货:100% 资金	100 元赚 10 元,报酬率 10%
		期货:10%~15%(保证金)	10 元赚 10 元,报酬率 100%
		期权(平值):1.5%~4%(权利金)	2元赚5元,报酬率 250%(Delta＝0.5)

续　表

功能	说明
3.可度量和管理波动风险	隐含波动率是市场情绪的体现,期权的价格就是对市场情绪的价格发现
	期权在管理方向性风险的同时,还适合衡量与管理波动性风险
4.灵活交易策略	不同行权方向 + 权利义务分离 + 不同月份 + 不同行权价,可以组成更多的策略操作,也就是立体化交易和精准打击
5.流动性与市场效率	同一商品有期货又有期权,可以为市场价格的预测和发现提供更丰富的信息和维度
	期权合成期货可以在期货价格涨跌停时的市场价格发现

1. 风险管理功能

期货与期权都可以被用来规避标的资产的方向性风险,不过期货规避风险的同时,也放弃了潜在的收益,而期权则能够在锁定最大损失的条件下,获取商品的潜在收益。

同时,期权价格与标的资产波动率相关,因此还可以用来管理波动性风险。

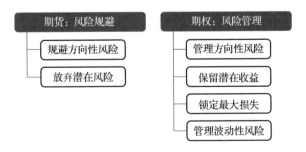

图 1-2-3　期权与期货的风险管理方式差异

2. 收益增强功能(买方):杠杆效果

期权交易以小资金博取大收益,最大风险可控,举个例子,假设标的物目前价格 100 元，后续上涨了 10％：

买入现货，需要 100 元资金，上涨 10 元，**收益率**为 $10 \div 100 = 10\%$

买入期货，需要 10 元保证金，上涨 10 元，**收益率**为 $10 \div 10 = 100\%$（一般期货的保证金为 $10\% \sim 15\%$）

买入平值期权，需要 2 元权利金，上涨 5 元，**收益率**为 $5 \div 2 = 250\%$（一般平值一个月期权的权利金为 $1.5\% \sim 4\%$，平值 Delta 值约为 0.5）

上面范例很好地体现出期权的高杠杆性，下面我们再用一个范例来看期权买方的爆发力：

表 1-2-8 期权买方杠杆效果范例

时间	510050		510050C2109M02800	
	价格	涨跌幅	价格	涨跌幅
昨收	2.618		0.000 3	
9:30	2.65	0%	0.001 4	0.00%
10:00	2.663	1.72%	0.001 2	300.00%
10:30	2.68	2.37%	0.002 3	666.67%
11:00	2.671	2.02%	0.001 6	433.33%
11:30	2.693	2.86%	0.002	566.67%
13:30	2.716	3.74%	0.006 3	2 000.00%
14:00	2.715	3.71%	0.007 2	2 300.00%
14:30	2.777	6.07%	0.031 6	1 043.33%
15:00	2.816	7.56%	0.058 1	19 266.67%

这就是传说中获利 192 倍的例子，当然这么高的获利倍数平时也不易遇见，不过比较常见的一些短期行情中，买入期权获利几倍的情形就不难遇见了。

而期权能有如此高的获利倍数的原因，就在于期权的涨跌停"幅度"和标的物是相同的，"幅度"不是百分比，而是真实的价格。可用下面例子来说明：

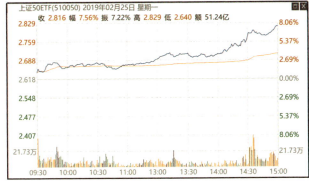

图 1-2-4　期权买方杠杆效果走势

范例：沪深300期货涨跌停幅度10%

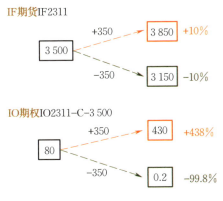

图 1-2-5　期权买方杠杆效果范例

　　某日沪深 300 股指期货结算价为 3 500 点,而涨跌停幅度为 10%,因此次日涨跌停幅度为 350 点(3 500×10%),涨跌停价格为 3 850 点

（3 500＋350）和 3 150 点（3 500－350）。

而同日沪深 300 平值看跌期权的结算价为 80 点，次日的涨跌停幅度和期货相同为 350 点，因此次日的涨跌停价格为 430 点（80＋350）和 0.2 点（80－350＜0，因此为最小跳动点 0.2），涨停板最大涨幅为 438％，而跌停板最大跌幅为 －99.8％，幅度远超期货，这就是期权的杠杆性。

3. 收益增强功能（卖方）：创造收益

现在通过一个范例来看期权卖方策略的创造收益性。

黄金经过前期的持续上涨和高位大幅度波动，2024 年 5 月 29 日到 7 月 8 日，黄金价格进入区间盘整震荡市场行情：

5 月 29 日黄金期货 AU2408 的收盘价是 559.70 元／克，

7 月 8 日黄金期货 AU2408 的收盘价是 560.74 元／克。

交易者预期黄金不会大幅波动，因此进场双边卖出，下表就是卖出的三种组合——双卖平值、双卖虚值一档以及双卖虚值二档的情形：

图 1-2-6　黄金 AU2408 价格走势

表 1-2-9　期权卖方策略创造收益范例

策略应用	合约选择	5月29日建仓价格	7月8日平仓价格	组合保证金	期间收益	40天收益率
卖出跨式	卖出 AU2408-P-560 卖出 AU2408-C-560	28.36 （14.30＋ 14.06）	12.26 （5.70＋ 6.56）	9.6 万	1.6 万	16.67％

续　表

策略应用	合约选择	5月29日建仓价格	7月8日平仓价格	组合保证金	期间收益	40天收益率
卖出宽跨式组合1（虚1＋虚1）	卖出AU2408-P-552 卖出AU2408-C-568	21.18（9.80＋11.38）	6.24（2.56＋3.68）	8.0万	1.5万	18.75％
卖出宽跨式组合2（虚2＋虚2）	卖出AU2408-P-544 卖出AU2408-C-576	15.68（6.36＋9.32）		6.7万	1.2万	17.91％

注：上期所对卖出跨式或宽跨式组合的保证金，按照双边收取

从上表中可以看到，从双卖平值、双卖虚值一档到双卖虚值二档，40天收益率都在16％～18％，也算是相当不错。毕竟一年当中有这么多期权商品可供选择，总能找到一些能够卖出的品种，并且卖出期权胜率较高，因此卖出策略也是交易者可以加进投资组合的好选择（当然前提是风险管理得做好才行）。

4. 灵活交易策略：立体化交易

期权给予交易者全方位的投资交易机会，期权策略的多样性决定了期权用途的多样性，下表罗列了期权的各种策略。

表 1-2-10　期权的各种策略

策略分类	策略内容
方向性交易	单买期权、垂直价差、比率价差、合成期货等
波动性交易	双买组合、双卖组合、蝶式组合、鹰式组合、水平价差等
套利性交易	平价套利、箱体套利、无风险套利等
套保性交易	备兑开仓、领式套保策略、海鸥套保策略等

下图更能看出期权策略的泛用性,相关策略在后续章节介绍。

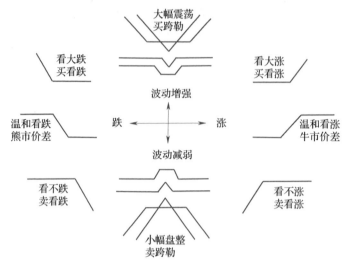

图 1-2-7　不同行情之下期权的适合策略

5. 灵活交易策略:精准打击

交易者对行情的看法越准确,就能有越合适的策略,取得更好的**收益率**,我们再用下面范例说明。

2024 年 4 月 10 日,SM409[①] 的价格在 6 288 元 / 吨左右,有 5 名交易者持不同看法:

（1）交易者 A:认为未来一个月 SM409 不会下跌;

（2）交易者 B:认为未来一个月 SM409 会上涨;

（3）交易者 C:认为未来一个月 SM409 会上涨,涨幅大于 5%;

（4）交易者 D:认为未来一个月 SM409 会上涨,涨幅 5%～10%;

（5）交易者 E:认为未来一个月 SM409 会上涨,涨幅大于 10%。

在不同的看法之下,几名交易者选择了不同的投资策略:

（1）交易者 A:卖出平值看跌期权,最终收益率 20%;

（2）交易者 B:第一种做法,买入期货,最终收益率 4.4 倍;

　　　　　　第二种做法,买入平值看涨期权,最终收益率 10 倍;

---

① 　郑商所合约月份编码是 3 码。

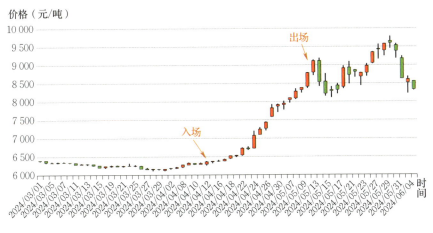

图 1-2-8　锰硅 SM409 走势

（3）交易者 C：买入浅虚值看涨期权，最终收益率 15 倍；

（4）交易者 D：组成看涨期权牛市价差组合，最终收益率 19 倍；

（5）交易者 E：买入深虚值看涨期权，最终收益率 32 倍。

表 1-2-11　期权策略收益比较

交易者	SM409 价格预期（6288）	策略选择	2024/04/10 建仓成本	2024/05/10 平仓价格	1 个月收益率
A	SM409 不会下跌	卖出平值看跌期权 SM409-P-6300	199 保证金 3 853.2	46	20%
B	SM409 会上涨	买入期货 SM409	6 288（9%）	8 786	4.4 倍
		买入平值看涨期权 SM409-C-6300	203	2 271	10 倍
C	SM409 涨幅 >5%（6 288×1.05＝6 602）	买入浅虚值看涨期权 SM409-C-6500	130	2 125	15 倍
D	涨幅 5%~10% [6 602，6 916]	看涨期权牛市价差组合 买入 SM409-C-6700 卖出 SM409-C-6800	18（86－68）	365（2 058－1 693）	19 倍

续　表

交易者	SM409 价格预期（6288）	策略选择	2024/04/10 建仓成本	2024/05/10 平仓价格	1 个月收益率
E	涨幅＞10%（6 288×1.1＝6 916）	买入深度虚值看涨期权 SM409-C-7000	55	1 856	32 倍

从上表中就能看到，交易者对行情的判断越准确，就能运用更合适的策略来交易，获取更高的收益率。另外也要注意，就算只是卖出平值期权，一个月也有 20% 的收益率，再次说明了卖出期权也是值得交易者关注的策略。

6. 流动性与市场效率

假如一个现货商品同时有期货和期权，那么因为套利行为的存在，价格不会出现太大偏离，市场会更有效率，也能提供更好的价格发现功能。

另外，期权合成期货，可以在期货价格涨跌停时的市场价格发现，因为当期货出现涨跌停的时候，受到涨跌停幅度的限制，有时无法完全反映市场预期价格。此时运用期权平价公式，就可以计算出当时市场的预期价格：

（1）假设计算出的价格超越期货涨跌停价格，则此价格就是市场预期价；

（2）假设计算出的价格并未超越期货涨跌停价格，则显示市场行情不易延续。

这些都是期权的价格发现功能，也值得交易者多加留意。

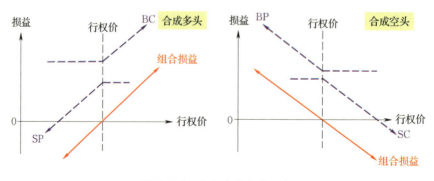

图 1-2-9　期权合成期货示意

五、期权价值的组成

接下来看期权的价值是如何组成的。

（一）T形报价表

先看底下这张期权 T 形报价表,这是期权交易软件中的报价情形,左边是看涨期权,右边是看跌期权,中间是行权价,从这张表中就可看见期权商品的价格分布及波动情形。

表 1–2–12　期权 T 形报价表范例

碳酸锂期货市价:106 000 元 / 吨

虚实值	看涨期权 （CALL）	行权价 （元 / 吨）	看跌期权 （PUT）	虚实值
实值看涨期权 （标的价格＞ 行权价）	6 300	100 000	500	虚值看跌期权 （标的价格＞ 行权价）
	4 710	102 000	790	
	3 000	104 000	1 320	
平值看涨期权 （标的价格＝ 行权价）	2 210	106 000	2 320	平值看跌期权 （标的价格＝ 行权价）
虚值看涨期权 （标的价格＜ 行权价）	1 460	108 000	3 620	实值看跌期权 （标的价格＜ 行权价）
	1 090	110 000	5 320	
	770	112 000	7 010	

再普及一下平值、实值和虚值期权。

平值期权:行权价格约等于标的物的市场价的期权。

实值期权:具有行权价值（内含价值）的期权。

虚值期权:没有行权价值（内含价值）的期权。

所谓的内含价值,就是假如期权用目前价格行权,所能得到的收益部分。范例中的碳酸锂市价是 106 000 元 / 吨,假如交易者持有一个行权价是 100 000 元 / 吨的看涨期权,并立刻行权,此时用行权价 100 000 元 / 吨买入一手期货，再用市价 106 000 元 / 吨卖出平仓，就有 6 000 元收益，这 6 000 元就是内含价值，而拥有内含价值的期权，就叫作实值期权。

假如交易者持有一个行权价是 110 000 元 / 吨的看涨期权，此时交易者不会行权；假如交易者持有一个行权价是 106 000 元 / 吨的看涨期权，此时交易者也不会行权，因为都无利可图，所以平值和虚值期权没有内含价值。

不过此时又有一个问题：没有行权价值（内含价值）的期权，就没有价值了吗？如果是这样，那为何上面的 T 形报价表中，虚值期权也有价值呢？为什么交易者要买一个没有行权价值的期权呢？

答案其实很简单，因为我们算的是今天的价值，但今日的虚值可能是明日的实值，今日的实值也可能是明日的虚值，所以就算是虚值的期权，它的未来还是有价值的，这就是期权除了内含价值以外的额外价值所在，而这个额外的价值就叫"时间价值"。

所以，期权的价值就可以用内含价值 ＋ 时间价值来表达。

（二）期权的价值组成

期权价值 ＝ 内含价值 ＋ 时间价值。

一般情况下，期权合约一定会有内含价值和时间价值中的至少一种价值。随着时间经过，时间价值逐渐减少，直到到期日，期权就不再有任何时间价值，只剩内含价值了。

在到期日的平值、虚值期权，没有时间价值，也没有内含价值，最终价值归 0，但即使如此，也仅是 ＝0，而不会 ＜0，期权的权利金是不会出现负值的。

再介绍一次期权的两种价值。

1. 内含价值

如果立即以行权价行权，可以获得的利润就是期权的实值部分。内含价值有两个主要特性：

（1）不论是看涨期权还是看跌期权，越实值内含价值越高

期权越实值，其内含价值就越高，连带期权权利金也就同步增加。

（2）虚值期权、平值期权没有内含价值

虚值期权、平值期权假如行权，则无利可图，甚至会带来损失，所以不会行权，也就没有内含价值。

2. 时间价值

时间价值 ＝ 期权价值 － 内含价值。也就是权利金中超出内含价值的部分。时间价值也有几个主要特性。

（1）平值期权有最多的时间价值

从以下表中可见到，当时标的市价为 90 000 元／吨。

表 1-2-13　期权内含价值、时间价值范例

行权价	权利金（元／吨）	内含价值（元／吨）	时间价值（元／吨）
88000C	3 700	2 000	1 700
90000C	2 500	0	2 500
92000C	1 600	0	1 600
92000P	3 700	2 000	1 700
90000P	2 500	0	2 500
88000P	1 600	0	1 600

实值看涨期权 88000C，权利金 3 700 元／吨，扣掉 2 000 元／吨的内含价值之后，时间价值是 1 700 元／吨，虽然实值期权价值高于平值期权，但由于要扣除内含价值，因此时间价值就低于平值期权了。

平值看涨期权 90000C，权利金 2 500 元／吨，没有内含价值，期权价值全部都是时间价值：2 500 元／吨。

虚值看涨期权 92000C，权利金 1 600 元／吨，没有内含价值，期权价值全部都是时间价值：1 600 元／吨，因为虚值期权价值原本就低于平值期权，因此虽然也没有内含价值可扣除，但时间价值还是低于平值期权。

看跌期权同理。所以平值期权拥有最高的时间价值。

（2）距离到期日越远，时间价值越高

这点容易理解，毕竟距离到期日越远，标的物价格波动的可能性就越

大，因此时间价值也就越高。

（3）标的物波动率越大，时间价值越高

原理同上。标的物波动率越大，价格范围可能性就越广，所以时间价值也就越高。

（4）越接近到期日，时间价值的衰减速度越快

从下图中可以看到，T2－T1＝T1－T0，两个时间段是一样长的，不过期权价值 C2－C1＞C1－C0，期权的价值减少更多。

原因也好理解，距离到期日越近，标的物价格波动的可能性就越小，因此时间价值会快速减少。

举个例子，假设标的物市价是 10 000 元，交易者手上持有行权价 10 500 元的看涨期权，距离到期日还有 30 天，接下来日子过了一天，标的物市价没怎么变化，还是 10 000 元，时间价值减少幅度不大，因为 29 天内，价格波动还是有很大的可能性的。

但是如果距离到期日的时间从 3 天变成 2 天，只剩下 2 天了，标的物价格波动的可能性就会快速减少，时间价值就会迅速缩水，这就是为何越接近到期日，时间价值的衰减速度越快。

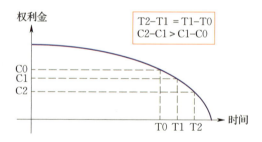

图 1-2-10　期权权利金与时间关系

（三）期权的价值组成范例：以看涨期权为例

用下面这张图来看期权价值的组成，其中橘色线是期权总价值，浅蓝色线是期权时间价值，粉红色线是期权内含价值，可以清楚看到在实值的时候，期权总价值减去内含价值后剩下的时间价值明显小于平值期权，而虚值期权原本价值就低于平值期权，所以平值期权有最高的时间价值。

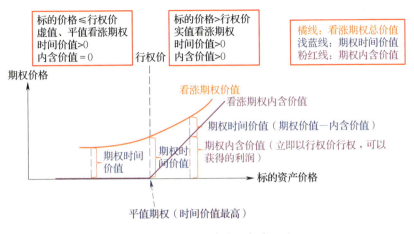

图 1-2-11 期权价值组成范例图

六、期权价格

（一）期权价格的主要影响因素

期权价值＝内含价值＋时间价值,不过内含价值和时间价值是主要的大分类,其中又可分成几项影响因素。内含价值受到标的资产价格、行权价、标的物股利或孳息等几项因素影响,时间价值则受到标的物价格波动、剩余天数、无风险利率等几项因素影响。如下表所示,有些因素对看涨期权是正向影响,对看跌期权是负向影响,有些则相反,对看涨期权是负向影响,对看跌期权是正向影响。

表 1-2-14 期权价格的主要影响因素

价值来源	影响因素	波动方向	看涨期权	看跌期权
内含价值	标的资产价格	＋	＋	－
		－	－	＋
	行权价	＋	－	＋
		－	＋	－
	标的物股利	＋	－	＋
		－	＋	－

续　表

价值来源	影响因素	波动方向	看涨期权	看跌期权
时间价值	标的物价格波动	＋	＋	＋
		－	－	－
	剩余天数	＋	＋	＋
		－	－	－
	无风险利率	＋	＋	－
		－	－	＋

1. 标的资产价格

表 1-2-15　标的资产价格对期权价格的影响

影响因素	波动方向	看涨期权	看跌期权
标的资产价格	＋	＋	－
	－	－	＋

标的资产价格对期权价值的影响：

（1）假如标的资产价格上涨，那么看涨期权的内含价值上升（因为行权后的收益变多了），所以期权价格也就上涨；而看跌期权则相反，内含价值随着标的资产的上涨而下降，因此期权价格也会下跌。

（2）假如标的资产价格下跌，那么看涨期权的内含价值也会下降，所以期权价格跟着降低；而看跌期权的内含价值则随着标的资产的下降而增加，所以期权价格也会上涨。

从表 1-2-16 中可以看出，假设标的资产原本价格为 400 元，400 元行权价对看涨期权和看跌期权来说都是平值期权，后续标的资产上涨到 408 元，此时 400 元行权价的看涨期权就有 8 元实值，因此价值随之上涨，而 400 元行权价的看跌期权则变成 8 元虚值，因此价格下跌。从范例中可以看到，标的资产价格变化，对看涨期权是同向变动，对看跌期权则是反向变动。

表 1-2-16　标的资产价格对期权价格的影响范例

标的资产价格（元）	看涨期权行权价（元）	看跌期权行权价（元）
424	400（实值 24）	400（虚值 24）
416	400（实值 16）	400（虚值 16）
408	400（实值 08）	400（虚值 08）
400	400（平值）	400（平值）
392	400（虚值 08）	400（实值 08）
384	400（虚值 16）	400（实值 16）
376	400（虚值 24）	400（实值 24）

2. 行权价

表 1-2-17　行权价对期权价格的影响

影响因素	波动方向	看涨期权	看跌期权
行权价	＋	－	＋
	－	＋	－

行权价对期权价值的影响：

（1）行权价越高，表示看涨期权行权买入的价格就越高，成本越高，则期权价格越低；对看跌期权则相反，行权价越高，代表卖出价格越高，收益越高，则期权价格自然越高。

（2）行权价越低，代表看涨期权行权买入的价格就越低，成本越低，则期权价格也就越高；而看跌期权行权价越低，卖出得到的价格也就越低，收益越低，则期权价格也就越低。

假设标的资产原本价格为 400 元，400 元行权价对看涨期权和看跌期权来说都是平值期权，此时行权价 408 元的看涨期权，虚值 8 元，因此价格低于平值期权，不过行权价 408 元的看跌期权，拥有实值 8 元，因此价格高于平值期权。从这一范例中可以看到，行权价变化，对看涨期权是反向变动，对看跌期权则是同向变动。

表 1-2-18　行权价对期权价格的影响范例

标的资产价格（元）	看涨期权行权价（元）	看跌期权行权价（元）
400	424（虚值 24）	424（实值 24）
400	416（虚值 16）	416（实值 16）
400	408（虚值 08）	408（实值 08）
400	400（平值）	400（平值）
400	392（实值 08）	392（虚值 08）
400	384（实值 16）	384（虚值 16）
400	376（实值 24）	376（虚值 24）

3. 标的物股利

表 1-2-19　标的物股利对期权价格的影响

影响因素	波动方向	看涨期权	看跌期权
标的物股利	＋	－	＋
	－	＋	－

标的物股利对期权价值的影响：

（1）股利发放越高，代表股价减损越多、标的资产价格越低，因此看涨期权价值也就越低。同理，标的资产价格越低，看跌期权价值也就越高。

（2）股利发放越低，股价减损越少、标的资产价格保留越多，因此看涨期权价值越高。同理，标的资产价格保留越多，则看跌期权价值越低。

所以，目标资产股利变化，对看涨期权是反向变动，对看跌期权则是同向变动。

4. 标的物价格波动

表 1-2-20　标的物价格波动对期权价格的影响

影响因素	波动方向	看涨期权	看跌期权
标的物价格波动	＋	＋	＋
	－	－	－

标的物价格波动对期权价值的影响：

（1）期权买方：资产价格波动越大，则期权进入实值的概率也越大，所以获利概率也越大，此时买方也愿意支付更多的权利金；而若资产价格波动越小，则代表买方的获利概率也越小，此时买方只愿支付较少的权利金。

（2）期权卖方：资产价格波动越大，则期权进入实值的概率也越大，所以期权损失概率也越大，此时卖方需要收取更多的权利金来弥补增加的风险；反之，资产价格波动越小，则期权卖方损失概率越小，此时卖方风险较低，就可以收取较少的权利金。

因此，不论看涨期权还是看跌期权的价值，都和价格波动成正向变动。

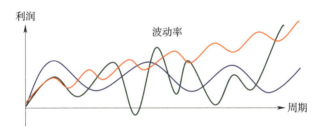

图 1-2-12　标的物价格波动范例

下面这个范例可以表现波动率对期权价格的影响。

下表记录了两种情形，这两种情形有着相同的距离到期日数、相近的标的物收盘价（只差 2 个 tick）、相近的虚实值程度、几乎相同的 Delta 值，只有隐含波动率差异较大，在这样的情形下，期权价格的差距可以高达一倍。

表 1-2-21　标的物价格波动对期权价格的影响范例

日期	期货收盘价	期权	期权到期日	距离到期日数	期权收盘价	虚实值程度	Delta	隐含波动率
2023/12/22	LC2402	96900	LC2402-C-97000	2024/1/8	10	5 680	−100	0.52	82.34
			LC2402-P-97000			6 130	100	−0.48	

续　表

日期	期货	期货收盘价	期权	期权到期日	距离到期日数	期权收盘价	虚实值程度	Delta	隐含波动率
2024/2/22	LC2404	97000	LC2404-C-97000	2024/3/7	10	2 800	0	0.52	51.42
			LC2404-P-97000			2 880	0	−0.48	

从上表中可以看到，期货价格是几乎一样的，而在其他条件都几乎一样，只有隐含波动率差距较大的情形下，期权价格就可以相差这么大，这也是期权可以衡量波动率风险的地方。

5. 剩余天数

表 1-2-22　剩余天数对期权价格的影响

影响因素	波动方向	看涨期权	看跌期权
剩余天数	＋	＋	＋
	－	－	－

剩余天数对期权价值的影响：

剩余天数越多，代表时间价值越高，因此期权价值也就越高，这点很好理解，因此不论看涨期权还是看跌期权的价值，都和剩余天数成正向变动。

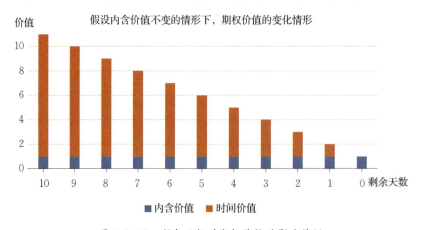

图 1-2-13　剩余天数对期权价格的影响范例

6. 无风险利率

表 1-2-23　无风险利率对期权价格的影响

影响因素	波动方向	看涨期权	看跌期权
无风险利率	＋	＋	－
	－	－	＋

无风险利率对期权价值的影响：

（1）看涨期权：行权时按照行权价购买标的物,行权价就是未来的现金流出,因此无风险利率越大,折现流出的现值越小,看涨期权买方越有利,也就使得看涨期权价值上升。

（2）看跌期权：行权时按照行权价出售标的,行权价是未来的现金流入,因此无风险利率越大,折现流入的现值越小,看跌期权买方越不利,也就使得看跌期权价值下降。

因此,无风险利率,对看涨期权是同向变动,对看跌期权则是反向变动。

（二）期权价值影响因素

标的资产价格、无风险利率,对看涨期权是同向变动,对看跌期权则是反向变动。

行权价、标的物股利,对看涨期权是反向变动,对看跌期权则是同向变动。

标的物价格波动、剩余天数,不论看涨期权或看跌期权,都是正向变动。

（三）期权价格的上下限

1. 看涨期权

（1）价格上限：看涨期权的价格不会超过标的物价格 S,因为如果期权价格超过标的资产价格,交易者可以直接购买标的资产,而不是支付更高的价格购买期权。因此,看涨期权的价格上限为 S。

（2）价格下限：看涨期权的价格下限为其内含价值,即 $\max(0, S-K)$,

这是因为即使在最坏的情况下，期权持有者也可以选择不行权，损失仅限于权利金。如果是到期行权，因为看涨期权行权是未来的行权价价格支出，因此需折现 Ke^{-rt}。

2. 看跌期权

（1）价格上限：看跌期权的价格上限为行权价格 K 的折现值 Ke^{-rt}，因为如果是到期行权，看跌期权行权是未来的行权价格收入，因此需折现 Ke^{-rt}。如果期权费高于行权价格的现值，交易者可以通过借入资金买入标的物，并同时卖出看跌期权来获得无风险利润。

（2）价格下限：看跌期权的价格下限同样为其内含价值，即 $\max(0, K-S)$。这是因为在任何情况下，期权持有者都可以选择不行权，损失仅限于权利金。如果是到期行权，同样需折现 Ke^{-rt}。

表 1-2-24 期权价格的上下限

种类	期权价格上下限	叙述
看涨期权提前行权	$S \geq C \geq \max\{0, S-K\}$	标的物价格 $\geq C \geq$ 内含价值
看涨期权到期行权	$S \geq C \geq \max\{0, S-Ke^{-rt}\}$	标的物价格 $\geq C \geq$ 内含价值折现
看跌期权提前行权	$K \geq P \geq \max\{0, K-S\}$	行权价 $\geq P \geq$ 内含价值
看跌期权到期行权	$Ke^{-rt} \geq P \geq \max\{0, Ke^{-rt}-S\}$	行权价折现 $\geq P \geq$ 内含价值折现

七、期权价值的变化

（一）期权当前价值与结算价值的差异

接下来说明期权价值是如何变化的。

先看下图，其中红色实线是期权的未到期损益曲线，而蓝色虚线则是期权的到期损益曲线。一般在介绍期权的损益时，都是以期权到期的情形来计算损益（蓝色虚线），不过，期权在还没到期时（红色实线），其价值应该怎么计算呢？

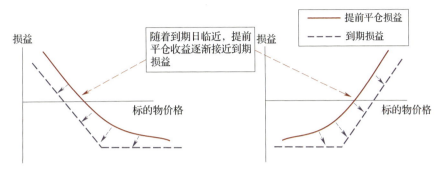

图 1-2-14　期权市价与最后结算价值的差异

（二）期权如何定价

期权价值 ＝ 内含价值 ＋ 时间价值。期权的内含价值直接便能计算出来,但是时间价值该怎么计算呢?

时间价值的主要影响因子有标的物价格波动、剩余天数、无风险利率等,我们把标的物价格波动和剩余天数这两个相关的因子合并在一起,组成"波动性价值",以及无风险利率形成的"货币的时间价值",就可以得出一个期权时间价值的公式:

期权时间价值 ＝ 波动性价值 ＋ 货币的时间价值

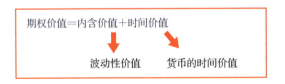

在分解了期权的主要价值组成方式之后,根据基本的定价原理,再套用定价模型,就可以得出期权定价,步骤如下所示:

分解期权的价值组成→设定定价原理→套用定价模型→期权定价

而期权基本定价原理,主要有三种:无套利定价原理、复制原理和风险中性原理。

1. 无套利定价原理

在一个有效的市场上,任何一项金融资产都不存在套利的机会,如果金融资产的定价不合理,那市场上就必然会出现针对该资产的套利行为,而套利行为的出现又会促使该资产的价格趋于合理,并最终使套利机会消失。

2. 复制原理

由于期权到期的行权就是一笔现金流,因此可以通过买卖市场上的标的资产来复制出这笔现金流。通过构造一个投资组合来模拟期权的收益变动,不论标的资产价格上涨还是下跌,投资组合的到期收益与期权的到期收益完全相同,那么构建这个投资组合的成本就是期权的定价。简单来说,假设资产组合 A 的期初成本是 100,期末报酬是 10%,而复制资产组合 A 所组成的资产组合 B 的期末报酬也是 10%,则资产组合 B 的期初成本也应该是 100(因为刚刚提到的无套利定价原理,让资产组合 A 和 B 不会有价差)。

3. 风险中性原理

假定交易者对待风险的态度是中性的,那么对持有标的物的预期收益率可以假设等于无风险利率,在这个前提下,将期望值用无风险利率折现,即可求得期权的价格。

(三)常见的期权定价模型

现在可以根据这些基本定价原理来建构期权定价模型。

期权定价模型中,欧式期权定价最常见的就是 BSM 模型,且有公式解,而美式期权定价一般没有公式解,需要进行数值计算。美式期权一般常见的数值方法包括二叉树、有限差分法、蒙特卡罗等方法。当精度要求不高时,也存在一些近似解,如 BAW 模型等。

表 1-2-25　常见的期权定价模型

定价模型	类型	年份	特点
巴舍利耶期权定价模型	美式	1900	最早的定价模型,标的物价格可为负值
有限差分法定价模型	美式	1911	

续　表

定价模型	类型	年份	特点
BSM 期权定价模型 （Black-Scholes-Merton）	欧式	1973	最常见的欧式期权定价模型
Black76 模型	欧式	1976	常用于利率期权和互换等衍生品定价
蒙特卡罗模拟法定价模型	美式	1977	
二叉树期权定价模型 （Cox-Ross-Rubinstein）	美式	1979	常见的美式期权定价模型
BAW 期权定价模型 （Barone-Adesi-Whaley）	美式	1987	常见的美式期权定价模型

表 1-2-26　国内各交易所期权定价模型

交易所	类型	定价模型	无风险利率
上海期货交易所	美式	二叉树期权定价模型	央行 1 年期存款利率
大连商品交易所	美式	BAW 期权定价模型	1 年期定期存款基准利率
广州期货交易所			
郑州商品交易所	美式	CRR 二叉树期权定价模型	1 年期贷款市场报价利率（LPR）
中国金融期货交易所	欧式	BSM 期权定价模型	1 年期存款利率
上海证券交易所	欧式	BSM 期权定价模型	1 年期存款利率
深圳证券交易所			

各交易所使用的定价模型常有不同，甚至有时还会改变，例如 CME 在负油价事件之前，把期权定价模型临时改成巴舍利耶期权定价模型，使得原油期权出现负的行权价……

那么，定价模型的主要功能有什么呢？不同的使用者，就会有不同的用处。

1. 对交易所：定价模型主要是拿来计算期权结算价；

2. 对做市商：定价模型主要是拿来计算期权理论价及风险对冲成本；

3. 对交易者：定价模型最重要的则是计算**隐含波动率**。

（四）波动率基本概念

波动率是标的价格的波动程度，是对收益率不确定性的衡量，用于反映标的的风险水平，前文也提到标的物的波动率是期权时间价值的组成和影响因子之一。

1. 波动率越高，标的价格的波动越剧烈，收益率的不确定性就越强。

2. 波动率越低，标的价格的波动越平缓，收益率的确定性就越强。

波动率并不代表上涨或下跌，而是反映市场向上或向下波动的强度，对期权来说，波动率又分为历史波动率和隐含波动率。

1. 历史波动率：由过往标的价格的波动计算得出。

2. 隐含波动率：由市价代入期权定价模型回推得出，代表市场对未来波动情形的预期。

期权的隐含波动率，可以用证券市场市盈率的概念来对比。股票的市盈率越高，代表市场交易者对该股票的风险偏好越高，估值也越高。隐含波动率也是如此，当交易者觉得标的资产未来的波动率会变高时，就会提高对隐含波动率的估计，从而提高对期权的定价。

下图中的红线及绿线，虽然最后的收益率相同，但红线是稳步向上，而绿线则是震荡剧烈，绿线的波动率明显高于红线。因此以绿线为标的的期权，其价格就会高于红线标的的期权。

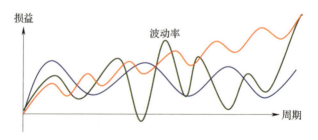

图 1-2-15　标的物价格波动范例

（五）隐含波动率及希腊字母的推导

除了所根据的基本定价原理之外，期权定价模型还需要设定几个基本参数，才能计算，比如说：标的价格、执行价格、利率、到期时间、波动率等。其中除波动率之外，都是已知变量，所以只要把其中前四个基本参数及期权的实际市场价格作为已知变量，再代入定价模型，就可以从中解出唯一的未知变量，也就是波动率。

因为这个波动率不像其他几个参数是实际可知的数值，而是经由反推的方式才得出的，因此才称为"隐含"波动率。

另外，只要能够计算出期权价格的定价模型，理论上都可通过偏导数等方法反推期权价格对各个因素的敏感性，也就是"希腊字母"。不同定价模型的复杂性和计算难度可能有所不同。一些模型可能更容易直接计算出希腊字母，而另一些模型则可能需要通过数值方法或近似计算来得出。希腊字母是期权定价和风险管理的重要工具。

$$C=S_tN(d_1)-Ke^{-rT}N(d_2)$$

$$P=Ke^{-rT}N(-d_2)-S_tN(-d_1)$$

其中：

C：看涨期权价格

P：看跌期权价格

S_t：标的资产当前价格

K：行权价

r：无风险利率

T：到期时间

$N()$：标准正态分布的累积分布函数

$$d_1=\frac{\ln(S_t/K)+(r+\sigma^2/2)\times T}{\sigma\times\sqrt{T}}$$

$$d_2=d_1-\sigma\times\sqrt{T}$$

σ：标的资产波动率

（六）期权价格的主要影响因素与衡量方式

现在可用希腊字母衡量某个因素对于期权价值变化的敏感性。

其中行权价和标的物股利这两项没有希腊字母，主要是因为行权价是不会变的，并且行权价只能计算期权的内含价值，而股利则不一定有，并且不会太早公布，因此无法计算敏感度。所以主要希腊字母就有五个：Delta、Gamma、Vega、Theta、Rho。

表 1-2-27　期权价格的主要影响因素与希腊字母

价值来源	影响因素	衡量方式	波动方向	看涨期权	看跌期权
内含价值	标的资产价格	Delta、Gamma	＋	＋	－
			－	－	＋
	行权价	－	＋	－	＋
			－	＋	－
	标的物股利	－	＋	－	＋
			－	＋	－
时间价值	标的物价格波动	Vega	＋	＋	＋
			－	－	－
	剩余天数	Theta	＋	＋	＋
			－	－	－
	无风险利率	Rho	＋	＋	－
			－	－	＋

八、期权价格变动系数

接下来一一介绍 Delta、Gamma、Vega、Theta、Rho 这五个希腊字母的特性和功能。

表 1-2-28　希腊字母性质

种类	定义	范围	虚实平值关系	近远月关系
时间价值	时间价值＝期权价值－内含价值	恒≤期权价值 与到期日期间和波动率成正比	不论 CALL、PUT，平值时有最大值 深实值 EP 可能有负的时间价值	远月＞近月 越近到期日耗损越快
Delta （δ，Δ）	标的物价格变动 1 单位时，期权价格变动的单位数	CALL：0～1 PUT：－1～0 同行权价 Delta C＋Delta P≈1	C 深实值≈1，平值≈0.5，深虚值≈0 P 深实值≈－1，平值≈－0.5，深虚值≈0	实值： ｜近月｜＞｜远月｜ 虚值： ｜远月｜＞｜近月｜
Gamma （γ，Γ）	标的物价格变动 1 单位时，Delta 的变动数	恒＞0 买入＞0 卖出＜0 同行权价 CALL≈PUT	平值时有最大值，深实值、深虚值≈0	近月平值有最大值 近到期深虚实值有最小值 近月＞远月
Vega （ν）	市场波动率变动 1%，期权价格变动的单位数	恒＞0 买入＞0 卖出＜0 同行权价 CALL≈PUT	平值时有最大值，深实值、深虚值≈0	远月平值有最大值 远月＞近月
Theta （θ）	剩余时间每消逝一天，期权价格变动的单位数	深实值 EP 以外 恒＜0 买入＜0 卖出＞0	平值时有最大绝对值，深虚值≈0，深实值的 CALL 趋近于某负数 深实值的 PUT 可能出现正值	｜近月｜＞｜远月｜
Rho （ρ）	每单位无风险利率变动 1%，期权价格变动的单位数	CALL：＞0，利率上升，期权价值增加 PUT：＜0，利率上升，期权价值减少	CALL：标的价格越高，利率影响越大 PUT：标的价格越低，利率影响越大 利率对实值期权的影响，大于对虚值期权的影响	｜远月｜＞｜近月｜ 越接近到期日利率影响越小

（一）Delta

Delta 衡量了期权价格相对于标的合约价格变化的敏感性。

$$Delta = \frac{期权价格变化}{标的物价格变化}$$

1. Delta 的用法

新期权价格 ＝ 原期权价格 ＋Delta× 标的资产价格变化

2. Delta 的特性

（1）Delta 取值介于 －1 到 1 之间，看涨期权的 Delta 为正值，看跌期权的 Delta 为负值；

（2）看涨期权的 Delta 为 0～1，看跌期权的 Delta 为 －1～0；

（3）平值期权的 Delta 为 0.5，实值期权的 Delta 绝对值通常大于 0.5 且小于 1，深度实值期权的 Delta 绝对值接近于 1；

（4）越实值期权，标的价格变化对期权价值变化的影响越大（Delta 绝对值越大）；越虚值期权，标的价格变化对期权价值的影响越小（Delta 绝对值越小）。

表 1-2-29　Delta 性质

种类	定义	范围	虚实平值关系	近远月关系
Delta（δ，Δ）	标的物价格变动 1 单位时，期权价格变动的单位数	CALL：0～1 PUT：－1～0 同行权价 Delta C＋Delta P≈1	C 深实值≈1，平值≈0.5，深虚值≈0 P 深实值≈－1，平值≈－0.5，深虚值≈0	实值:|近月|＞|远月| 虚值:|远月|＞|近月|

3. 到期时间对 Delta 的影响

距离到期日时间比较远的时候，无论是虚值、平值还是实值合约，都有很大的不确定性，无法确定是否要行权，所以距离到期日越远，平值 Delta 的绝对值越趋近于 0.5（看涨期权趋近于 0.5，看跌期权趋近于 －0.5）。

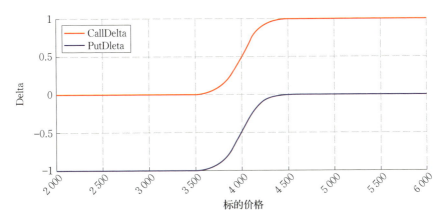

图 1-2-16　Delta 与标的价格的关系

随着临近到期日,出现变化的机会更少,实值的期权有更高的概率会行权,虚值的期权行权的概率更小,所以实值合约 Delta 的绝对值趋近于 1,而虚值合约 Delta 的绝对值趋近于 0。处于平值的期权合约,仍然有很高的不确定性,介于虚值和实值之间,所以平值合约的 Delta 临近到期日仍然在 0.5 左右。

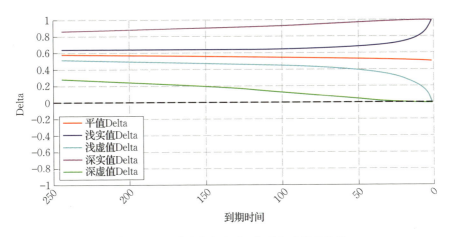

图 1-2-17　看涨期权 Delta 与到期时间的关系

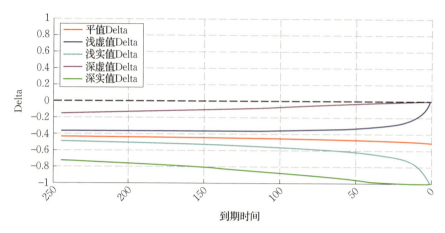

图 1-2-18 看跌期权 Delta 与到期时间的关系

4. Delta 的应用

（1）期权价格相对于标的价格的变化率：就是刚刚提到 Delta 的定义。

（2）期权成为实值的概率：Delta 绝对值可以表示期权到期时成为实值期权的可能性。

范例：一张看涨期权合约的 Delta 为 0.2，就代表着在当下时点，其在到期日成为实值的概率为 20%。

（3）利用 Delta 计算杠杆：期权具有一定的杠杆性。

范例：假设目前 50ETF 价格是 3.000 0 元，有一份 1 个月后到期行权价为 3.20 的认购期权，现在价格是 0.100 0 元，Delta 为 0.33。如果 ETF 上涨 1%，也就是 0.030 0 元，期权上涨 0.030 0×Delta（0.33），大约为 0.010 0 元。也就是期权合约上涨了 10%。因此，期权合约的杠杆大概是 10 倍。

> 期权实际杠杆倍数＝期权价格变化百分比/标的资产价格变化百分比
> ＝标的资产价格/期权价格×Delta

（4）对应标的资产的头寸暴露：Delta 具有可加性，组合的 Delta 常表示与标的资产对应的风险敞口。范例：某资产组合的 Delta 为 100 万元（标的价格变动一个单位，组合价值变动 100 万元），则标的价格 1% 的变动将导致组合价值变动 1 万元（100 万元 ×1%）。

（5）**对冲或套保比例**：在得知杠杆与风险敞口之后，就可以计算需要多少期权部位来对风险部位进行套保。

（6）**利用 Delta 中性对冲风险**：Delta 值的大小代表了对冲比例。范例：如果一张 50ETF 期权合约（认购期权）Delta 值是 0.5，那么买入这样一张合约的同时，需要卖出 5 000 份（0.5×10 000）标的才能做到 Delta 中性，即不管标的价格怎么变动，理论上交易者的盈利都不会因为标的价格变化而改变。（实际操作中 Delta 为 0 的中性状态能维持的时间很短暂，需要交易者适时将对冲策略进行调整以实现再平衡。）

5. Delta 的应用范例

沪金 AU2106 看涨期权合约：AU2106-C-368，价格为 9.60 元，Delta＝0.50。

在其他条件不变的情况下，若沪金 AU2106 从 368 元涨到 370 元，则：

标的 AU2106 上涨 2 元；

期权价格增加：0.50 × 2 ＝ 1.00 元；

期权价格：9.60 ＋ 1.00 ＝ 10.60（元）。

也就是说，标的资产 AU2106 每变动 1.00 元，期权价格相应地变动 0.50 元。

（二）Gamma

Gamma 衡量了标的合约价格对于 Delta 的敏感性。

$$Gamma＝\frac{Delta\ 变化}{标的物价格变化}$$

1. Gamma 的用法

新 Delta＝ 原 Delta ＋ Gamma× 标的资产价格变化

期权价格与标的资产价格的变动是非线性的，期权 Delta 值仅能近似表示标的价格微小变动的影响。当标的资产价格变化较大时，用 Delta 值计算的期权价格变动会出现偏差，就需要 Gamma 来进行度量。

2. Gamma 的特性

（1）Gamma 恒 ＞0。

（2）对于同一行权价的看涨和看跌期权，Gamma 值是一样的。

（3）期权的买方，Gamma 值为正；期权的卖方，Gamma 值为负。

（4）平值时 Gamma 值为最大值，而越实值和越虚值则持续降低。

3. 到期时间对 Gamma 的影响

（1）临近到期时，平值附近 Gamma 越来越大：随着到期日的临近，平值附近合约价格的微小变动，就可能穿越行权价，从而使实值期权变成虚值期权（或相反），这会给期权价格带来大幅的加速变动，因此平值附近 Gamma 最大。

（2）临近到期时，深度虚值或实值期权趋向于 0：因为发生变化的概率也变小，因此 Gamma 越来越小。

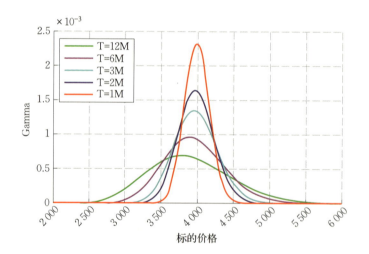

图 1-2-19　Gamma 与标的价格的关系

表 1-2-30　Gamma 性质

种类	定义	范围	虚实平值关系	近远月关系
Gamma（γ，Γ）	标的物价格变动 1 单位时，Delta 的变动数	恒 >0 买入 >0，卖出 <0 同行权价 CALL ≈ PUT	平值时有最大值，深实值、深虚值 ≈ 0	近月平值有最大值 近到期深虚实值有最小值 近月 > 远月

4. Gamma 的应用范例

假设标的资产价格变动 1 元,而期权 Gamma 值为 0.05,则期权 Delta 变动量为 0.05×1＝0.05;

$$\text{Delta}_2 = \text{Delta}_1 + \text{Gamma} \times (S_2 - S_1)$$

※ 新 Delta ＝ 原 Delta ＋ Gamma × 标的资产价格变化。

范例:假设豆粕期权 m2101 合约价格为 3 000 元/吨,行权价为 3 000 元/吨的平值期权的 Delta 为 0.5, Gamma 为 0.001 5,当 m2011 期货合约上涨 10 元的时候,Delta 也会上涨 10×0.001 5＝0.015,变为 0.5＋0.015＝0.515。

$$C_2 = C_1 + \text{Delta}_1 \times (S_2 - S_1) + \tfrac{1}{2} \text{Gamma} \times (S_2 - S_1)^2$$

※ 新期权价格 ＝ 原期权价格 ＋ 原 Delta× 标的资产价格变化 ＋ ½Gamma×(标的资产价格变化)²

(三)Vega

Vega 衡量了期权价格相对于波动率变化的敏感性。亦即期权理论价格和市场价格之间的偏差,可以通过 Vega 转换到隐含波动率的维度。

$$\text{Vega} = \frac{期权价格变化}{波动率变化}$$

1. Vega 的用法

新期权价格 ＝ 原期权价格 ＋ Vega × 波动率变化

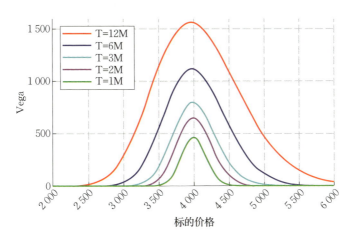

图 1-2-20　Vega 与标的价格的关系

2. Vega 的特性

（1）和 Gamma 值一样，Vega 值恒 >0。

（2）和 Gamma 值一样，同一行权价的看涨期权与看跌期权的 Vega 值相同。

（3）和 Gamma 值一样，Vega 同样在平值处为最大值，而虚值和实值处的 Vega 值都越来越小。

（4）和 Gamma 值一样，看涨期权与看跌期权的 Vega 都是正数。期权买方 Vega 均为正，将会从价格波动率的上涨中获利；期权卖方 Vega 均为负，希望价格波动率下降。

3. 到期时间对 Vega 的影响

在剩余时间的影响上，Vega 与 Gamma 相反，剩余时间越长的期权 Vega 越大，资产价格波动率的变化对期权价格的影响越大，而对于临近到期的期权，Vega 值逐渐趋向于 0。

表 1-2-31　Vega 性质

种类	定义	范围	虚实平值关系	近远月关系
Vega（ν）	市场波动率变动 1%，期权价格变动的单位数	恒 >0 买入 >0，卖出 <0 同行权价 CALL ≈ PUT	平值时有最大值，深实值、深虚值 ≈ 0	远月平值有最大值 远月 > 近月

4. Vega 的应用范例

甲醇期权 MA105-C-2325，前一交易日的收盘价为 65.50 元，隐含波动率为 21.50%，当日期权隐含波动率为 23.75%，期权的 Vega 值为 15：

Vega 值影响期权价格变化 $= 65.50 + 15 \times (23.75\% - 21.50\%) \approx 65.84$

（四）Delta、Gamma、Vega 的关系

接下来，再介绍一下 Delta、Gamma 和 Vega 之间的关联性：

1. 相同行权价的看涨期权和看跌期权，Delta 绝对值相加约等于 1。

（1）买入看涨期权 + 卖出看跌期权的 Delta 值 ≈ 1，卖出看涨期权 +

买入看跌期权的 Delta 值≈ -1,与期货相当。

（2）由于每个行权价都是如此,因此在每个行权价做合成,都能得到类似的效果。

2. 相同行权价的看涨期权和看跌期权,Gamma 值及 Vega 值趋近相同。

（1）相同行权价的看涨期权和看跌期权,其 Gamma 值及 Vega 值的影响是一样的,不会对合成期货带来影响。

（2）由于每个行权价都是如此,因此在每个行权价做合成,都能得到类似的效果。

表 1-2-32　Delta、Gamma、Vega 之间的关系

Vega	Gamma	Delta	看涨期权	行权价	看跌期权	Delta	Gamma	Vega
0.001 8	0.017 4	0.999 2	0.445 0	3.0	0.000 3	-0.000 7	0.017 8	0.001 8
0.014 3	0.139 7	0.992 3	0.343 3	3.1	0.000 4	-0.007 7	0.142 0	0.014 5
0.063 2	0.618 3	0.955 6	0.245 3	3.2	0.001 6	-0.044 3	0.618 3	0.063 2
0.162 7	1.591 4	0.842 1	0.150 5	3.3	0.006 8	-0.157 8	1.591 4	0.162 7
0.255 2	2.496 5	0.627 4	0.072 7	3.4	0.028 4	-0.372 5	2.496 5	0.255 2
0.254 5	2.489 6	0.369 4	0.026 4	3.5	0.082 2	-0.630 5	2.489 6	0.254 5
0.167 5	1.638 9	0.165 2	0.007 9	3.6	0.163 9	-0.834 7	1.638 9	0.167 5
0.075 3	0.736 8	0.055 3	0.002 9	3.7	0.259 6	-0.944 6	0.736 8	0.075 3
0.023 5	0.230 0	0.013 6	0.001 2	3.8	0.356 5	-0.986 0	0.233 3	0.023 8
0.005 4	0.052 5	0.002 6	0.000 6	3.9	0.457 8	-0.997 3	0.053 5	0.005 5

相同行权价的看涨期权和看跌期权,Delta绝对值相加≈1

相同行权价的看涨期权和看跌期权,Gamma值趋近相同

相同行权价的看涨期权和看跌期权,Vega值趋近相同

3. 看涨期权和看跌期权的 Delta 值变化关系

（1）低行权价的 Delta- 高行权价的 Delta=Delta 值变化。

（2）相同行权价的看涨期权和看跌期权，Delta 变化值也趋近相同。

a. 因为相同行权价的看涨期权和看跌期权，Gamma 值趋近相同。

b. 因为相同行权价的看涨期权和看跌期权，Delta 绝对值相加≈1，所以一边减少的，就会是另一边增加的。

（3）因此若两边的 Delta 变化值出现较大的差距，就表示有一边高估（或另一边低估）了。此时就可以进行套利交易，卖出高估的一边，买入低估的一边，待两边 Delta 变化值差距回复相同之后，就可平仓获利。

表 1-2-33　看涨期权和看跌期权的 Delta 值变化关系

Delta 差距	看涨期权 Delta	行权价	看跌期权 Delta	Delta 差距
	0.999 8	2.95	−0.000 1	
0.000 6	0.999 2	3	−0.000 7	0.000 6
0.006 9	0.992 3	3.1	−0.007 7	0.007 0
0.036 7	0.955 6	3.2	−0.044 3	0.036 6
0.113 5	0.842 1	3.3	−0.157 8	0.113 5
0.214 7	0.627 4	3.4	−0.372 5	0.214 7
0.258 0	0.369 4	3.5	−0.630 5	0.258 0
0.204 2	0.165 2	3.6	−0.834 7	0.204 2
0.109 9	0.055 3	3.7	−0.944 6	0.109 9
0.041 7	0.013 6	3.8	−0.986 0	0.041 4
0.011 0	0.002 6	3.9	−0.997 3	0.011 3

相同行权价的看涨期权和看跌期权，
Delta变化值也趋近相同

（五）Theta

Theta 衡量了期权价格相对于时间变化的敏感性。

$$Theta = \frac{期权价格变化}{时间变化}$$

1. Theta 的用法

$$新期权价格 ＝ 原期权价格 ＋Theta× 流逝的时间$$

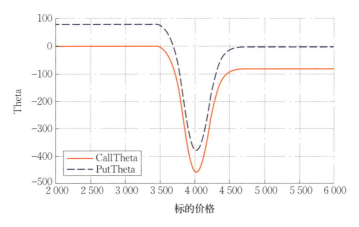

图 1-2-21 Theta 与标的价格的关系

2. Theta 的特性

（1）Theta 恒 ＜0。

（2）期权买方的 Theta 值通常为负值,而卖方的 Theta 值通常为正值。

（3）作为期权的买方,获得 Gamma 收益,而损失 Theta 收益。

（4）同一行权价的看跌期权 Theta 值略高于看涨期权,在平值合约有负的最大值,而对于深度实值的欧式看跌期权,Theta 值可能为正。

3. 到期时间对 Theta 的影响

在剩余时间的影响上,和 Gamma 一样,随着到期日的临近,平值合约的 Theta 的绝对值越来越大,期权时间价值衰减非常迅速。

表 1-2-34 Theta 性质

种类	定义	范围	虚实平值关系	近远月关系
Theta（θ）	剩余时间每消逝一天,期权价格变动的单位数	深实值 EP 以外恒 ＜0 买入 ＜0, 卖出 ＞0	平值时有最大绝对值,深虚值≈0, 深实值的 CALL 趋近于某负数 深实值的 PUT 可能出现正值	|近月|＞ |远月|

4. Theta 的例外情形

Theta 值的例外：深度实值的欧式看跌期权，其 Theta 值可能为正。

我们之前提到，看跌期权到期是付出标的物 ＋ 收取现金，到期是现金的流入。换言之，利率越高，折现的金额越低，因此无风险利率对看跌期权是负相关。在此情形下，交易者自然希望越早行权越好。对于深度实值的看跌期权来说，到期时间越短，可以越快行权，折现价值就越高，因此 Theta 值就是正数。

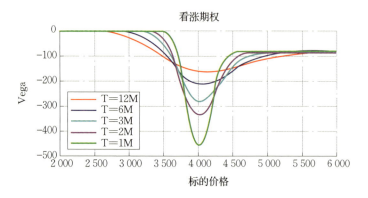

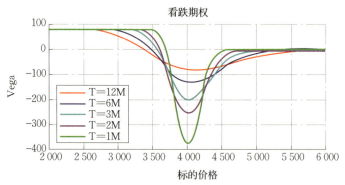

图 1-2-22　Theta 与标的价格的关系（看涨、看跌分列）

5. Theta 的应用范例

豆粕期权 M2105-C-3300，前一交易日的收盘价为 49.00 元，Theta 值为 -2.375 元，则经过 1 天之后：

在不考虑其他因素情况下，当前期权的价格 ＝ 49.00-2.375 ≈ 46.63 元。

（六）Rho

Rho 衡量了期权价格相对于利率变化的敏感性。

$$Rho = \frac{期权价格变化}{利率变化}$$

1. Rho 的用法

$$新期权价格 = 原期权价格 + Rho \times 利率变化$$

2. Rho 的特性

（1）Rho 相对于其他希腊字母，对期权价格的影响是最小的。

（2）利率上升时，看涨期权价格上升，看跌期权价格下跌。

（3）因此，看涨期权的 Rho 为正，而看跌期权的 Rho 为负。

（4）Rho 随着标的合约价格呈现正向变动。

3. 到期时间对 Rho 的影响

当期权剩余时间非常短或者非常长的时候，Rho 都非常小，趋向于 0，而在临近到期日前的一段时间，Rho 可以到达极值。

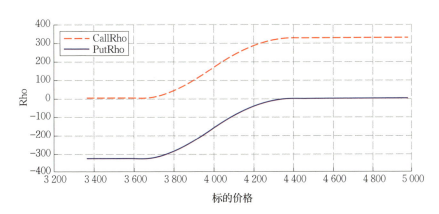

图 1-2-23 Rho 与标的价格的关系

4. Rho 的应用范例

50ETF 认购期权 510050C2502M02600，前一交易日的收盘价为 0.049 9，Rho 值为 0.089，假设无风险利率上升 0.1% 时，Rho 对期权价值的影响为：0.1×0.089＋0.049 9＝0.058 8。

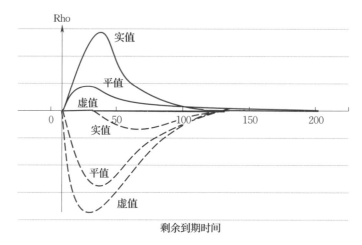

图 1-2-24　Rho 与剩余到期时间的关系

表 1-2-35　Rho 性质

种类	定义	范围	虚实平值关系	近远月关系
Rho（ρ）	每单位无风险利率变动1%时,期权价格变动的单位数	CALL:>0,利率上升,期权价值增加 PUT:<0,利率上升,期权价值减少	CALL:标的价格越高,利率影响越大 PUT:标的价格越低,利率影响越大,利率对实值期权的影响,大于对虚值期权的影响	|远月|>|近月|越接近到期日利率影响越小

九、期权希腊字母应用

（一）希腊字母的几种主要应用方式

1. 期权价格变动归因分析

利用期权价格计算公式,可计算出各项因子对期权价格变化的影响程度。

2. 期权整体持仓风险管理

除了期权策略本身 Delta 方向的暴露外,其他字母的暴露主要是由买卖方式决定的,因此可以通过控制整体持仓中各个希腊字母的暴露程度并加总,来管控整体持仓风险。

在衡量期权组合风险的时候,若用希腊字母来表示期权的风险指标,原本繁多复杂的期权交易和持仓就可变得简洁明了。

3. 期权交易策略选择

期权的交易方式中,买期权为做多 Gamma、Vega、Theta,反之,卖期权为做空 Gamma、Vega、Theta。可通过对价格波动幅度、隐含波动率、时间价值的预期等,选择做多或做空期权来进行。

范例:以最简单的买入标的单边策略为例,假如交易者预计标的价格上涨,想要做多 Delta,这时有买入期货、买入看涨期权和卖出看跌期权三种方法,但预计标的价格上涨的同时波动率下跌,即需要做多 Delta、做空 Vega,那么卖出看跌期权则是相对有利的策略。

(二)期权价格变动归因分析

表 1-2-36　期权价格变动归因分析范例

	S 标的价格	合约	C 期权价格	Delta	Gamma	Vega	Theta	IV
1月9日	2.638	510050 C2501 M02650	0.026 6					16.27
1月10日	2.615	510050 C2501 M02650	0.018 1	0.344 7	4.613 6	0.001 7	−0.001 8	16.81
变化	−0.023		−0.008 5					0.54
影响				−0.007 9	0.001 2	0.000 9	−0.001 8	
	S 标的价格	**合约**	**P 期权价格**	**Delta**	**Gamma**	**Vega**	**Theta**	**IV**
1月9日	2.638	510050 P2501 M02650	0.040 6					16.42
1月10日	2.615	510050 P2501 M02650	0.051 7	−0.653 3	4.573 3	0.001 8	−0.001 9	16.99
变化	−0.023		0.011 1					0.57
影响				0.015 0	0.001 2	0.001 0	−0.001 9	

利用期权价格计算公式，可计算出各项因子对期权价格变化的影响程度，交易者可以根据各个希腊字母的情形，了解哪个因子影响较大，再加以调整。

期权价格计算公式：$\Delta C = \text{Delta} \times \Delta S + \frac{1}{2} \times \text{Gamma} \times (\Delta S^2) + \text{Vega} \times \Delta IV + \text{Theta} \times T$

（三）期权整体持仓风险管理

由于希腊字母可以直接相加减，因此当持有的期权合约类型、行权价、数量等各不相同时，可以通过计算持仓部位的希腊字母来管理整体持仓风险。

把叠加之后的希腊字母代入期权价格计算公式以及部位数量，就可计算出预计的影响金额。即使持仓的头寸繁多复杂，只要利用希腊字母的叠加，持仓的风险状况就会变得更直观明了，分析起来也更加方便。

下面用一个范例来说明希腊字母的调整：

表 1-2-37　希腊字母应用范例

期权合约	部位	Delta	D 小计	Gamma	G 小计	Vega	V 小计	Theta	T 小计
合约1	$\pm N_1$	$\pm D_1$	$\pm N_1 \times (\pm D_1)$	G_1	$\pm N_1 \times G_1$	V_1	$\pm N_1 \times V_1$	0	$\pm N_1 \times (-T_1)$
合约2	$\pm N_2$	$\pm D_2$	$\pm N_2 \times (\pm D_2)$	G_2	$\pm N_2 \times G_2$	V_2	$\pm N_2 \times V_2$	0	$\pm N_2 \times (-T_2)$
合约3	$\pm N_3$	$\pm D_3$	$\pm N_3 \times (\pm D_3)$	G_3	$\pm N_3 \times G_3$	V_3	$\pm N_3 \times V_3$	0	$\pm N_3 \times (-T_3)$
合约4	$\pm N_4$	$\pm D_4$	$\pm N_4 \times (\pm D_4)$	G_4	$\pm N_4 \times G_4$	V_4	$\pm N_4 \times V_4$	0	$\pm N_4 \times (-T_4)$
总计			Σ		Σ		Σ		Σ

表 1-2-38　希腊字母调整范例（调整前）

期权合约	部位（张）	Delta	D 小计	Gamma	G 小计	Vega	V 小计	Theta	T 小计
510050-C2010-M-03300	50	0.544 9	27.245	1.882 3	94.115	0.376 3	18.815	−0.545 7	−27.285
510050-P2010-M-03400	−50	−0.637 4	31.87	1.775 1	−88.755	0.355 4	−17.77	−0.429 7	21.485
510050-P2010-M-03500	20	−0.793	−15.86	1.352 3	27.046	0.27	5.4	−0.303 1	−6.062
510050-C2010-M-03200	−20	0.719 8	−14.396	1.595 4	−31.908	0.355 4	−7.108	−0.429 7	8.594
总计			28.859		0.498		−0.663		−3.268

表 1-2-39 希腊字母调整范例（调整后）

期权合约	部位（张）	Delta	D 小计	Gamma	G 小计	Vega	V 小计	Theta	T 小计
510050-C2010-M-03300	50	0.544 9	27.245	1.882 3	94.115	0.376 3	18.815	-0.545 7	-27.285
510050-P2010-M-03400	-50	-0.637 4	31.87	1.775 1	-88.755	0.355 4	-17.77	-0.429 7	21.485
510050-P2010-M-03500	40	-0.793	-31.72	1.352 3	54.092	0.27	10.8	-0.303 1	-12.124
510050-C2010-M-03200	-40	0.719 8	-28.792	1.595 4	-63.816	0.355 4	-14.216	-0.429 7	17.188
总计			-1.397		-4.364		-2.371		-0.736

　　可以看到,原本 Delta 值影响整体部位较大,交易者想把投资组合调整成 Delta 中性,于是增加一些部位,改变之后 Delta 值趋近于中性,不过 Gamma 值和 Vega 值稍有变大,因此后续就需要注意行情变化较大时还需要再次调整。

（四）期权交易策略选择

　　下表是希腊字母与投资收益的关系,更清楚地展示了部位的收益是怎么来的。

表 1-2-40　希腊字母与投资收益的关系

种类	定义	收益来源
Delta（δ,Δ）	标的物价格变动 1 单位时,期权价格变动的单位数	赚标的物价格变化方向的收益
Gamma（γ,Γ）	标的物价格变动 1 单位时,Delta 的变动数	基于波动率凸性,赚标的物价格斜率的收益
Vega（ν）	市场波动率变动 1%,期权价格变动的单位数	赚隐含波动率（期权估值）的收益
Theta（θ）	剩余时间每消逝一天,期权价格变动的单位数	赚时间价值损耗的收益
Rho（ρ）	每单位无风险利率变动 1% 时,期权价格变动的单位数	赚无风险利率变化的收益

　　从上表就可看到,在期权策略组合之中,各个部位的希腊字母所对应的关系,把各个部位的各种希腊字母加总,就可知道目前策略组合主要的收益（损失）来源是什么。

　　下表显示当我们买入和卖出期权时,对于希腊字母来说,代表的意义是什么。

表 1-2-41　买入和卖出期权对希腊字母代表的意义

	做多	做空
Delta	预期标的资产价格上涨	预期标的资产价格下跌
Gamma	预期标的资产价格大幅波动	预期标的资产价格小幅盘整

	做多	做空
Vega	预期隐含波动率上升	预期隐含波动率下降
Theta	希望时间过得越快越好	希望时间留得越多越好

从上表可看到，在期权策略组合之中，各个部位的多空情形与希腊字母所对应的关系，加总后就可知道目前策略组合主要的方向与收益（损失）来源的关系是什么。

最后再用一张表来整理一下希腊字母和买入看涨期权、卖出看涨期权、买入看跌期权、卖出看跌期权之间的关系：

表 1-2-42　希腊字母和四大基础策略的关系

	Delta	**Gamma**	**Vega**	**Theta**	**Rho**
买入看涨期权	＋	＋	＋	－	＋
买入看跌期权	－	＋	＋	－	－
卖出看涨期权	－	－	－	＋	－
卖出看跌期权	＋	－	－	＋	＋

从上表中可看出期权组合中的各个部位与方向，和希腊字母之间的关系，如果要加强（或减少）某个字母的影响，就可以参考上表来执行。

（五）希腊字母与时间的关系

表 1-2-43　期权不同月份策略对于希腊字母的关系

希腊字母	近月份（绝对值）	远月份（绝对值）	卖近买远	买近卖远
Gamma	大	小	－	＋
Theta	小（负值大）	大（负值小）	＋	－
Vega	小	大	＋	－

续　表

希腊字母	近月份（绝对值）	远月份（绝对值）	卖近买远	买近卖远
Rho（看涨期权）	小（正值小）	大（正值大）	＋	－
Rho（看跌期权）	小（负值小）	大（负值大）	－	＋

从上表中可看出期权不同月份组合与希腊字母之间的关系，如果要加强（或减少）某个字母的影响，同样可以参考上表来执行。

第三节　期权交易实务

一、期权合约内容比较

表 1-3-1　期权合约内容比较

交易所	上交所（5）	深交所（4）	中金所（3）	大商所（17）	郑商所（19）	上期所/能源（13）	广期所（3）
类型	金融期权			商品期权			
标的物	ETF		股指	商品期货			
合约标的	510050，510300，510500，588000，588080	159919，159922，159915，159901	000300，000852，000016，	M，C，P，I，PG，L，PP，PVC，A，B，Y，EG，EB，CS，LH，JD，LG	SR，CF，MA，TA，RM，OI，PK，ZC，PX，SH，PF，SA，UR，SF，SM，AP，FG，CJ，PR	CU，AL，ZN，AU，AG，RU，RB，SC，BR，PB，NI，SN，AO	SI，LC，PS
合约类型	认购期权、认沽期权			看涨期权、看跌期权			

交易所	上交所（5）	深交所（4）	中金所（3）	大商所（17）	郑商所（19）	上期所/能源（13）	广期所（3）
合约单位	10 000 份		每点100 元	1 手标的期货合约			
行权方式	欧式。到期日行权			美式。买方可以在到期日之前任一交易日的交易时间，以及到期日 15:30 之前提出行权申请。			
交割方式	实物交割（ETF）		现金交割	实物交割（期货合约）			
合约月份	2 近月＋2 季月		3 近月＋3 季月	相应的期货合约月份（根据相应要求挂新合约）			
最后交易日	当月			前一月～前两月			
行权价格范围	1 平值、4 虚值、4 实值		前一交易日标的收盘价±10%	标的期货前一交易日结算价上下浮动 1.5 倍涨跌停板价格范围			

　　首先介绍一下国内的期权商品，如上表所示，目前国内共有七个交易所有上市期权商品，包含了上海证券交易所和深圳证券交易所两个证券交易所（北京证券交易所暂时没有期权商品上市），以及全部五个期货交易所，范围非常广泛。

　　1. **在标的物部分**：金融期权包含了股票期权和股指期权两大部分，而商品期权的标的物都是商品期货。

　　2. **在合约类型部分**：证券交易所的期权类型都叫作认购期权和认沽期权，而期货交易所的期权类型都叫作看涨期权和看跌期权，其实都是一样的意思，就是英文的 CALL 和 PUT。

　　3. **在合约规格部分**：股票期权每单位都是 10 000 股，股指期权是每点

100 元,商品期权则是一手期权等于 1 手标的期货。

4. 在行权方式部分:所有的金融期权都是欧式期权,而所有的商品期权都是美式期权。

5. 在交割方式部分:除股指期权是现金交割之外,股票期权和商品期权都是实物交割,交割后会取得标的物或卖出标的物。

6. 在合约月份部分:金融期权的合约月份都是固定的,ETF 期权固定为 2 个近月 +2 个季月,股指期权则多一点,是 3 个近月 +3 个季月;商品期权则较为不同,大商所、广期所为近一年内的合约一次上完,而上期所、郑商所则是先上近两个最近月份的合约,后续的合约以标的期货的持仓量达到一定门槛后上市。

7. 在最后交易日部分:金融期权都是当月合约才是最后交易日,而商品期权则都会在合约月份的前一月至前两月内就到最后交易日。原因是金融期权的标的物,不论是股票或是股指,都是持续在市场上交易的,不存在到期结束的问题,并且股指期权是现金交割,更没有标的物到期的问题,但商品期权的标的物是商品期货,是有到期日的,而且多数商品期货的自然人持仓是不能进入交割月的,需要一些时间把期权结算过后取得的期货部位了结,所以商品期权的最后交易日都在合约月份的前一月至前两月。

8. 在行权价格范围部分:ETF 期权固定为 1 平值、4 虚值、4 实值,股指期权是标的指数前一个交易日的上下 10% 范围内,商品期权则是标的期货前一个交易日结算价的上下浮动 1.5 倍涨跌停板的价格范围(如下列范例);在这些价格区间内,期权会挂牌合约交易。

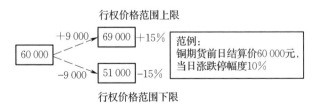

图 1-3-1　期权挂牌行权价的上下限范围

二、期权对账单说明

表 1-3-2 期权对账单主要部分

盯市结算单	逐笔结算单
盯市结算单以合约的结算价为基准,计算客户在某个交易日当日的持仓盈亏 不仅计算平仓合约的盈亏,也计算未平仓合约的盈亏(浮动盈亏),并将其计入当日结存	逐笔结算单不计算每天的盈亏,而只计算自开仓之日起至当日的累计盈亏 未平仓合约的盈亏(浮动盈亏)不计入当日结存
期初结存(昨日期末结存)	期初结存(昨日期末结存)
＋ 净出入金	＋ 净出入金
＋ 盈亏[平仓盈亏、执行盈亏、持仓盈亏(浮动盈亏)]	＋ 盈亏(平仓盈亏、执行盈亏)[不含持仓盈亏(浮动盈亏)]
－ 手续费(交易手续费、行权手续费、交割手续费)	－ 手续费(交易手续费、行权手续费、交割手续费)
＋ 权利金净收支	＋ 权利金净收支
＝ 期末结存(当日结存)	＝ 期末结存(当日结存)
＋ 质押 ＋ 货币质入 － 货币质出	＋ 质押 ＋ 货币质入 － 货币质出
	＋ 持仓盈亏(浮动盈亏)
＝ 客户权益	＝ 客户权益
－ 保证金占用	－ 保证金占用
＝ 可用资金	＝ 可用资金

接下来介绍一下期权的结算单。很多交易者看不懂期权结算单,其实像上表这样一项一项按照公式计算,就可得出最终结果。

期初结存也就是昨日的期末结存,加上当日的净出入金,再加上当日损益,以及当日的权利金净收支,再减去手续费,就得到期末结存。

需要注意的是,结算单分成两种,就是盯市结算单和逐笔结算单。盯市结算单以合约的结算价为基准,计算客户在某个交易日当日的持仓盈亏,这种结算方式不仅计算平仓合约的盈亏,还计算未平仓合约的盈亏,并将其计入当日结存。而逐笔结算单则不计算每天的盈亏,只计算自开仓之日起至当日的累计盈亏,并且凡是未平仓合约,其盈亏是作为浮动盈亏而不计入当日结存。因此逐笔结算单的持仓盈亏是不列入公式中的。

质押以及货币质初质入不常见,因此盯市结算单的常见情形是期末结存 = 客户权益,而逐笔结算单的期末结存需要加上刚刚未计算的持仓盈亏,才是客户权益。

最后把客户权益扣除保证金占用,就是客户的可用资金了,这点两种结算单都一样。

期权对账单的其他名词,我们就不再赘述,大家可自行参照下表。

表 1-3-3　期权对账单其他名词解释

名词	定义
平仓盈亏(逐日)	(平仓价 − 上一交易日结算价 ÷ 今开仓价)× 手数 × 合约乘数
平仓盈亏(逐笔)	(平仓价 − 开仓价)× 手数 × 合约乘数
期权执行盈亏	(结算价 − 行权价)× 行权手数 × 合约乘数
市值权益	客户权益 + 多头期权市值 − 空头期权市值
多头期权市值	买入期权持仓手数 × 期末结算价 × 合约乘数
空头期权市值	卖出期权持仓手数 × 期末结算价 × 合约乘数
货币质押保证金占用	min(货币质押金,保证金)
货币质出	美元质出人民币的金额
货币质入	期末的美元结存 × 汇率 × 货币质押折扣率
货币质押变化金额	期末货币质押金额 − 期初上一交易日的货币质入金额
基础保证金	为交易者设定的固定的保底资金
质押金	期末的质押品结算价 × 质押数量 × 质押折扣率
质押变化金额	期末质押金额 − 期初上一交易日的质押金额

三、期权交易指令

（一）金融期权交易指令

表 1-3-4　金融期权交易指令

上交所		深交所		中金所	
ETF 期权				股指期权	
指令类别	指令名称	指令类别	指令名称	指令类别	指令名称
限价指令	普通限价指令	限价指令	普通限价指令	限价指令	普通限价指令
	全额即时限价指令		全额成交或撤销限价指令		即时全部成交或撤销限价指令
					即时成交剩余撤销限价指令
市价指令	市价剩余转限价指令	市价指令	对手方最优价格市价指令	市价指令	—
			本方最优价格市价指令		
	市价剩余撤销指令		最优五档即时成交剩余撤销市价指令		
			即时成交剩余撤销市价指令		
	全额即时市价指令		全额成交或撤销市价指令		

1. 上交所

（1）普通限价申报

按限定的价格或低于限定的价格申报买入期权合约,按限定的价格或高于限定的价格申报卖出期权合约。

（2）市价剩余转限价申报

按市场可执行的最优价格买卖期权合约,未成交部分按本方申报最新成交价格转为普通限价申报；如该申报无成交的，则按本方最优报价转为限价申报；如无本方申报的，则该申报撤销。

（3）市价剩余撤销申报

按市场可执行的最优价格买卖期权合约，未成交部分自动撤销。

（4）全额即时限价申报

按限定的价格或者优于限定的价格买卖期权合约，所申报的数量如不能立即全部成交则自动全部撤销。

（5）全额即时市价申报

按市场可执行的最优价格买卖期权合约，所申报的数量如不能立即全部成交则自动全部撤销。

2. 深交所

（1）普通限价申报

按限定的价格或低于限定的价格申报买入期权合约，按限定的价格或高于限定的价格申报卖出期权合约。

（2）全额成交或撤销限价申报

以限定的价格为成交价，如与申报进入交易主机时集中申报簿中对手方所有申报队列依次成交能够使其完全成交的，则依次成交，否则申报全部自动撤销。

（3）对手方最优价格市价申报

以申报进入交易主机时集中申报簿中对手方队列的最优价格为其申报价格。

（4）本方最优价格市价申报

以申报进入交易主机时集中申报簿中本方队列的最优价格为其申报价格。

（5）最优五档即时成交剩余撤销市价申报

以对手方价格为成交价，与申报进入交易主机时集中申报簿中对手方最优五个价位的申报队列依次成交，未成交部分自动撤销。

（6）即时成交剩余撤销市价申报

以对手方价格为成交价，与申报进入交易主机时集中申报簿中对手方所有申报队列依次成交，未成交部分自动撤销。

（7）全额成交或撤销市价申报

以对手方价格为成交价，如与申报进入交易主机时集中申报簿中对手方所有申报队列依次成交能够使其完全成交的，则依次成交，否则申报全部自动撤销。

3. 中金所

中金所的交易指令和上交所、深交所相似。

（二）商品期权交易指令

表 1-3-5　商品期权交易指令

指令名称	中金所	郑商所	大商所	广期所	上期所	能源中心
普通限价指令	○	○	○	○	○	○
FOK 限价指令	○	仅限套利指令	○	○	○	○
FAK 限价指令	○	仅限套利指令	○	○	○	○
限价止损（盈）指令			○	○		
市价指令		○				

商品期权的交易指令种类相较股票期权为少，如上表所述，除普通限价指令之外，主要是 FOK 和 FAK 限价指令：

FOK：立即全部成交否则自动撤销。

FAK：立即成交剩余指令自动撤销。

限价止损（盈）指令：指当市场价格触及客户预先设定触发价格时，交易所计算机撮合系统将其立即转为限价指令的指令。

从上面交易指令中，交易者可以结合交易策略，更好地进出场操作。

四、期权组合保证金优惠

表 1-3-6　各交易所期权组合保证金优惠

策略名称	策略描述	交易所保证金收取标准	上、深	中金	上期	郑商	大商	广期
双卖跨式	卖出相同期货合约的相同执行价格的看涨期权和看跌期权	max（看涨期权保证金,看跌期权保证金）＋另一方期权权利金	○	×	×	○	○	○
双卖宽跨式	卖出相同期货合约的低执行价格的看跌期权和高执行价格的看涨期权							
卖出期权期货组合（备兑策略）	卖出看涨期权,同时买入对应期货合约	期货保证金＋期权权利金 上、深: 0 保证金	○	×	×	○	○	○
	卖出看跌期权,同时卖出对应期货合约							
买入期权期货组合	买入看涨期权,同时卖出对应期货合约	$X\times$ 期货保证金（X＝0.8）	×	×	×	×	○	×
	买入看跌期权,同时买入对应期货合约							
期权对锁	在同一期权品种同一系列同一合约上建立数量相等、方向相反的头寸	$X\times$ 卖期权保证金（X＝0.2）	×	×	×	×	○	○
买入垂直价差	买入低执行价格的看涨期权,同时卖出相同期货合约的高执行价格的看涨期权(看涨牛市价差)	$X\times$ 卖期权保证金（X＝0.2） 上、深: 0 保证金	○	×	×	×	○	○
	买入高执行价格的看跌期权,同时卖出相同期货合约的低执行价格的看跌期权(看跌熊市价差)							

策略名称	策略描述	交易所保证金收取标准	上、深	中金	上期	郑商	大商	广期
卖出垂直价差	卖出低执行价格的看涨期权,同时买入相同期货合约的高执行价格的看涨期权(看涨熊市价差) 卖出高执行价格的看跌期权,同时买入相同期货合约的低执行价格的看跌期权(看跌牛市价差)	min(行权价差×交易单位,空头期权保证金) 上、深:行权差价×合约单位	○	×	×	×	○	○

再来看期权组合保证金优惠的部分,如上表所示,金融期权是上交所、深交所的组合优惠最多,而商品期权则是以大商所、广期所的组合优惠最多,各位交易者可以参照自己的投资策略,有效地节省成本。

五、期权最后交易日

前文已经对最后交易日做过简单说明,下文对不同交易所的最后交易日进行更详细的说明。

金融期权:都是当月结算。

商品期权:都是合约月前1~2个月结算交割。

商品期权和商品期货不同,部位可以持有至最后交易日并结算。由于自然人的商品期货部位都无法持仓到最后交易日,因此相对应的商品期权必须提早结算,使得结算后持有商品期货的交易者有时间对部位进行平仓。详细每个期权商品的最后交易日,可以参照下表:

表1-3-7　各交易所期权最后交易日

交易所	期权最后交易日	期权标的物最后交易日（自然人）
中金所	当月第3个周五	现金交割,无持有期间限制
上交所、深交所	当月第4个周三	ETF 无持有期间限制

续　表

交易所	期权最后交易日	期权标的物最后交易日（自然人）
郑商所（苹果、红枣、对二甲苯期权）	前2个月倒数第3个交易日	不能进入交割月
郑商所	标的期货合约月前1个月第15个日历日之前（含该日）倒数第3个交易日	不能进入交割月
郑商所（系列期权）	标的期货合约月前2个月第15个日历日之前（含该日）倒数第3个交易日	不能进入交割月
大商所	标的期货合约月前1个月第12个交易日	不能进入交割月
大商所（系列期权）	标的期货合约月前2个月第12个交易日	不能进入交割月
广期所	标的期货合约月前1个月第5个交易日	不能进入交割月
上期所	标的期货合约月前1个月倒数第5个交易日	合约月最后交易日前第3个交易日（持有部位有固定倍数限制）
上期能源（原油期权）	标的期货合约月前1个月倒数第13个交易日	合约月前第1月的最后第9个交易日

为了帮助大家更清楚期权商品的最后交易日，请参照以下范例：

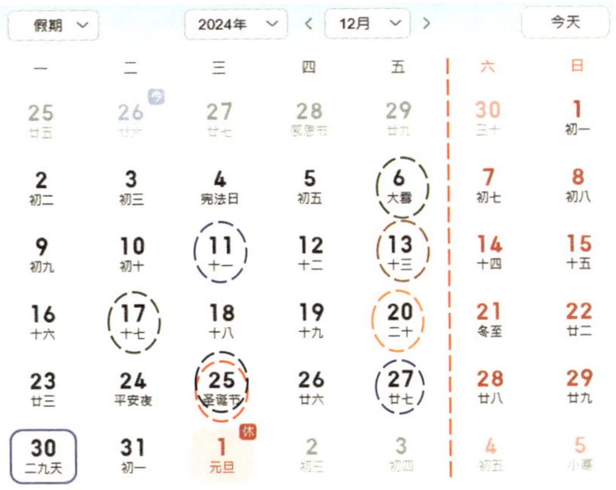

图 1-3-2　期权最后交易日范例

日期	日期定义	商品	月份
2024/12/06	前 1 个月<u>第 5</u> 个交易日	广期所期权	2501
2024/12/11	前 1 个月 <u>15</u> 日<u>倒数第 3</u> 个交易日	郑商所期权	2501
2024/12/13	前 1 个月<u>倒数第 13</u> 个交易日	原油期权	2501
2024/12/17	前 1 个月<u>第 12</u> 个交易日	大商所期权	2501
2024/12/20	当月<u>第 3</u> 个周五	中金所期权	2412
2024/12/25	前 1 个月<u>倒数第 5</u> 个交易日	上期所期权	2501
2024/12/25	当月<u>第 4</u> 个周三	上交所、深交所期权	2412
2024/12/27	前 2 个月<u>倒数第 3</u> 个交易日	苹果、红枣、对二甲苯期权	2502

注：国内部分交易所曾经修改过期权合约的最后交易日，一般都在实行前一年公告，让市场交易者有足够的时间准备，并且修改方向基本上都是日期往后修正，让期权工具进一步发挥对近月期货价格波动的风险管理功能。

表 1-3-8　各交易所期权结算交割方式变动

交易所	郑商所	大商所
期权原本最后交易日	标的期货合约月前 1 个月第 3 个交易日	标的期货合约月前 1 个月第 5 个交易日
期权调整后最后交易日	标的期货合约月前 1 个月第 15 日历日之前（含该日）倒数第 3 个交易日	标的期货合约月前 1 个月第 12 个交易日
公告时间	2022 年 11 月	2023 年 11 月
开始合约	401 合约开始	2501 合约开始

六、期权结算交割方式

交易所规定了合约的最后交易日，若来到最后交易日，交易者仍留有持仓头寸，就必须进行交割，交割方式又分为现金交割和实物交割。

（一）现金交割

指结算时用结算价格来计算未平仓合约的盈亏,双方以现金支付的方式最终了结合约的交割方式。

（二）实物交割

指合约的买卖双方于合约到期时,根据交易所制订的规则和程序,通过合约标的物的所有权转移,将到期未平仓合约进行了结。

表 1-3-9　各交易所期权结算交割方式

种类	期权
现金交割	中金所期权
实物交割	上交所期权、深交所期权、上期所期权、大商所期权、郑商所期权、广期所期权

七、期权行权价间隔

期权行权价就是到期时期权买方向期权卖方购买或出售标的物的价格,也说明了各期权商品的行权价挂牌范围,不过在这些范围之内,需要多少价格间隔才挂一个行权价交易呢? 由于商品不同,价格也有很大的不同,所以这就需要交易者在交易之前,先关注商品合约规格,才能有最好的选择。

我们先看金融期权的行权价范围间隔范例,ETF 期权的行权价间隔有 7 种范围,股指期权也有 4 种不同的范围:

表 1-3-10　期权行权价间隔范例

	ETF 期权	股指期权
行权价格范围	以标的 ETF 前一交易日结算价为基准,按行权价格间距挂出 1 个平值合约、4 个虚值合约、4 个实值合约	行权价格覆盖标的指数上一交易日收盘价上下浮动10%对应的价格范围

续　表

	ETF 期权	股指期权
行权价格间隔	（1）S≤3,D=0.05;EX:2.95、2.90… （2）3<S≤5,D=0.10;EX:3.10、3.20… （3）5<S≤10,D=0.25;EX:5.25、5.50… （4）10<S≤20,D=0.50;EX:10.50、11.00… （5）20<S≤50,D=1.00;EX:21.00、22.00… （6）50<S≤100,D=2.50;EX:52.50、55.00… （7）S>100,D=5.00;EX:105.00、110.00…	（D=3个近月,Dn=3个季月） （1）S≤2 500,D=25;Dn=50;EX:D=2 475、Dn=2 450 （2）2 500<S≤5 000,D=50;Dn=100;EX:D=2 550、Dn=2 600 （3）5 000<S≤10 000,D=100;Dn=200;EX:D=5 100、Dn=5 200 （4）S>10 000,D=200;Dn=400;EX:D=10 200、Dn=10 400

商品期权品种繁多,这里仅取一个范例做说明:

表 1-3-11　商品期权行权价格范围及间隔范例

铜期权	
行权价格范围	行权价格覆盖铜期货合约上一交易日结算价上下浮动 1.5 倍当日涨跌停板幅度对应的价格范围
行权价格间隔	行权价格≤40 000 元/吨,行权价格间距为 500 元/吨; 40 000 元/吨<行权价格≤80 000 元/吨,行权价格间距为 1 000 元/吨; 行权价格>80 000 元/吨,行权价格间距为 2 000 元/吨

铜期权的行权价间隔如下图中所示,在 40 000 元/吨以下时,每隔 500 元/吨有一个行权价;在 4 000~80 000 元/吨时,每隔 1 000 元/吨有一个行权价;在 80 000 元/吨之上时,每隔 2 000 元/吨有一个行权价。一般来说,商品期权的行权价格间隔都在 3 种范围之内。

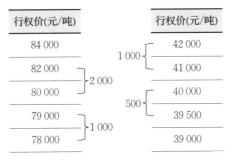

图 1-3-3　期权行权价间隔范例

八、期权行权结算注意事项

期权商品的最后交易日也同时是交割日（美式期权提前行权也是行权当天交割），这点和期货不同，期货一般最后交易日之后才是交割日。

倘若是实物交割，我们分成两种情形说明：

（一）ETF 期权

认购期权买方需要准备以行权价计算的资金，认购期权卖方需要准备 ETF 现券；认沽期权买方需要准备 ETF 现券，而认沽期权卖方需要准备以行权价计算的资金。

表 1-3-12　ETF 期权行权结算事项

期权类型	买卖方	部位	行权前准备	（被）行权后取得部位
认购期权（＋）	买方（＋）	＋＋＝＋	以行权价计算的资金	券
认购期权（＋）	卖方（－）	＋－＝－	券	以行权价计算的资金
认沽期权（－）	买方（＋）	－＋＝－	券	以行权价计算的资金
认沽期权（－）	卖方（－）	－－＝＋	以行权价计算的资金	券

（二）商品期权

不论买方卖方，都只需要准备一手标的期货的保证金即可，只是一般实值期权卖方的保证金都高于标的期货的保证金，因此不需要额外准备资金，只有买方需要额外准备足额保证金。

表 1-3-13　商品期权行权结算事项

期权类型	买卖方	部位	行权前准备	（被）行权后取得部位
看涨期权（＋）	买方（＋）	＋＋＝＋	1手期货的保证金	标的期货多头（＋）
看涨期权（＋）	卖方（－）	＋－＝－	1手期货的保证金（保证金已足够）	标的期货空头（－）
看跌期权（－）	买方（＋）	－＋＝－	1手期货的保证金	标的期货空头（－）
看跌期权（－）	卖方（－）	－－＝＋	1手期货的保证金（保证金已足够）	标的期货多头（＋）

九、期权保证金计算

接下来看期权保证金如何计算。与期货有所不同，期权买方在付完权利金以后只有权利没有义务，因而只有期权卖方才需要支付保证金。

（一）金融期权保证金

金融期权的保证金计算公式都较为复杂，又分为开仓和维持保证金。不过只要记住一点，开仓保证金是用昨日的结算价和收盘价来计算，维持保证金则是用当日的收盘价和结算价来计算，再把各项数据代入公式，即可求得保证金需求：

表 1-3-14　中金所期权保证金计算

	看涨期权	看跌期权
开仓保证金	（合约前结算价 × 合约乘数）＋max（标的指数前收盘价 × 合约乘数 ×12％－虚值额，0.5× 标的指数前收盘价 × 合约乘数 ×12％）	（合约前结算价 × 合约乘数）＋max（标的指数前收盘价 × 合约乘数 ×12％－虚值额，0.5× 合约行权价格 × 合约乘数 ×12％）

续 表

	看涨期权	看跌期权
需求数据	合约前结算价、标的指数前收盘价、看涨期权虚值额	合约前结算价、标的指数前收盘价、看跌期权虚值额
维持保证金	（合约当日结算价 × 合约乘数）＋max（标的指数当日收盘价 × 合约乘数 ×12％－虚值额，0.5× 标的指数当日收盘价 × 合约乘数 ×12％）	（合约当日结算价 × 合约乘数）＋max（标的指数当日收盘价 × 合约乘数 ×12％－虚值额，0.5× 合约行权价格 × 合约乘数 ×12％）
需求数据	合约结算价、标的指数收盘价、看涨期权虚值额	合约结算价、标的指数收盘价、看跌期权虚值额

注：12％ 为合约保证金调整系数，有时会调整

0.5 为最低保障系数

表 1-3-15 上交所、深交所期权保证金计算

	认购期权	认沽期权
开仓保证金	［合约前结算价 ＋max（12％× 合约标的前收盘价 － 看涨期权虚值，7％× 合约标的前收盘价）］× 合约单位	min［合约前结算价 ＋max（12％× 合约标的的前收盘价 － 看跌期权虚值，7％× 行权价格），行权价格 ］× 合约单位
需求数据	合约前结算价、合约标的的前收盘价、看涨期权虚值	合约前结算价、合约标的的前收盘价、看跌期权虚值、行权价格
维持保证金	［合约结算价 ＋max（12％× 合约标的的收盘价 － 看涨期权虚值，7％× 合约标的的收盘价）］× 合约单位	min［合约结算价 ＋max（12％× 合约标的的收盘价 － 看跌期权虚值，7％× 行权价格），行权价格 ］× 合约单位
需求数据	合约结算价、合约标的的收盘价、看涨期权虚值	合约结算价、合约标的的收盘价、看跌期权虚值、行权价格

（二）商品期权保证金

商品期权的保证金也有公式，不过我们把公式简化之后，有着简易计算的方法：

保证金简易公式：期权权利金 ＋ max（期货保证金 －½ 虚值额，

½ 期货保证金）

1. 实值、平值的保证金：

期权结算价 × 标的期货合约交易单位 ＋ 期货保证金（因为没有虚值额）＝ 期权权利金 ＋ 期货保证金

2. 浅虚值的保证金：

期权结算价 × 标的期货合约交易单位 ＋ 期货保证金 －½ 虚值额 ＝ 期权权利金 ＋ 期货保证金 －½ 虚值额

3. 深虚值的保证金：

期权结算价 × 标的期货合约交易单位 ＋½ 期货保证金 ＝ 期权权利金 ＋½ 期货保证金

表 1-3-16　商品期权保证金计算

分类	保证金计算
实值期权、平值期权	期权权利金 ＋ 期货保证金
浅虚值期权	期权权利金 ＋ 期货保证金 － ½ 期权虚值额
深虚值期权	期权权利金 ＋ ½ 期货保证金

（三）期权保证金计算范例

某日铜期货（CU2007）保证金比例为 5％，合约单位为 5 吨

铜期货前一交易日结算价为 46 770 元／吨

铜期权（CU2007C47000）前一交易日结算价为 639 元／吨

则：

铜期权虚值额 ＝（ 47 000－46 770 ）×5＝1 650 元

铜期货保证金 ＝46 770×5×5％＝11 693 元

1. 期权合约结算价 × 标的期货合约交易单位 ＋ 标的期货合约交易保证金 －0.5× 期权合约虚值额 ＝639×5＋11 693－（ 0.5×1 650 ）＝3 195＋10 868＝14 063 元

2. 期权合约结算价 × 标的期货合约交易单位 ＋0.5× 标的期货合约

交易保证金 ＝639×5 ＋（0.5×11 693）＝9 042 元

铜期权保证金为两者取较大值 ＝14 063 元

十、期权涨跌停板计算

表 1-3-17　各交易所期权涨跌停板计算方式

交易所	涨跌停板计算方式
上交所 深交所	认购期权最大涨幅 ＝max{合约标的前收盘价 ×0.5%，min [（2×合约标的前收盘价 － 行权价格）合约标的前收盘价]×10%} 认购期权最大跌幅 ＝ 合约标的前收盘价 ×10% 认沽期权最大涨幅 ＝max{ 行权价格 ×0.5%，min[（2× 行权价格 － 合约标的前收盘价），合约标的前收盘价]×10%} 认沽期权最大跌幅 ＝ 合约标的前收盘价 ×10%
科创 50ETF 期权 科创板 50ETF 期权 创业板 ETF 期权	看涨期权最大涨幅 ＝max{合约标的前收盘价 ×0.5%，min[（2× 合约标的前收盘价 － 行权价格），合约标的前收盘价]×20%} 看涨期权最大跌幅 ＝ 合约标的前收盘价 ×20% 看跌期权最大涨幅 ＝max{ 行权价格 ×0.5%，min[（2× 行权价格 － 合约标的前收盘价），合约标的前收盘价]×20%} 看跌期权最大跌幅 ＝ 合约标的前收盘价 ×20%
中金所	每日价格涨跌停板幅度为上一交易日标的指数收盘价的 ±10%
上期所 上期能源 大商所 郑商所 广期所	涨停板价格 ＝ 期权合约上一交易日结算价＋标的期货合约上一交易日结算价 × 标的期货合约涨停板的比例 跌停板价格 ＝ max（期权合约上一交易日结算价 － 标的期货合约上一交易日结算价 × 标的期货合约跌停板的比例，期权合约最小变动价位）

上交所、深交所的 ETF 期权涨跌停板幅度，由公式计算得出：

股指、商品期权的涨跌停板幅度均和标的物的涨跌停板幅度相同，

股指、商品期权的涨跌停板幅度 ＝ 标的物上一交易日结算价 $\times N\%$。

涨停板价格 ＝ 期权前一交易日结算价 ＋ 标的期货涨跌停板幅度；

跌停板价格 ＝ max（期权前一交易日结算价 － 标的期货涨跌停板幅度,最小报价单位）（期权价格恒 ＞0）

表 1-3-18　期货、期权涨跌停板幅度

商品	涨跌停板幅度
期货	昨日期货结算价 ± 当日期货涨跌停板幅度
期权	昨日期权结算价 ± 当日期货涨跌停板幅度

期权和标的期货的涨跌停板"幅度"相同,而这就是期权商品高杠杆度的来源,之前已说明过,此处就不再赘述。

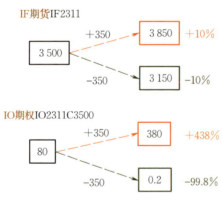

图 1-3-4　股指期权涨跌停板范例

再看一个铜期权涨跌幅计算范例：

某日铜期货（CU2007）涨跌停板幅度为 ±3％,

铜期货（CU2007）前一交易日结算价为 46 770 元 / 吨,

铜期权（CU2007C47000）前一交易日结算价为 639 元 / 吨,

则：

铜期权的涨跌停板数值 ＝ 46 770×3％＝1 403 元 / 吨；

铜期权涨停板价格 ＝ 639 ＋ 1 403＝ 2 042 元／吨；

铜期权跌停板价格 ＝ max（639－1 403,1）＝ 1

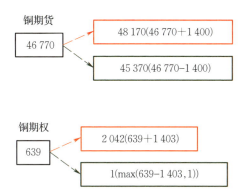

图 1-3-5　商品期权涨跌停板范例

十一、期权结算价计算

上交所、深交所和中金所的当日结算价,都是标的物的当日收盘集合竞价,而中金所的最后结算价,则是标的指数的最后 2 小时算术平均价。

商品期权的当日结算价需要交易所根据期权定价模型计算得出,而最后结算价则是根据标的期货的结算价来计算。

保证金的收取标准、次日的涨跌停板价位等,都和结算价息息相关,因此需要了解结算价是如何得出的。

表 1-3-19　各交易所期权结算价计算方式

交易所	结算价计算方式
上交所 深交所	1. 一般交易日:合约当日收盘集合竞价的成交价格 2. 最后交易日: 实值合约:根据合约标的当日收盘价格和该合约行权价格,计算该合约的结算价格; 虚值、平值合约:结算价格为 0

交易所	结算价计算方式
中金所	1. 一般交易日：合约当日收盘集合竞价的成交价格。 2. 最后交易日： 交割结算价 = 最后交易日标的指数最后 2 小时的算术平均价（保留至小数点后两位） 看涨期权：交割结算价 ＞ 行权价格　交割结算价与行权价格的差额，其他情形结算价为 0 看跌期权：交割结算价 ＜ 行权价格　行权价格与交割结算价的差额，其他情形结算价为 0
上期所 上期能源 大商所 郑商所 广期所	1. 一般交易日：交易所根据期权定价模型（BS 或二叉树模型）确定隐含波动率及各期权合约的理论价，作为当日结算价 2. 最后交易日，期权合约结算价计算公式为： 看涨期权结算价 =max｛标的期货合约结算价 － 行权价格，最小变动价位（郑商所、广期所为 0）｝； 看跌期权结算价 =max｛行权价格 － 标的期货合约结算价，最小变动价位（郑商所、广期所为 0）｝

第二章
套期保值原理与期权基本套保策略

第一节　套期保值原理

套期保值的英文是 Hedging，原意是对冲交易者所面临的价格波动风险，主要使用金融衍生性商品来操作，包括远期合约、期货、期权、掉期、互换等各种对冲工具。

许多企业会选择使用衍生性商品（含期货、期权等）来对冲经营过程中出现的价格风险，这也是目前的经营趋势。

一、套期保值的原理

套期保值之所以能够规避价格风险，是基于两个基本原理：

1. 同种商品的期货价格和标的物价格的走势基本上是一致的（趋势一致）；

2. 在交割规则设计合理的前提下，标的物和期货市场的价格随着期货间合约到期日的临近，价格会趋于一致（最终价格一致）。

如图 2-1-1 所示，由于同种商品的期货价格和标的物价格的趋势基本一致，所以才能使用这些衍生性商品来做套期保值。

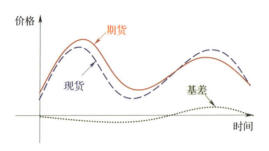

图 2-1-1　期现货基差情形示意

二、套期保值的方式

套期保值的目的，就是尽量降低标的物的价格波动风险，同种商品的期货价格和标的物价格的趋势基本一致，如果要对冲标的物的价格波动风险，那就得在同种商品的衍生品上面做反向持仓，这样一多一空部位的对冲，就可以降低标的物的价格波动风险。

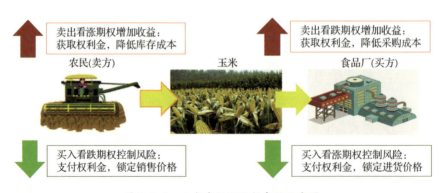

图 2-1-2　玉米产业风险与套保示意图

表 2-1-1　玉米产业上下游规避风险方式

角色	买卖	风险	规避风险方式	期货操作方式	期权操作方式
农民	卖方	玉米价格下跌	使用"玉米价格下跌时"可以获利的方法	做空（卖出期货）	买入看跌期权、卖出看涨期权、组合

续　表

角色	买卖	风险	规避风险方式	期货操作方式	期权操作方式
食品厂	买方	玉米价格上涨	使用"玉米价格上涨时"可以获利的方法	做多（买入期货）	买入看涨期权、卖出看跌期权、组合

假设有个种玉米的农民,他的风险来自玉米价格的下跌,就可以做空玉米期货,或是买入玉米看跌期权,这时倘若玉米价格下跌,则做空玉米期货和买入玉米看跌期权就会有收益,可以弥补农民种植玉米价格下跌的损失。

再者,假设某食品厂的主要原料是玉米,那么这家食品厂风险就来自玉米价格的上涨,造成成本增加,就可以做多玉米期货,或是买入玉米看涨期权,倘若玉米价格上涨,则做多玉米期货和买入玉米看涨期权的收益,就可以弥补玉米价格上涨的成本增加损失。

三、套期保值四大原则

（一）品种相同（相关）的原则

套保交易的品种,必须和要套保的标的物相同,或是如果没有相同的标的物,至少也要是相关性较高的品种。农民养猪,可以直接用生猪期货或期权来套保,而在生猪期货、期权还没上市的时候,农民也可以使用豆粕及玉米期货、期权来套保,因为豆粕和玉米是养猪饲料的主要成分,和养猪成本息息相关,所以用豆粕及玉米期货、期权来套保养猪的成本,也是一种套保方式。

（二）数量相等（相当）原则

套保者需要套保多少数量的衍生品? 主要是看套保者能接受多少的风险而定,但请记住,就算套保者是完全的风险规避者,也不应该让衍生品套保数量（Delta 调整后）明显超过标的物数量,这样反而是让风险再度扩大了。

（三）月份相同（相近）的原则

套保者需要用哪个合约月份来套保呢? 建议衍生品的合约到期日与

标的物进出货日越接近越好,最好能覆盖整个进出货周期,因为期货合约价格可能每个月份都不太一样,期权也有 Delta 值变化的问题,因此越接近进出货日的衍生品到期日效果越好。

(四)交易方向相反原则

由于同种商品的期货价格和标的物价格的趋势基本上一致,因此套保者交易的衍生品方向和标的物预计方向是相反的,这样才能达到损益对冲的目的。

表 2-1-2　套期保值四大原则

套期保值四大原则	范例
品种相同(相关)的原则	农民养猪,可以用生猪期货套保(保价格),也可以用豆粕＋玉米(饲料)套保(保成本)
数量相等(相当)的原则	农民收成 100 吨玉米,就做 100 吨玉米的套期保值,而不是做 500 吨
月份相同(相近)的原则	现货进出货时间与衍生品到期时间越接近越好(尤其是期权),时间才能匹配
交易方向相反的原则	农民希望玉米价格上涨,那套保就应该做空方,对冲玉米价格下跌风险

四、套期保值之前的错误认知

套保者在进场之前,有时会有一些错误的认知。

(一)以期货市场的盈亏来判断套保是否成功

首先必须知道,套保的目的在于降低损失及减少净值波动,而不是在衍生品市场上获利,毕竟如果套保的衍生部位出现亏损,那就代表了标的物是获利的,这样损益对冲之后,整体的净值才会是平衡的。不用担心标的物价格波动的意外情形,才是套保的真正目的。

(二)通过行情的判断来决定是否进行套期保值

套保的目的是不用担心标的物价格波动的意外情形,预防的就是"意外",因此套保最好是持续进行,因为业务经营也是持续的。如果套保者要先通过对行情的判断来决定是否进行套保,那么就失去了套保的真正目的,并且行情判断也是有风险的,假如判断错了,那么就更加会造成不利影响了。

(三)认为不参与套期保值就没有风险

因为套保部位的衍生品价格波动都是和标的价格波动反向的,所以整体期现损益不会出现意外情形,但假如没有套保部位,其实风险暴露才会带来最大的风险。

(四)认为套期保值可以对冲全部风险

一般套保常用的是期货和场内期权,合约都是定型化的,但是实际需求不是定型化的,在数量、月份、基差等多项因素的影响下,不可能每次结局都是100%的完美对冲。

虽然套保结果可能并非每次都能如意,但降低持仓风险及平滑净值曲线的目的一般还是可以达到的。从下图就可看出,套保企业的损益情形还是会比未套保企业要更平滑一些的。

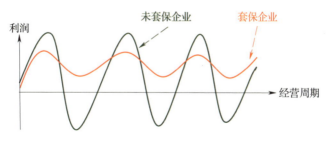

图 2-1-3 套保企业与未套保企业经营情形示意

(五)认为套期保值有时可以有意外惊喜

套保的衍生品部位获利,就代表标的物部位出现亏损,套保的目的是平滑损益曲线,降低意外情形发生,而不是额外的获利,千万别有不切实际的想法。

(六)生产商只能做空方套保,消费商只能做多方套保

如果是用期货套保,在基差不变的情形下,损益曲线可以有效平滑,但如果是用期权做套保,则套保方式有两种:保护性套保策略或补偿性套保策略,也就是买方或卖方策略,并不一定非得使用买方部位来套保的。

表 2-1-3　套期保值的六大误区

误区	实际
以期货市场的盈亏来判断套保是否成功	套保的目的在于降低损失及减少净值波动 不用担心意外，才是套保目的
通过行情的判断来决定是否进行套期保值	套保最好持续进行，因为业务经营也是持续的 行情判断也是有风险的，意外行情也经常出现
认为不参与套期保值就没有风险	风险暴露才是最大的风险
认为套期保值可以对冲全部风险	合约是定型化的，实际需求不是定型化的 并且由于诸多因素存在，不可能每次结局都是 100％ 的完美对冲
认为套期保值有时可以有意外惊喜	衍生品获利代表现货亏损，千万别有不切实际的想法
生产商只能做空方套保，消费商只能做多方套保	套保方式有保护性套保策略或是抵补性保值策略两种

第二节　套期保值方式比较

一、使用期货与期权套期保值对比

1. 无套保情形：不做套保，标的物损益皆由交易者自行承担。

2. 使用期货套保：理论上可有效覆盖标的物损益，但同时也失去了标的物可能的获利。

3. 买入期权套保：最大获利为标的物获利－付出权利金，虽然减少了获利程度，但也把成本限制在所付出的权利金之内，并且还能跟随现货获利。

4. 卖出期权套保：最大获利为所收取的权利金，获利程度有限，而最大亏损为"标的物亏损 ＋ 收取权利金"，在波动较大时无法完全覆盖标的物亏损，但也能减少部分损失。

表 2-2-1　期货与期权套期保值对比

	无套保	期货套保	买期权套保	卖期权套保
最大获利	不限	0（若基差不变）	标的物获利 — 权利金支出	权利金收入
最大亏损	全部价值	0（若基差不变）	权利金支出	权利金收入 — 标的物亏损
行情有利时仍可获利	—	无	可	获利固定
是否追缴保证金	—	是	否	是
套保资金成本	—	保证金（较多）	权利金（较少）	保证金（较多）
行情波幅较小时的时间价值成本	—	无	时间价值减少对买方不利	时间价值减少对卖方有利

二、三种不同套期保值方式对比范例

表 2-2-2　三种不同套期保值方式对比

价格	标的物	做空期货	总损益	买平值看跌期权			总损益	卖平值看涨期权			总损益
130	30	−30	0	付10	归0	−10	20	收10	支30	−20	10
120	20	−20	0	付10	归0	−10	10	收10	支20	−10	10
110	10	−10	0	付10	归0	−10	0	收10	支10	0	10
100	0	0	0	付10	归0	−10	−10	收10	支0	10	10
90	−10	10	0	付1	收10	0	−10	收10	支0	10	0
80	−20	20	0	付10	收20	10	−10	收10	支0	10	−10
70	−30	30	0	付10	收30	20	−10	收10	支0	10	−20

价格	标的物	做多期货	总损益	买平值看涨期权			总损益	卖平值看跌期权			总损益
130	−30	30	0	付 10	收 30	20	−10	收 10	支 0	10	−20
120	−20	20	0	付 10	收 20	10	−10	收 10	支 0	10	−10
110	−10	10	0	付 10	收 10	0	−10	收 10	支 0	10	0
100	0	0	0	付 10	归 0	−10	−10	收 10	支 0	10	10
90	10	−10	0	付 10	归 0	−10	0	收 10	支 10	0	10
80	20	−20	0	付 10	归 0	−10	10	收 10	支 20	−10	10
70	30	−30	0	付 10	归 0	−10	20	收 10	支 30	−20	10

1. **卖家**：假设某厂商为卖家，需要出货，担心商品价格下跌，而商品目前价格为 100 元，我们分别以卖出价格 100 元的期货、买入行权价 100 元的平值看跌期权，以及卖出行权价 100 元的平值看涨期权来比较。

（1）最终出货价格为 100 元，价格不变：

a. 现货出货价格不变，损益为 0 元。

b. 卖出期货价格不变，损益为 0 元。

c. 买入平值看跌期权损益为损失权利金 10 元（0−10＝−10），总和损益 ＝0−10＝−10 元。

d. 卖出平值看涨期权损益为收入权利金 10 元（0＋10＝10），总和损益 ＝0＋10＝10 元。

（2）最终出货价格为 110 元，上涨 10 元（小涨）：

a. 现货出货价格上涨 10 元，损益为 ＋10 元。

b. 卖出期货价格上涨 10 元，损益为 −10 元，总和损益 ＝10−10＝0 元。

c. 买入平值看跌期权损益为损失权利金 10 元（0−10＝−10），总和损益 ＝10−10＝0 元。

d. 卖出平值看涨期权为损益 0 元（−10＋10＝0），总和损益 ＝10−0＝
＋10 元。

（3）最终出货价格为 130 元，上涨 30 元（大涨）：

a. 现货出货价格上涨 30 元，损益为 ＋30 元。

b. 卖出期货价格上涨 30 元，损益为 −30 元，总和损益 ＝30−30＝
0 元。

c. 买入平值看跌期权损益为损失权利金 10 元（0−10＝−10），总和
损益 ＝30−10＝20 元。

d. 卖出平值看涨期权损益为损失 20 元（−30＋10＝−20），总和损益 ＝
30−20＝10 元。

（4）最终出货价格为 90 元，下跌 10 元（小跌）：

a. 现货出货价格下跌 10 元，损益为 −10 元。

b. 卖出期货价格下跌 10 元，损益为 ＋10 元，总和损益 ＝−10＋10＝
0 元。

c. 买入平值看跌期权损益为 0 元（10−10＝0），总和损益 ＝−10＋0＝
−10 元。

d. 卖出平值看涨期权损益为收入权利金 10 元（0＋10＝10），总和损
益 ＝−10＋10＝0 元。

（5）最终出货价格为 70 元，下跌 30 元（大跌）：

a. 现货出货价格下跌 30 元，损益为 −30 元。

b. 卖出期货价格下跌 30 元，损益为 ＋30 元，总和损益 ＝−30＋30＝
0 元。

c. 买入平值看跌期权损益为 ＋20 元（30−10＝20），总和损益 ＝−30＋
20＝−10 元。

d. 卖出平值看涨期权损益为收入权利金 10 元（0＋10＝10），总和损
益 ＝−30＋10＝−20 元。

2. **买家**：假设某厂商为买家，需要进货，担心原料价格上涨，原料目前
价格为 100 元，我们分别以买入价格 100 元的期货、买入行权价 100 元的

平值看涨期权，以及卖出行权价 100 元的平值看跌期权来比较。

（1）最终进货价格为 100 元，价格不变：

a. 现货进货价格不变，损益为 0 元。

b. 买入期货价格不变，损益为 0 元。

c. 买入平值看涨期权损益为损失权利金 10 元（0－10＝－10），总和损益 ＝0－10＝－10 元。

d. 卖出平值看跌期权损益为收入权利金 10 元（0＋10＝10），总和损益 ＝0＋10＝10 元。

（2）最终进货价格为 110 元，上涨 10 元（小涨）：

a. 现货进货价格上涨 10 元，损益为 －10 元。

b. 买入期货价格上涨 10 元，损益为 ＋10 元，总和损益 ＝－10＋10＝0 元。

c. 买入平值看涨期权损益为 0 元（10－10＝0），总和损益 ＝－10＋0＝－10 元。

d. 卖出平值看跌期权为收入权利金 10 元（0＋10＝10），总和损益 ＝－10＋10＝0 元。

（3）最终进货价格为 130 元，上涨 30 元（大涨）：

a. 现货进货价格上涨 30 元，损益为 －30 元。

b. 买入期货价格上涨 30 元，损益为 ＋30 元，总和损益 ＝－30＋30＝0 元。

c. 买入平值看涨期权损益为 ＋20 元（30－10＝20），总和损益 ＝－30＋20＝－10 元。

d. 卖出平值看跌期权损益为 －20 元（－30＋10＝－20），总和损益 ＝－30＋10＝－20 元。

（4）最终进货价格为 90 元，下跌 10 元（小跌）：

a. 现货进货价格下跌 10 元，损益为 ＋10 元。

b. 买入期货价格下跌 10 元，损益为 －10 元，总和损益 ＝10－10＝0 元。

c. 买入平值看涨期权损益为损失权利金 10 元（0－10＝－10），总和损益 ＝10－10＝0 元。

d. 卖出平值看跌期权损益为 0 元（－10＋10＝0），总和损益 ＝10＋0＝10 元。

（5）最终进货价格为 70 元，下跌 30 元（大跌）：

a. 现货进货价格下跌 30 元，损益为 ＋30 元。

b. 买入期货价格下跌 30 元，损益为 －30 元，总和损益 ＝30－30＝0 元。

c. 买入平值看涨期权损益为损失权利金 10 元（0－10＝－10），总和损益 ＝30－10＝20 元。

d. 卖出平值看跌期权损益为损失 20 元（－30＋10＝－20），总和损益 ＝30－20＝10 元。

把上面买家和卖家的范例情形画成损益图（图 2-2-1），就能对使用期货、买入期权和卖出期权三种不同的套期保值方式有更直观的对比：

1. 假如是用期货套保，由于和现货损益可完全对冲，最终损益情形将是一条横线，如图中的蓝色线。

2. 假如是用买入期权方式套保，由于有权利金固定支出，因此可能会有整体组合是损失的情形，但能够锁定整体组合的最大损失（如图中粉红色线的最大损失有限的情形），并且在现货有利（就是期权不利）的时候，由于买入期权的最大损失固定，因此还可以跟随现货有利的方向增加整体组合的收益（如图中粉红色线的收益可以斜向上的情形）。

3. 假如是用卖出期权方式套保，由于有权利金固定收入，因此有可能会出现整体收益的情形（如图中红色线的最大收益的情形）。不过当行情出现较大幅度对现货不利的情形时，卖出期权的权利金固定收益无法完全覆盖现货损失，就会出现整体组合的损失扩大情形（如图中红色线也会出现斜向下的状况），但整体来说因为有权利金收益打底，所以最大损失还是会比没做任何套保时稍好一些。

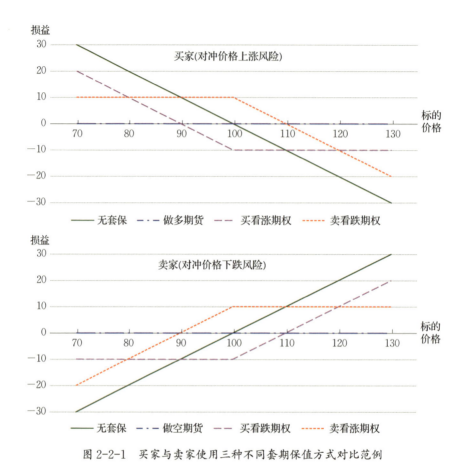

图 2-2-1 买家与卖家使用三种不同套期保值方式对比范例

再画出这些情形组合，能有更详细的认识：

1. 卖家（对冲价格下跌风险）使用期货与期权套期保值对比

（1）卖出期货套保：不论现货涨跌幅度，卖出期货都锁定价格。

（2）买入看跌期权套保：现货跌幅较小或上涨时，买入看跌期权套保会有损失。但现货上涨时，可获得售货价格增加的利益。

（3）卖出看涨期权套保：现货大涨时，卖出看涨期权可能出现损失；现货跌幅较大时，由于权利金收益是固定的，因此无法完全覆盖现货下跌的损失。

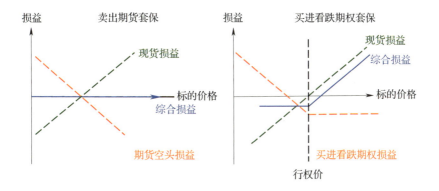

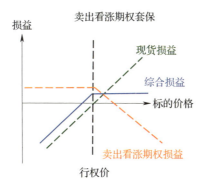

图 2-2-2　卖家使用期货与期权套期保值对比

2. 买家（对冲价格上涨风险）使用期货与期权套期保值对比

（1）买入期货套保：不论现货涨跌幅度，买入期货都锁定价格。

（2）买入看涨期权套保：现货涨幅较小或下跌时，买入看涨期权套保会有损失。但现货走跌时，可获得进货价格减少的利益。

（3）卖出看跌期权套保：现货大跌时，卖出看跌期权可能出现损失；现货涨幅较大时，由于权利金收益是固定的，因此无法完全覆盖现货上涨的损失。

以上把使用期货、买入期权与卖出期权的套保方式作了对比。实际上要选择哪种方式套保，还需要从套保者对于风险的接受程度、套保成本、套保效益等各方面进行综合考量，才能找到最适合的应用方式。

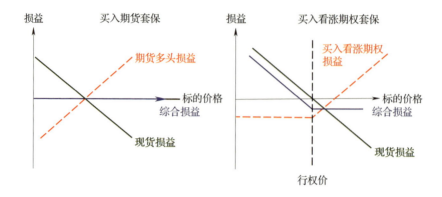

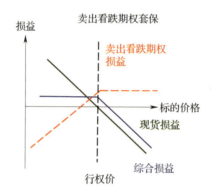

图 2-2-3　买家使用期货与期权套期保值对比

第三节　期权基础交易策略

一、期权组成与期权四大基础策略

下面介绍期权的相关策略，首先是期权的四个基础策略。这四个策略是所有期权策略的基础，后面介绍的期权组合策略也是这四个策略的组合运用。

期权有两种类型——看涨期权和看跌期权，也有两种开仓方式——买入开仓和卖出开仓。我们把这几个部分互相组合，就成了期权四大基础策略：买入看涨、卖出看涨、买入看跌、卖出看跌。

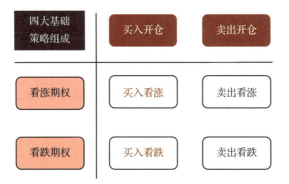

图 2-3-1 期权组成与期权四大基础策略

用几个简单的口诀,可让大家能更快地了解什么盘势预期可以运用什么策略:

1. 看大涨,买看涨;

2. 看大跌,买看跌;

3. 看不涨,卖看涨;

4. 看不跌,卖看跌。

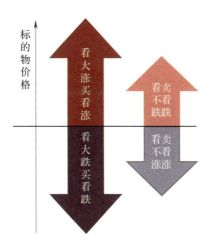

图 2-3-2 期权四大基础策略口诀

二、期权四大基本策略比较

（一）买入看涨期权

一般交易者：假如一般交易者预期后续标的价格将会上涨，就可以买入看涨期权，在标的价格上涨的时候赚取收益。

套保者：假设套保者持有标的物的空头部位，担心标的价格上涨会带来损失，或是准备买入标的物，但还没买入，担心标的价格提前上涨会使得进货成本增加，此时也可以买入看涨期权，假设后续标的价格真的上涨了，那么买入看涨期权的收益就可以弥补标的价格上涨造成的损失。

最大盈利：因为理论上标的价格的上涨空间是无限的（当然实际情形下是有限的），因此最大获利理论上也是无限的。

最大损失：买入期权的最大损失都只是所付出的权利金。

盈亏平衡点：买入看涨期权的行权价，加上所支付的权利金，就是买入看涨期权的盈亏平衡点。

（二）卖出看涨期权

一般交易者：假如一般交易者预期后续标的价格不会上涨（不管会不会下跌，只要不涨就行），就可以卖出看涨期权，在标的价格不上涨的时候赚取收益。

套保者：假设套保者持有标的物的多头部位，担心标的价格下跌会带来损失，或是准备卖出标的物，但尚未卖出，担心标的价格提前下跌会使得出货收入减少，此时也可以卖出看涨期权，只要后续标的价格没有上涨，那么卖出看涨期权的收入就可以增加整体收益。

最大盈利：卖出期权的最大收益都只是所收入的权利金。

最大损失：理论上标的价格的上涨空间是无限的（当然实际情形下是有限的），因此最大损失理论上也是无限的。

盈亏平衡点：卖出看涨期权的行权价，加上所支付的权利金，就是卖出看涨期权的盈亏平衡点（和买入看涨期权相同，只是买入看涨期权是越涨赚越多，卖出看涨期权是越涨赔越多）。

（三）买入看跌期权

一般交易者：假如一般交易者预期后续标的价格将会下跌，就可以买入看跌期权，在标的价格下跌的时候赚取收益。

套保者：假设套保者持有标的物的多头部位，担心标的价格下跌会带来损失，或是准备卖出标的物，但尚未卖出，担心标的价格提前下跌会使得出货收入减少，此时也可以买入看跌期权，假设后续标的价格真的下跌了，那么买入看跌期权的收益就可以弥补标的价格下跌的损失。

最大盈利：因为理论上标的价格的下跌空间最多到 0，因此最大获利理论上就是行权价（看跌期权行权的收入）减去权利金支出。

最大损失：买入期权的最大损失只是所付出的权利金。

盈亏平衡点：买入看跌期权的行权价，减去所支付的权利金，就是买入看跌期权的盈亏平衡点。

（四）卖出看跌期权

一般交易者：假如一般交易者预期后续标的价格不会下跌（不管会不会上涨，只要不跌就行），就可以卖出看跌期权，在标的价格不下跌的时候赚取收益。

套保者：假设套保者持有标的物的空头部位，担心标的价格上涨会带来损失，或是准备买入标的物，但尚未买入，担心标的价格提前上涨会使得进货成本增加，此时也可以卖出看跌期权，只要后续标的价格没有下跌，那么卖出看跌期权的收入就可以增加整体收益。

最大盈利：卖出期权的最大收益都只是所收入的权利金。

最大损失：理论上标的价格的下跌空间最多到 0，因此最大获利理论上就是行权价（看跌期权行权的收入）减去权利金支出。

盈亏平衡点：卖出看跌期权的行权价，减去所支付的权利金，就是买入看跌期权的盈亏平衡点（和买入看跌期权相同，只是买入看跌期权是越跌赚越多，卖出看跌期权是越跌赔越多）。

表 2-3-1　期权四大基础策略情形

		买入看涨期权（BC）	卖出看涨期权（SC）	买入看跌期权（BP）	卖出看跌期权（SP）
权利义务		有买入的**权利**	有卖出的**义务**	有卖出的**权利**	有买入的**义务**
方向		看涨	看不涨	看跌	看不跌
投机	部位	不持有标的资产	不持有标的资产	不持有标的资产	不持有标的资产
	想法	预计标的资产将要上涨	预计标的资产不会大涨	预计标的资产将要下跌	预计标的资产不会大跌
	做法	买入看涨期权赚取收益	卖出看涨期权赚取收益	买入看跌期权赚取收益	卖出看跌期权赚取收益
套保增益	部位	1. 持有标的资产空头部位 2. 准备买入标的资产	1. 持有标的资产多头部位 2. 准备卖出标的资产	1. 持有标的资产多头部位 2. 准备卖出标的资产	1. 持有标的资产空头部位 2. 准备买入标的资产
	想法	不希望承担标的资产上涨的损失	认为标的资产不易大涨	不希望承担标的资产下跌的损失	认为标的价格不易大跌
	做法	买入看涨期权收益可抵消标的资产上涨的损失	卖出看涨期权赚取权利金以增加收益	买入看跌期权收益可抵消标的资产下跌的损失	卖出看跌期权赚取权利金以增加收益
最大盈利		没有上限	收取权利金	行权价格－权利金	收取权利金
最大亏损		付出权利金	没有下限	付出权利金	行权价格－权利金
盈亏平衡点		行权价＋权利金	行权价＋权利金	行权价－权利金	行权价－权利金

三、期权四大基本策略范例

（一）买入看涨期权（BC）范例

买入行权价 100 000 元的看涨期权，支付权利金 5 000 元。

表 2-3-2 买入看涨期权性质

买入看涨期权（BC）	
预期	预计标的资产将要上涨
最大盈利	没有上限
最大亏损	付出权利金
盈亏平衡点	行权价 ＋ 权利金

最大盈利：没有上限（理论上上涨空间无限）

（假如结算时上涨到 120 000 元,则盈利为 120 000－100 000－5 000＝
15 000 元）

最大亏损：5 000 元

盈亏平衡点：100 000＋5 000＝105 000 元

最终结果：

假如最终结算在 100 000 元以下,那就是最大损失权利金 5 000 元;

假如最终结算在 100 000~105 000 元,则买入看涨期权有获利,但抵消
不了权利金支出,因此合计仍是小亏;

假如最终结算在 105 000 元以上,那才是真正的获利,涨越多赚
越多。

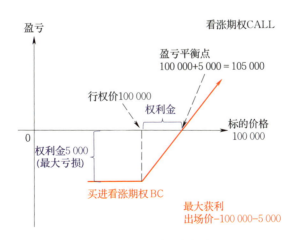

图 2-3-3 买入看涨期权范例

（二）买入看跌期权（BP）范例

表 2-3-3　买入看跌期权性质

买入看跌期权（BP）	
预期	预计标的资产将要下跌
最大盈利	行权价格 — 权利金
最大亏损	付出权利金
盈亏平衡点	行权价 — 权利金

买入行权价 100 000 元的看跌期权，支付权利金 5 000 元。

最大盈利：行权价格 — 权利金（理论上下跌最多到 0）

（假如结算时下跌到 80 000 元，则盈利为 100 000−80 000−5 000＝15 000 元）

最大亏损：5 000 元

盈亏平衡点：100 000−5 000＝95 000 元

最终结果：

假如最终结算在 100 000 元以上，那就是最大损失权利金 5 000 元；

假如最终结算在 100 000～95 000 元，则买入看跌期权有获利，但抵消不了权利金支出，因此合计仍是小亏；

假如最终结算在 95 000 元以下，那才是真正的获利，跌越多赚越多。

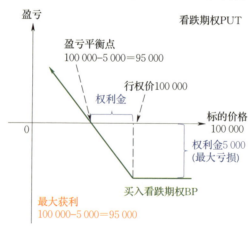

图 2-3-4　买入看跌期权范例

（三）卖出看涨期权（SC）范例

表 2-3-4　卖出看涨期权性质

卖出看涨期权（SC）	
预期	预计标的资产不会大涨
最大盈利	收取权利金
最大亏损	没有下限
盈亏平衡点	行权价 ＋ 权利金

卖出行权价 100 000 元的看涨期权,收入权利金 5 000 元。

最大盈利:5 000 元

最大亏损:没有下限(理论上上涨空间无限)

(假如结算时上涨到 120 000 元,则亏损为 100 000－120 000＋5 000＝－15 000 元)

盈亏平衡点:100 000＋5 000＝105 000 元

最终结果:

假如最终结算在 100 000 元以下,那就是最大获利权利金 5 000 元;

假如最终结算在 100 000～105 000 元,则卖出看涨期权有损失,但因为还有权利金收入,因此合计仍是小赚;

假如最终结算在 105 000 元以上,那才是真正的亏损,涨越多赔越多。

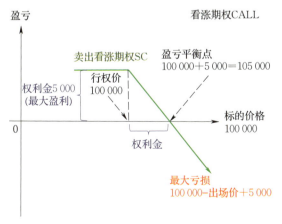

图 2-3-5　卖出看涨期权范例

（四）卖出看跌期权（SP）范例

表 2-3-5　卖出看跌期权性质

卖出看跌期权（SP）	
预期	预计标的资产不会大跌
最大盈利	收取权利金
最大亏损	行权价格 ＋ 权利金
盈亏平衡点	行权价 － 权利金

卖出行权价 100 000 元的看跌期权，收入权利金 5 000 元。

最大盈利：5 000 元

最大亏损：行权价格 ＋ 权利金（理论上下跌最多到 0）

（假如结算时下跌到 80 000 元，则亏损为 80 000－100 000＋5 000＝－15 000 元）

盈亏平衡点：100 000－5 000＝95 000 元

最终结果：

假如最终结算在 100 000 元以上，那就是最大获利权利金 5 000 元；

假如最终结算在 100 000～95 000 元，则卖出看跌期权有损失，但因为还有权利金收入，因此合计仍是小赚；

假如最终结算在 95 000 元以下，那才是真正的亏损，跌越多赔越多。

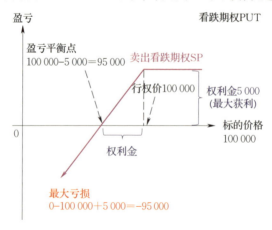

图 2-3-6　卖出看跌期权范例

第四节 期权单部位套保策略

一、套保策略和一般策略的不同

首先说明一下一般交易策略和套保策略在应用上有什么不同。一般交易策略并不需要实际对标的物进行交易(除非最终行权取得标的物),只需要对标的物的走势有所预期,便可针对这个预期来进行策略操作。而套保策略、备兑策略等,则是交易者对期权标的物有实际需求,包含目前已持有,或是目前未持有但未来需持有等情形,是实务上对标的物的实际需求,衍生出对套保的需求,因此标的物是主要条件。若无标的物的需求,那么就不需要套保交易了。所以,对标的物的实际需求,是套保策略的前提。

再由交易者对标的物的需求来看,可分为买家和卖家。

1. **卖家**:目前已持有标的物的多头部位,或是预期将卖出标的物,因此风险点就在于标的价格的下跌会带来损失。此时卖家的套保策略就是有一个标的物下跌(或是不大涨)能获利的策略,一旦标的价格出现下跌,则套保获利就能弥补标的价格下跌所带来的损失。

2. **买家**:目前已持有标的物的空头部位,或是目前没有持有标的物,但预期将买入标的物,因此风险点就在于标的价格的上涨会带来损失。此时买家的套保策略就是有一个标的价格上涨(或是不大跌)能获利的策略,一旦标的价格出现上涨,则套保获利就能弥补标的价格上涨所带来的损失。

表 2-4-1 买家、卖家套保需求

	卖家	买家
现有部位	标的物多头部位	无部位(或标的物空头部位)
标的物需求	有卖出标的物的需求	有买入标的物的需求
风险	标的价格下跌	标的价格上涨

续　表

	卖家	买家
套保策略需求	标的价格下跌能获利 （BP）	标的价格上涨能获利 （BC）
备兑策略需求	标的价格不大涨能获利 （SC）	标的价格不大跌能获利 （SP）

二、期权套期保值策略

（一）保险策略

套保者根据本身的风险点，买入标的物风险相对应方向的期权（比如说怕标的物下跌，就买看跌期权），假如标的物真的出现了不利方向的波动，那么买入期权的获利就可以弥补标的物的损失。

（二）抵补策略

套保者根据本身的风险点，卖出标的物利益相同方向的期权（比如说持有标的物多头，就卖出看涨期权），在标的物波动不大或是反方向前进的时候，卖出期权的收入就可以增加整体组合的收益。但如果行情往标的物不利方向大幅波动，那么卖出期权的权利金固定收入可能无法完全覆盖标的物的损失。

（三）复制期货

套保者根据本身的风险点，合成标的物风险相对应方向的期货（比如说怕标的物下跌，就买入看跌期权＋卖出看涨期权，合成期货空头部位），假如标的物真的出现了不利方向的波动，那么合成期货的获利就可以弥补标的物的损失。

（四）领式套保

在保险策略的基础上加上抵补策略（比如说怕标的物下跌，就买入看跌期权＋卖出看涨期权），用卖出期权的收入来降低买入期权的成本，最终损益图会呈现类似垂直价差的上下最大获利及最大损失皆有限的图形。

（五）海鸥套保

在领式套保的基础上,再加卖一个与标的物利益相同方向的期权（比如说怕标的价格下跌,就买入看跌期权 ＋ 卖出看涨期权 ＋ 卖出看跌期权）,因为有两个卖出部位,所以权利金支出可以大幅下降,甚至有可能出现权利金支出为 0 或是权利金净收入的情形,不过也因为有两个卖出部位,所以需更加注意行情波动,以免卖出期权造成较大损失的情形。

较复杂的后三套保策略后续章节再详细说明,本节先说明前两套保策略。

另外附上简易期权套保口诀:**怕什么,就买什么;不怕什么,就卖什么。**

表 2-4-2　期权套保策略

策略种类	卖家 （对冲价格下跌风险）	买家 （对冲价格上涨风险）
保护性套保策略 （保险策略）	买入看跌期权（BP）	买入看涨期权（BC）
抵补性保值策略 （备兑策略）	卖出看涨期权（SC）	卖出看跌期权（SP）
复制期货套保策略	复制期货空头 （BP+SC）	复制期货多头 （BC+SP）
领式套保策略 （双限策略）	领式期权看跌策略 （BP+SC）	领式期权看涨策略 （BC+SP）
海鸥套保策略 （楼梯策略）	海鸥期权看跌策略 （BP+SC+SP）	海鸥期权看涨策略 （BC+SP+SC）

三、期权套期保值策略范例

（一）买家（对冲价格上涨风险）买入期权套保范例

情形:2024 年 2 月 7 日,某厂商 A 一个月后要进货碳酸锂,担心届时碳酸锂价格上涨,造成进货成本增加,因此买入看涨期权套保。

参数：碳酸锂 LC2404 价格为 97 100 元／吨，买入 97 000 平值看涨期权，付出权利金 3 520 元／吨。

最终损益情形如下表：

表 2-4-3　碳酸锂买入看涨期权套保损益

行权价 （元／吨）	现货损益 （元／吨）	C 期权损益 （元／吨）	总损益 （元／吨）
90 000	7 100	−3 520	3 580
91 000	6 100	−3 520	2 580
92 000	5 100	−3 520	1 580
93 000	4 100	−3 520	580
94 000	3 100	−3 520	−420
95 000	2 100	−3 520	−1 420
96 000	1 100	−3 520	−2 420
97 000	100	−3 520	−3 420
98 000	−900	−2 520	−3 420
99 000	−1 900	−1 520	−3 420
100 000	−2 900	−520	−3 420
101 000	−3 900	480	−3 420
102 000	−4 900	1 480	−3 420
103 000	−5 900	2 480	−3 420
104 000	−6 900	3 480	−3 420
105 000	−7 900	4 480	−3 420

损益两平点：97 000＋3 520＝100 520 元／吨

套保结果：不论标的价格如何上涨，总损益都能维持在最低限度，损失不会持续扩大，并且策略组合还可以享受到标的价格下跌，使得进货成本降低的好处。

每吨损益图

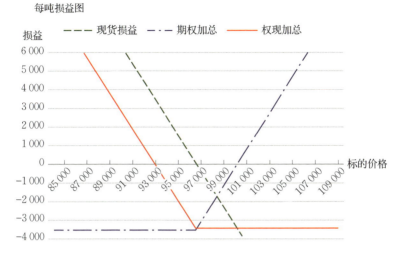

图 2-4-1　碳酸锂买入看涨期权套保损益

（二）卖家（对冲价格下跌风险）买入期权套保范例

情形：2024 年 2 月 7 日，某厂商 A 一个月后要出货碳酸锂，担心届时碳酸锂价格下跌，造成出货收入下降，因此买入看跌期权套保。

参数：碳酸锂 LC2404 价格为 97 100 元／吨，买入 97 000 看跌期权，付出权利金 3 200 元／吨。

最终损益情形如下表：

表 2-4-4　碳酸锂买入看跌期权套保损益

行权价 （元／吨）	现货损益 （元／吨）	P 期权损益 （元／吨）	总损益 （元／吨）
90 000	−7 100	3 800	−3 300
91 000	−6 100	2 800	−3 300
92 000	−5 100	1 800	−3 300
93 000	−4 100	800	−3 300
94 000	−3 100	−200	−3 300
95 000	−2 100	−1 200	−3 300

续　表

行权价 （元 / 吨）	现货损益 （元 / 吨）	P 期权损益 （元 / 吨）	总损益 （元 / 吨）
96 000	−1 100	−2 200	−3 300
97 000	−100	−3 200	−3 300
98 000	900	−3 200	−2 300
99 000	1 900	−3 200	−1 300
100 000	2 900	−3 200	−300
101 000	3 900	−3 200	700
102 000	4 900	−3 200	1 700
103 000	5 900	−3 200	2 700
104 000	6 900	−3 200	3 700
105 000	7 900	−3 200	4 700

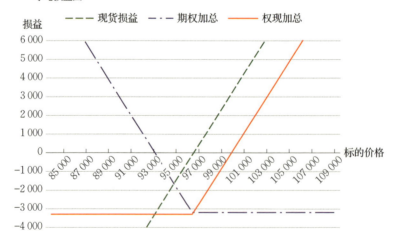

图 2-4-2　碳酸锂买入看跌期权套保损益

损益两平点：97 000−3 200＝93 800 元 / 吨

套保结果：不论标的价格如何下跌，总损益都能维持在最低限度，损失不会持续扩大,并且策略组合还可以享受到标的价格上涨,使得出货收入增加的好处。

(三)买家(对冲价格上涨风险)卖出期权套保范例

情形:2024 年 2 月 7 日,某厂商 A 一个月后要进货碳酸锂,担心届时碳酸锂价格上涨,造成进货成本增加,因此卖出看跌期权增加收益。

参数:碳酸锂 LC2404 价格为 97 100 元 / 吨,卖出 97 000 看跌期权,收入权利金 3 200 元 / 吨。

最终损益情形如下表:

表 2-4-5　碳酸锂卖出看跌期权套保损益

行权价 (元 / 吨)	现货损益 (元 / 吨)	P 期权损益 (元 / 吨)	总损益 (元 / 吨)
90 000	7 100	−3 800	3 300
91 000	6 100	−2 800	3 300
92 000	5 100	−1 800	3 300
93 000	4 100	−800	3 300
94 000	3 100	200	3 300
95 000	2 100	1 200	3 300
96 000	1 100	2 200	3 300
97 000	100	3 200	3 300
98 000	−900	3 200	2 300
99 000	−1 900	3 200	1 300
100 000	−2 900	3 200	300
101 000	−3 900	3 200	−700
102 000	−4 900	3 200	−1 700
103 000	−5 900	3 200	−2 700
104 000	−6 900	3 200	−3 700
105 000	−7 900	3 200	−4 700

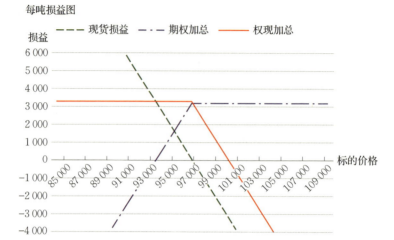

每吨损益图

图 2-4-3　碳酸锂卖出看跌期权套保损益

损益两平点：97 000＋3 200＝100 200 元／吨

套保结果：在损益两平点 100 200 元／吨之前，部位总损益都是正的，不过一旦价格上涨超过损益两平点，损失就会开始扩大，届时就必须做调整。

（四）卖家（对冲价格下跌风险）卖出期权套保范例

情形：2024 年 2 月 7 日，某厂商 A 一个月后要出货碳酸锂，担心届时碳酸锂价格下跌，造成出货收入下降，因此卖出看涨期权套保。

参数：碳酸锂 LC2404 价格为 97 100 元／吨，卖出 97 000 看涨期权，收入权利金 3 520 元／吨。

最终损益情形如下表：

表 2-4-6　碳酸锂卖出看涨期权套保损益

行权价 （元／吨）	现货损益 （元／吨）	C 期权损益 （元／吨）	总损益 （元／吨）
90 000	−7 100	3 520	−3 580
91 000	−6 100	3 520	−2 580
92 000	−5 100	3 520	−1 580

续　表

行权价 （元 / 吨）	现货损益 （元 / 吨）	C 期权损益 （元 / 吨）	总损益 （元 / 吨）
93 000	−4 100	3 520	−580
94 000	−3 100	3 520	420
95 000	−2 100	3 520	1 420
96 000	−1 100	3 520	2 420
97 000	−100	3 520	3 420
98 000	900	2 520	3 420
99 000	1 900	1 520	3 420
100 000	2 900	520	3 420
101 000	3 900	−480	3 420
102 000	4 900	−1 480	3 420
103 000	5 900	−2 480	3 420
104 000	6 900	−3 480	3 420
105 000	7 900	−4 480	3 420

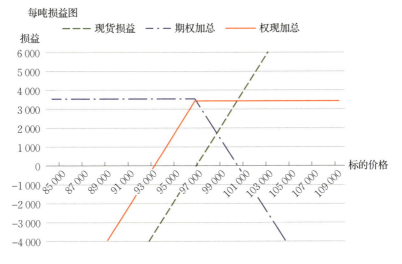

图 2-4-4　碳酸锂卖出看涨期权套保损益

损益两平点：97 000－3 520＝93 480 元／吨

套保结果：在损益两平点 93 480 元／吨之前，部位总损益都是正的，不过一旦价格下跌超过损益两平点，损失就会开始扩大，届时就必须做调整。

四、卖出期权套保的另一种应用方式：备兑策略应用分析

如果从风险规避的角度来看卖出期权，可能会觉得收益有限，而风险又不能完全对冲，好像不是一个很好的套保策略。不过如果从增强收益的角度来看，对卖出期权就会有另一种看法。

假设的改变：对标的物是长线看好（或是常备库存），因此对标的物的需求是长期持有（而不是短线卖出），不过认为短线可能涨幅有限，这时可以卖出看涨期权作收益增强（同理长线看坏而长期持有空单，就是卖出看跌期权）。这样的策略不仅可以增加收益、让资金的运用更有效率，还可以达到定价买入、卖出的效果。

表 2-4-7　卖出期权套保的两种分类

	抵补性保值策略	备兑策略
对标的物需求	短期套保	长期持有
对标的物看法	中性，或是不会大幅波动	中性，或是不会大幅波动
操作期权	卖出期权	卖出期权
策略需求	降低标的物损失	收益增强、成本降低
操作方式	套保需求结束即出场	可长期持续操作

（一）备兑策略的原理与用途

备兑交易的组成方式也很简单，可分成以下两步：

1. 必须先持有标的部位（不论多头部位或空头部位）。

2. 再卖出与持有标的物方向相反的期权部位。

举个例子，先买入 ETF 现货，然后再卖出 ETF 看涨期权；或者是先持有铜期货的空头部位，再卖出铜的看跌期权，这样都能组成一个备兑组合。

交易者可能就会产生疑问了，为什么我们要持有和标的物方向相反的

部位呢？如果我们买入了一档 ETF，那代表我们看好这档 ETF，这时候还去卖出看涨期权，期权方向是不看涨，这好像有点矛盾。

我们慢慢说明：当持有标的物（比如买入 ETF）的时候，当然原本的方向是看好标的物的，不过有时我们也会担心假如行情不如预期，那该怎么办？此时就可进场对标的物做套保，比如买入看跌期权，倘若之后行情真的下跌了，那么买入看跌期权的获利，就可以弥补部分 ETF 下跌的损失，这是套保交易的正常做法。

接下来再来设想另一种情形。有时候我们持有了 ETF，不过预期短期行情不会出现太大的上涨走势，但因为是长线看好，所以也不想在这个时候把手上部位卖出，这时就可以卖出看涨期权。假如后续行情是横盘震荡，那么就收到了权利金，贴补一下收入；假如行情反向下跌，那么权利金收入也可以弥补一些 ETF 部位下跌的损失；假如行情大涨，可以选择平仓出场，或是直接用手上部位行权，取得卖出看涨期权行权价的收入。在这三种情形下，卖出期权部位都能带来一定的作用，这就是备兑策略的功能。

备兑策略的做法：持有标的物多头部位（担心价格下跌）＋ 卖出相对应数量的看涨期权

持有标的物空头部位（担心价格上涨）＋ 卖出相对应数量的看跌期权

范例：2024 年 2 月 7 日持有碳酸锂现货（碳酸锂 LC2404 价格为 97 100 元 / 吨），同时卖出 1 手 LC2404C-100000 看涨期权，行权价 100 000 元 / 吨，卖价为 2 380 元 / 吨。支付保证金约 16 876 元。

3 月 7 日到期结算时，最后结果可能有几种：

表 2-4-8　套保结果

情形	结果
碳酸锂大跌，跌破 94 720 元 / 吨	卖出期权收益 ＜ 碳酸锂现货的损失，但仍可降低损失 2 380 元 / 吨
碳酸锂小跌，未跌破 94 720 元 / 吨	卖出期权收益 ＞ 碳酸锂现货的损失，总和仍有获利

情形	结果
碳酸锂持平	碳酸锂现货变化不大,赚取卖出期权收入 2 380 元 / 吨
碳酸锂小涨,未涨破 102 380 元 / 吨	卖出期权仍有收益 + 碳酸锂现货的获利,总和仍有获利
碳酸锂大涨,涨破 102 380 元 / 吨	卖出期权开始出现损失,抵消碳酸锂现货的收益

对于这些额外的收益,可以用作组合的收益增强,也可以用作成本的降低。

（二）备兑策略的调整与是否行权

备兑策略的优点就是在多数情形下都可以带来稳定的收益,或是减少标的物的损失。

不过,有一种情形需要特别注意,就是标的物走势大涨（或大跌）的情形,此时行情虽然是往持有标的物有利的方向发展,但卖出期权部位因为是跟持有标的物相反的方向,此时就会出现较大损失,甚至会把原本标的物的获利吃掉。

表 2-4-9　各种情形下的备兑策略组合情形

标的物部位		持有标的物多头部位	持有标的物空头部位
操作方式		卖出看涨期权（SC）	卖出看跌期权（SP）
标的物走势	大涨突破行权价	权利金损失 + 标的物大幅增值	权利金固定收入 + 标的物大幅减值
	上涨未突破行权价	权利金固定收入 + 标的物小幅增值	权利金固定收入 + 标的物小幅减值
	小幅震荡	权利金固定收入 + 标的物持平	权利金固定收入 + 标的物持平
	下跌未跌破行权价	权利金固定收入 + 标的物小幅减值	权利金固定收入 + 标的物小幅增值
	大跌跌破行权价	权利金固定收入 + 标的物大幅减值	权利金损失 + 标的物大幅增值

因此,虽然行情顺着标的物有利的方向发展,但当卖出期权部位出现较大损失时,交易者该如何处理呢?

范例:某交易者持有 50ETF,并卖出 50ETF 看涨期权,但后续某日 50ETF 大涨,使得卖出看涨期权进入实值。此时交易者有几个选择:①直接止损,②止损后移仓(二次进场),③结算被行权。

表 2-4-10 备兑策略部位调整方式

方式	做法	优点	缺点
直接止损	直接了结期权部位	让标的物维持盈利	倘若行情再度反转,将承受多空两方损失
止损后移仓（二次进场）	止损期权部位后,再度于上方卖出虚值期权	倘若行情反转,期权部位仍可获利	倘若行情持续向上,将承受再度止损
结算被行权	期权部位不止损,待结算被行权	期权卖出权利金可全收可等待行情反转的机会	倘若行情持续向上,结算时超过行权价的 ETF 获利将被吃掉

为了计算方便,可把卖出权利金膨胀两倍当作卖出部位的止损点,假设卖出部位权利金是 100 元,那么当行情反转,权利金膨胀到 200 元时,就平仓出场。

范例:2022 年 12 月 26 日,甲持有铜期货 CU2302 多头部位,虽然长线持续看好,但甲也认为短期上方空间似乎较为有限,因此进场卖出上方虚值铜看涨期权,贴补收入。不料后续铜期货逐步上扬,在 2023 年 1 月 12 日,卖出期权的权利金膨胀至两倍,此时甲在不同行权价的三种调整方式及最终结果如下:

表 2-4-11 调整方式 1——直接止损

直接止损损益	CU2302	C66000	C67000	C68000	C69000
2022 年 12 月 26 日 结算价	65 780	1 168	764	474	278
2023 年 1 月 12 日 出场价	68 600	2 336	1 528	948	556
2023 年 1 月 18 日 收盘价	70 190	—	—	—	—
单部位损益	+4 410	−1 168	−764	−474	−278
备兑策略损益	+4 410	+3 242	+3 646	+3 936	+4 132

第一种调整方式是直接止损，也是最直接的方式，可以让标的物获利随着趋势向上。由上表中可看出，卖在平值附近点位时获利和损失都比较大。值得注意的是，由于策略组合的主要部位仍然是标的物本身，因此也较不建议直接卖在平值点位（卖在平值点位其实就意味着几乎没有向上空间了），而最好是卖在虚值二三档的点位，比较符合主部位（标的物）的方向。

表 2-4-12 调整方式 2——二次进场

二次进场损益	CU2302	C69000	C70000	C71000
2023 年 1 月 12 日 出场价	68 600	632	304	126
2023 年 1 月 18 日 收盘价	70 190	1 180	160	2
损益	+1 590	−548	+144	+124

第二种调整方式是止损后移仓，或者说二次进场。由上表中可以看到，由于止损出场时距离结算日时间已经不长，所以二次进场时权利金就会比较低，尤其是距离平值稍远一点的，权利金已经非常低了，因此建议也不要卖在太远的点位。

表 2-4-13　调整方式 3——结算被行权

结算被行权损益	C66000	C67000	C68000	C69000
权利金收支	+1 168	+764	+474	+278
期货结算部位损益	+220	+1 220	+2 220	+3 220
合计损益	+1 388	+1 984	+2 694	+3 498

第三种调整方式是结算被行权。由上表中可以看到,备兑策略不建议卖在平值点位附近的另一个重要原因,就是一旦行情向着标的物有利的方向前进,那么卖在平值附近点位,而又把卖出部位放至结算,其实就是封死了投资组合的获利上限。

表 2-4-14　损益结合情形整理

（初次进场标的物价格为 65 780,二次进场标的物价格为 68 600）

策略编号	卖出看涨期权点位	卖出看涨期权损益	二次进场卖出看涨期权点位	二次进场卖出看涨期权损益	CU2302期货损益	总损益
单买期货	—	—	—	—	+4 410	+4 410
备兑1-1-1	C66000	−1 168	—	—		+3 242
备兑1-1-2			C69000	−548		+2 694
备兑1-1-3			C70000	+144		+3 386
备兑1-1-4			C71000	+124		+3 366
备兑1-2-1	C67000	−764	—	—		+3 646

策略编号	卖出看涨期权点位	卖出看涨期权损益	二次进场卖出看涨期权点位	二次进场卖出看涨期权损益	CU2302期货损益	总损益
备兑1-2-2			C69000	−548		+3 098
备兑1-2-3			C70000	+144		+3 790
备兑1-2-4			C71000	+124		+3 770
备兑1-3-1	C68000	−474	—	—		+3 936
备兑1-3-2			C69000	−548		+3 388
备兑1-3-3			C70000	+144		+4 080
备兑1-3-4			C71000	+124		+4 060
备兑1-4-1	C69000	−278	—	—		+4 132
备兑1-4-2			C69000	−548		+3 584
备兑1-4-3			C70000	+144		+4 276
备兑1-4-4			C71000	+124		+4 256
备兑2-1	C66000	+1 167	—	—	+220	+1 388

续　表

策略编号	卖出看涨期权点位	卖出看涨期权损益	二次进场卖出看涨期权点位	二次进场卖出看涨期权损益	**CU2302**期货损益	总损益
备兑2-2	C67000	+764	—	—	+1 220	+1 984
备兑2-3	C68000	+474	—	—	+2 220	+2 694
备兑2-4	C69000	+278	—	—	+3 220	+3 498

上表整理了不同策略下交易者的损益情形,其中备兑1-1-1、备兑1-2-1、备兑1-3-1及备兑1-4-1是直接止损平仓,备兑1系列的其他情形是止损后移仓,备兑2系列是不止损放至结算被行权。

整体来说,在结合了预期损益、标的物趋势、虚值程度和安全边际之后,一般不建议卖在平值附近,而以卖在虚值的二三档,甚至更远,是较常见的情形。在止损方式的选择上,也以直接止损较佳,至于要不要二次进场,就以距离到期日远近,以及对盘势的预期为主;如果预期盘势已经转为明显对持有标的物方向较有利的趋势,那么就不建议二次进场,因为止损的概率仍是较高的。最后,对于卖出期权部位不管,直到最终结算时让标的物被行权的方式则是不建议的,因为备兑策略的主要部位仍是标的物,把主要部位(标的物)拿来弥补次要部位(卖出期权)的损失,是一种把重要性倒挂的方式。综上,在做备兑策略时,第三种方式不建议,更推荐第一、第二种方式,即直接止损或二次进场。

(三)备兑策略的另一个用途:定价买入或卖出

如果卖出期权的权利金膨胀到一定程度,或是进入实值之后,最好要做处置,如把卖出的期权平仓或移仓,才能避免结算时损失扩大,或是被行权的情形。

但如果我们反向而行，如何用这个策略来进行建仓及平仓呢？

1. 价格锁定建仓策略

如果卖出了看跌期权，那么到期结算时若进入实值，则买方会选择行权，把标的物依照行权价卖给卖方，卖方（我们）必须买入。此时卖方（我们）需要付出的金额，就是行权价的金额，另外加上买入标的物，以及得到起初卖出期权时的权利金。

因此，如果我们把原本预计的买入价格设定为卖出看跌期权的行权价，那么到期时若进入实值，就会用设定的行权价来买入。

2. 价格锁定平仓策略

如果我们卖出了看涨期权，那么到期结算时若进入实值，则买方会选择行权，以行权价向卖方买入标的物，卖方（我们）必须卖出。此时卖方（我们）就会用行权价来卖出标的物，收回行权价的金额，以及得到起初卖出期权时收取的权利金。

因此，如果我们把原本预计的卖出价格设定为卖出看涨期权的行权价，那么到期时若期权进入实值，就可以用行权价来卖出标的物。

表 2-4-15　价格锁定建仓、平仓策略情形说明

策略名称	做法	到期市价高于行权价	到期市价低于行权价
价格锁定建仓策略	卖出看跌期权	买入成本＝市价－收到权利金	买入成本＝行权价－收到权利金
价格锁定平仓策略	卖出看涨期权	卖出收入＝行权价＋收到权利金	卖出收入＝市价＋收到权利金

3. 应用范例

上述说明听起来好像有点复杂，可用下面的范例来作说明（范例中所有单位均为元／吨，为方便说明不再一一标注）：

（1）范例1：价格锁定建仓策略

乙想买入沪铜期货，想等价格回调一些后再买，以降低成本，但又担心铜期货价格持续上涨，失去机会收益。这时乙可以怎么做呢？

【背景说明】沪铜期货,市价 70 000 元。交易者乙卖出行权价 68 000 元的看跌期权,收到权利金 500 元。

【情形 1】下跌:到期时沪铜期货下跌至 67 800 元,期权进入实值,买方行权卖出沪铜期货。

此时交易者乙被行权,付出 68 000 元买入沪铜期货,减去收到的 500 元,建仓成本为 68 000－500＝67 500 元。

假如期货直接建仓,则成本为 67 800 元。

【情形 2】上涨:到期时沪铜期货上涨至 71 000 元,期权为虚值,买方弃权。

此时交易者乙付出 71 000 元市价买入沪铜期货,减去收到的 500 元,建仓成本为 71 000－500＝70 500 元。

假如期货直接建仓,成本为 71 000 元。

【情形 3】持平:到期时沪铜期货维持在 70 000 元,期权为平值,买方弃权。

此时交易者乙付出 70 000 市价买入沪铜期货,减去收到的 500 元,建仓成本为 70 000－500＝69 500 元。

假如期货直接建仓,成本为 70 000 元。

当然,情形 3 时乙也可以不急着买入沪铜期货,而是再度卖出看跌期权,等下个月再作决定。

表 2-4-16　范例 1 情形小结

（沪铜期货,市价 70 000 元,卖出行权价 68 000 元的看跌期权）

结算日	被行权买入	市价买入	权利金收入	实际支付	与市价（被行权）买入比较
67 800	68 000	—	500	67 500	便宜 300
70 000	—	70 000	500	69 500	便宜 500
71 000	—	71 000	500	70 500	便宜 500

结算时沪铜期货市价在 68 000 元以下，买入沪铜期货的成本维持在 67 500 元。

结算时沪铜期货市价在 68 000 元以上，买入沪铜期货的成本比市价少 500 元。

结算时沪铜期货市价在 67 500 元以上（行权价－权利金），价格锁定建仓策略较优。

因此，当交易者认为行情不太会立即大涨，有可能持平或小跌之时，就可以使用价格锁定建仓策略，以收到的权利金来贴补买入的成本。从另一方面来说，因为原本预期的价格就是卖出的行权价，因此就算到时沪铜期货真的跌破了卖出的行权价，那也只是用原本预期的价格来买入而已，而且还多了权利金的收入。

（2）范例 2：价格锁定平仓策略

丙想卖出沪铜期货，丙想等沪铜期货价格再上涨一些后再卖，但又担心沪铜期货先下跌了，使得收益减少。这时可以怎么做呢？

【背景说明】沪铜期货，市价 70 000 元。交易者丙卖出行权价 72 000 元的看涨期权，收到权利金 500。

【情形 1】上涨：到期时沪铜期货上涨至 72 200 元，期权进入实值，买方行权买入沪铜期货。

此时交易者丙被行权，卖出沪铜期货收到 72 000 元，加上收到的 500 元，平仓收回 72 000＋500＝72 500 元。

假如期货直接平仓，收回 72 200 元。

【情形 2】下跌：到期时沪铜期货下跌至 69 000 元，期权仍为虚值，买方弃权。

此时交易者丙以市价卖出沪铜期货，收回 69 000 元，加上收到权利金 500 元，平仓收回为 69 000＋500＝69 500 元。

假如期货直接平仓，收回 69 000 元。

【情形 3】持平：到期时沪铜期货维持在 70 000 元，期权为平值，买方弃权。

此时交易者丙市价卖出沪铜期货,收回 70 000 元,加上收到 500 元,平仓收回为 70 000+500=70 500 元。

假如期货直接平仓,收回 70 000 元。

同样,情形 3 时丙也可以不急着卖出沪铜期货,而是再度卖出看涨期权,等下个月再作决定。

表 2-4-17 范例 2 情形小结

（沪铜期货,市价 70 000 元,卖出行权价 72 000 元的看涨期权）

结算日	被行权卖出	市价卖出	权利金收入	实际收入	与市价（被行权）卖出比较
72 200	72 000	—	500	72 500	多卖 300
70 000	—	70 000	500	70 500	多卖 500
69 000	—	69 000	500	69 500	多卖 500

结算时沪铜期货市价在 72 000 元以上,卖出沪铜期货的收入维持在 72 500 元。

结算时沪铜期货市价在 72 000 元以下,卖出沪铜期货的收入比市价多 500 元。

结算时沪铜期货市价在 72 500 元以下(行权价 + 权利金),价格锁定平仓策略较优。

因此,当交易者认为行情不太会立即大跌,有可能持平或小涨之时,就可以使用价格锁定平仓策略,让收到的权利金来增加卖出的收益。从另一方面来说,因为原本预期的价格就是卖出的行权价,因此就算到时沪铜期货真的涨破了卖出的行权价,那也只是用原本预期的价格来卖出而已,没有额外的损失,而且还多了权利金的收入。

总之,备兑策略是一个需要搭配标的物一起操作的策略。当你持有标的物,但又觉得短期标的物不容易出现顺势行情的时候,就可以卖出一个反向的期权来收取权利金,贴补一下收入;假如行情真的朝标的物有利的方向发展，也不用太过担心，除非盘势在短时间内突破了卖出的行权价，权利金也大幅上涨，这时也只要把卖出部位平仓即可，仍然可以把标的物留着，让它持续扩大获利，等到行情趋缓的时候，再重新卖出期权部位。这是一个非常好用的策略，长期获利也相当稳定。

也可以反向使用，卖出看跌或看涨期权，并把设定建仓或平仓的价格定在卖出的行权价，就可获得定价买入或卖出的机会，这也是一个可以搭配使用的良好策略。

第三章
期权进阶套保策略

第一节　期权多部位交易策略

上一章提到了期权的单部位策略,期权交易的迷人之处,就是可以把各种不同类型的期权结合起来,组成各式各样不同损益结构的投资组合,满足交易者的不同需求。本章将介绍期权的多部位策略。

一、期权两部位策略:垂直价差组合

垂直价差策略是最常见的两部位组合策略之一,适用范围广泛,并且简单易组,若能熟悉使用这种策略,并加入投资组合当中,相信能对投资组合的净值成长带来正面效益。

(一)什么是垂直价差

单边策略可分成单买方和单卖方两种。单买方策略是一个损失有限而获利程度有时却很高的策略,但缺点是时间价值会逐渐减少,如果行情波动幅度不够大,可能还抵不过时间价值的减少,因此胜率较低。而单卖方策略的优点就是胜率较高,但如果风险没有控制好,可能在行情往不利方向前进的时候带来超过预期的损失。

两种单边策略有各自的优缺点,如果把这两个部位组合起来,能否有更好的特性?垂直价差策略,就是买入一个认购期权的同时,再卖出一个认购期权;或是买入一个认沽期权的同时,再卖出一个认沽期权。然后根据行权价的高低,决定部位方向:如果买入部位的行权价低于卖出部位的

行权价，那就是牛市价差；如果卖出部位的行权价低于买入部位的行权价，那就是熊市价差。

因此，认购、认沽两种不同的期权，加上行权价的高低方向不同，就可分为认购牛市价差、认沽牛市价差、认购熊市价差和认沽熊市价差四种不同的垂直价差。

（二）垂直价差的优缺点与特性

1. 垂直价差的优缺点

垂直价差策略就是一个同型的期权买方部位，加上一个卖方部位所组成的，因此这样的策略组合，自然就包含了两种单边策略的特性。

垂直价差的优点，就是买方策略的损失有限，又不需要担心卖方的跳空风险，因为组合部位的最大损失在进场的时候就已经决定了。

垂直价差的缺点，就是卖方策略的收益有限，组合部位的最大收益一样是在进场的时候就已经决定了。不过可以用调整行权价的方式，让收益损失的比例定为较佳的比例。

简单来说，垂直价差就是一种在损失程度可控的情形下达成一定的收益的策略。

2. 垂直价差的特性

垂直价差的特点之一，就是在进场组合完毕之后，整个组合的最大收益和最大损失情形就已经确定了，而且非常好计算。

垂直价差损益关系公式：最大收益 ＋|最大损失| ＝ 卖出行权价差距 × 合约单位。

范例：买入 3.2 认购 ＋ 卖出 3.3 认购，行权价的差距就是 3.3－3.2＝0.1，再乘上合约规格 10 000，就是 0.1×10 000＝1 000，而这个 1 000 也就是最大收益和最大损失绝对值的和。

同时，盈亏两平点也是进场时就可以立刻知道：

牛市价差的盈亏两平点，就是把较低的行权价，加上最大损失点，同时也等于较高行权价减去最大收益点的值。

表 3-1-1　垂直价差最大损益

种类	权利金收支	最大收益	最大损失	最大收益＋|最大损失|
看涨牛市价差	净支出	行权价差 — 权利金净支出	权利金净支出	最大收益＋|最大损失|＝行权价差 × 合约单位
看跌牛市价差	净收入	权利金净收入	行权价差 — 权利金净收入	
看涨熊市价差	净收入	权利金净收入	行权价差 — 权利金净收入	
看跌熊市价差	净支出	行权价差 — 权利金净支出	权利金净支出	

熊市价差的盈亏两平点,则是把较低行权价加上最大收益点,也等于较高行权价减去最大损失点的数值。

表 3-1-2　垂直价差盈亏两平点

种类	权利金收支	最大收益
看涨牛市价差	净支出	较低行权价＋最大损失点＝较高行权价 —最大收益点
看跌牛市价差	净收入	
看涨熊市价差	净收入	较低行权价＋最大收益点＝较高行权价 —最大损失点
看跌熊市价差	净支出	

另外,由于垂直价差的最大获利和最大损失是固定的,风险可控,因此上交所、深交所对于牛市价差、熊市价差有着保证金优惠的规定。

其中,看涨牛市价差、看跌熊市价差,由于原本就是权利金净支出,因此免收保证金。

看跌牛市价差、看涨熊市价差,由于是权利金净收入,因此需加收保证金,收取金额为两个行权价的差距 × 合约单位,例如3.1与3.2行权价的价差部位,就是收取(3.2—3.1)×10 000＝1 000 元。

　　其实收取保证金之后，加上原本部位的保证金收入，最后的支出也就等同于原本组合部位的最大损失。

表 3-1-3　垂直价差权利金收支

种类	权利金收支	保证金	实际支出
看涨牛市价差	净支出	无	组合部位的最大损失（四种组合方式都相同）
看跌牛市价差	净收入	（看跌期权义务仓行权价格 － 看跌期权权利仓行权价格）× 合约单位	
看涨熊市价差	净收入	（看涨期权权利仓行权价格 － 看涨期权义务仓行权价格）× 合约单位	
看跌熊市价差	净支出	无	

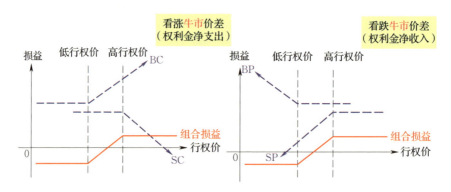

图 3-1-1　两种牛市价差比较

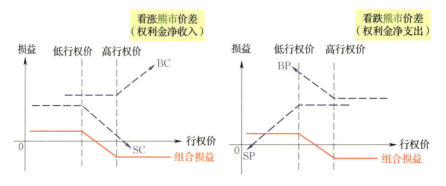

图 3-1-2　两种熊市价差比较

3. 垂直价差的四种组成方式

表 3-1-4　垂直价差权利金收支情形

价差种类	行权价		权利金		权利金收支
	买入	卖出	支出	收取	
看涨牛市价差	较低行权价看涨期权	较高行权价看涨期权	较高	较低	净支出
看跌牛市价差	较低行权价看跌期权	较高行权价看跌期权	较低	较高	净收入
看涨熊市价差	较高行权价看涨期权	较低行权价看涨期权	较低	较高	净收入
看跌熊市价差	较高行权价看跌期权	较低行权价看跌期权	较高	较低	净支出

不论用认购期权还是认沽期权,都可以组成牛市价差和熊市价差,并且拥有相同的损益结构图,既然如此,用哪种期权来组合,有什么差异呢?可以用以下几点来区分:

(1)交易者对行情的预期

a. 牛市价差

(a)认购期权:假如交易者认为后市看涨,则认购期权的交易者,大多会先从买方开始,等到买方部位部署完成之后,为了降低权利金支出成本,再于更上方、认为涨不到的点位卖出认购期权以降低成本。因此以认购期权组成牛市价差组合,主要部位是买方部位。

范例:50ETF 目前市价约为 3.2,某交易者甲认为后续应有机会涨到 3.3 左右,因此先买入行权价 3.2 的认购期权,再于上方 3.3 位置卖出认购期权,组成认购牛市价差。

(b)认沽期权:假如交易者认为后市看涨,用认沽期权该如何操作?认沽期权是看跌的,和交易者的看涨预期相反,因此交易认沽期权的交易者,只能先卖出认为不会跌到的点位,但卖方风险大,为了避免行情反转大跌而带来较大损失，再于更下方、认为行情假如跌到此处会带来巨额损失的点位，买入认沽期权以降低风险。因此以认沽期权组成牛市价差组合，主要部位是卖方部位。

范例：50ETF目前市价约为3.2，某交易者认为目前3.2左右的价格应该是底部位置，后续上涨概率较大，不过上涨幅度可能不多，因此在行权价3.2的点位卖出认沽期权，并在下方3.1点位买入认沽期权做保护，组成认沽牛市价差。

b. 熊市价差

情形同上，认沽熊市价差是以认沽期权对看跌预期来做交易，因此是以买方部位为主要部位，而认购熊市价差，则是以卖方部位为主要部位。

（2）隐含波动率

正常情形下，买方策略适合隐含波动率略低于正常范围的情形，隐含波动率过高，对买方来说会因为成本太高而较不易获利；而卖方策略则适合隐含波动率正常或略高于正常范围的情形，隐含波动率过低，对卖方来说风险较高而收益较低。

对照前文的策略主要部位，由于认购牛市价差、认沽熊市价差是以买方部位为主，因此适合隐含波动率较低的情形，同时因为权利金是净支出，所以隐含波动率较低的情形也可降低权利金支出；而认沽牛市价差、认购熊市价差是以卖方部位为主，因此适合隐含波动率较高的情形，同时因为权利金是净收入，所以隐含波动率较高的情形下也可增加权利金收入。

表 3-1-5　垂直价差与隐含波动率

种类	权利金收支	心理预期	主要部位	隐含波动率
看涨牛市价差	净支出	大涨	买方部位	适合隐含波动率较低情形
看跌牛市价差	净收入	不跌	卖方部位	适合隐含波动率较高情形
看涨熊市价差	净收入	不涨	卖方部位	适合隐含波动率较高情形
看跌熊市价差	净支出	大跌	买方部位	适合隐含波动率较低情形

4. 垂直价差交易选项之一：行权价

交易者在组成牛市价差或熊市价差的时候，除刚刚提到的对后市的行情预期、主要部位、隐含波动率之外，还有一个可操作的部分，就是行权价的选择，其中包含了**虚实值程度**的选择，以及**行权价间隔**的选择。

继续上述范例，50ETF 于 11 月 10 日尾盘在 3.2 左右，价格如下表：

表 3-1-6　50ETF 价格范例

认购期权	2111	认沽期权
收盘价	行权价	收盘价
0.122 6	3.10	0.011 5
0.051 9	3.20	0.040 8
0.016 3	3.30	0.104 0
0.004 6	3.40	0.191 3

甲认为后续应有机会涨到 3.3 左右，乙、丙认为后续涨幅更大，可能涨到 3.4 左右，但两人的部位组成方式不同，而丁则相对保守，只认为盘势将维持持平小涨格局，此时他们分别作了不同的选择，情形如下表：

表 3-1-7　损益情形 1

情形	组合	最大收益	最大收益点	最大损失	最大损失点
甲	买入 3.2 看涨 + 卖出 3.3 看涨	644	≥3.3	−356	≤3.2
乙	买入 3.2 看涨 + 卖出 3.4 看涨	1 527	≥3.4	−473	≤3.2
丙	买入 3.3 看涨 + 卖出 3.4 看涨	883	≥3.4	−117	≤3.3
丁	买入 3.1 看涨 + 卖出 3.2 看涨	293	≥3.2	−707	≤3.1

表 3-1-8　损益情形 2

情形	最大收益/|最大损失|	盈亏两平点	结算时标的收盘价			
			3.1	**3.2**	**3.3**	**3.4**
甲	1.809	3.235 6	−356	−356	644	644
乙	3.228 3	3.247 3	−473	−473	527	1 527
丙	7.547	3.311 7	−117	−117	−117	883
丁	0.414 4	3.170 7	−707	293	293	293

（1）甲、乙比较：两者的买入行权价相同，而乙的卖出行权价更高。在这样的情形下，乙的成本 473 元，高于甲的成本 356 元，乙相较于甲需要更大的涨幅，才能到达最大收益，假如结算时标的只收在 3.3，则乙的收益情形还不如甲，但乙的优点是可以参与标的价格在 3.3～3.4 的涨幅，如果结算时标的价格在 3.311 7 之上，则乙的收益会优于甲。

（2）甲、丙比较：丙虽然要达到 3.4 以上才能到达最大收益，但最大收益 883 元高于甲，且最大损失只有 117 元，最大收益与最大损失的比值相当好，但丙的最大收益点和最大损失点都比甲要高 0.1，因此达成的难度也高于甲。

（3）乙、丙比较：丙的最大损失小于乙，但乙的盈亏两平点低于丙，且最大收益也高于丙，两者各有优点。

（4）丁：虽然丁的最大收益小于其他人，而最大损失却又大于其他人，但只要结算时标的维持在目前的 3.2 以上，就可以有最大收益，而要跌到 3.1 以下时，才会出现最大损失，是最保守的做法。

总之，行权价点位、行权价间隔的选择，主要是以交易者的投资风格，以及对盘势的预期而定，投资风格偏保守或是对盘势看法较不乐观者，就使用比较保守的行权价（偏实值）以及较近的行权价间距，而投资风格较积极或是对盘势看法更乐观者，就使用比较积极的行权价（偏虚值）或是较宽的行权价间距。

不同类型的牛市价差组合,风险收益特征不同,并没有哪一种是最优的。交易者应根据自身的风险偏好及对后市行情的判断,来选择合适的组合方式。

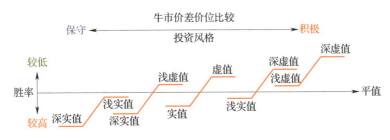

图 3-1-3　牛市价差价位比较

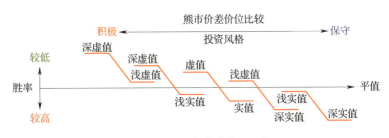

图 3-1-4　熊市价差价位比较

5. 垂直价差交易选项之二:合约月份

(1) 不同月份的比较

上例中,丙相较于甲,虽然最大收益与最大损失的比值好,不过最大收益点和最大损失点都比甲要高 0.1,要达到最大收益有点难度,但我们若换个角度来看这个问题,就会有不同的看法了。

简单来说,这个问题可以用"时间"来解决。一个月的时间内如果无法达到的涨幅,那把时间放宽到两个月、四个月呢? 达成的概率是不是就比一个月内更大了?

所以可以尝试远月份的垂直价差策略,下列是不同合约月份的期权权利金表:

表 3-1-9　不同合约月份的期权权利金

合约月份	3.1C	3.2C	3.3C	3.4C
2111	0.122 6	0.051 9	0.016 3	0.004 6
2112	0.152 3	0.089 3	0.047	0.022 1
2203	0.215 5	0.159 7	0.114 8	0.08

以此组成不同月份的牛市价差：

表 3-1-10　不同合约月份的牛市价差

合约月份	组合	最大收益	最大损失	最大收益／ ｜最大损失｜
2111	买入 3.3 看涨 ＋ 卖出 3.4 看涨	883	−117	7.547
2112	买入 3.3 看涨 ＋ 卖出 3.4 看涨	751	−249	3.016 1
2203	买入 3.3 看涨 ＋ 卖出 3.4 看涨	652	−348	1.873 6

　　a. 2111 合约：买入 3.3 认购 ＋ 卖出 3.4 认购，组成牛市价差策略，最大收益 883 元，最大损失 −117 元。

　　b. 2112 合约：买入 3.3 认购 ＋ 卖出 3.4 认购，最大收益下降到 751 元，而最大损失则增加到 −249 元，最大收益与最大损失的比值为 3.016 1，相较于 2111 合约，多了一个月的时间来达成，而且最大收益与最大损失的比值仍然不错。

　　c. 2203 合约：买入 3.3 认购 ＋ 卖出 3.4 认购，最大收益 652 元，最大损失 −348 元，虽然最大收益与最大损失的比值再度下降至 1.873 6，但其实只是和原本甲的部位（2111 合约买入 3.2 认购 ＋ 卖出 3.3 认购，最大收益与最大损失的比值为 1.809 0）损益情形相似，而且有四个月时间来达成，也是不错的选择。

（2）垂直价差 VS 单买方部位

在介绍了这么多垂直价差的范例之后，可能有交易者有疑问，如果看好行情，为什么不直接做单买方呢？以部位成本和达成难度来作比较。

a. 2111 合约比较

表 3-1-11　2111 策略比较

合约月份		2111	2111	2111
组合		买入 3.3 认购 ＋ 卖出 3.4 认购	买入 3.3 认购	买入 3.4 认购
最大收益		883	？	？
最大损失		−117	−163	−46
盈亏两平点		3.311 7	3.316 3	3.404 6
优于牛市价差 的点位		—	＞3.404 6	＞3.492 9
$\dfrac{最大收益}{\lvert最大损失\rvert}$		7.547	—	—
标的 结算价	3.3	−117	−163	−46
	3.4	883	837	−46
	3.5	883	1 837	954

（a）单纯买入 3.3 认购：不仅成本（最大损失）高于买入 3.3 认购 ＋卖出 3.4 认购的牛市价差，盈亏两平点也高于该牛市价差，除非结算时标的收在 3.404 6 以上，获利情形才会优于该牛市价差。

（b）买入 3.4 认购：虽然成本（最大损失）很低，但盈亏两平点更高了，必须收在 3.404 6 以上才会获利，而该牛市价差收在 3.4 以上就已经是最大获利了，用一句话来说就是"你的获利起点是人家的获利终点"，如果获利情形要优于该牛市价差，则收盘必须收在 3.404 6＋0.088 3＝3.492 9 以上，达成难度更高。

由以上情形来看,牛市价差相较于单纯买方,不仅成本有优势,而且获利结构也有优势。

b. 2112 合约比较

表 3-1-12　2112 策略比较

合约月份		2112	2112	2112
组合		买入 3.3 认购 + 卖出 3.4 认购	买入 3.3 认购	买入 3.4 认购
最大收益		751	?	?
最大损失		−249	−470	−221
盈亏两平点		3.324 9	3.347	3.422 1
优于牛市价差 的点位		—	>3.422 1	>3.497 2
最大收益 |最大损失|		3.016 1	—	—
标的 结算价	3.3	−249	−470	−221
	3.4	751	530	−221
	3.5	751	1 530	779

(a)买入 3.3 认购:成本(最大损失)高于买入 3.3 认购 + 卖出 3.4 认购的市价差,盈亏两平点也高于该牛市价差。

(b)买入 3.4 认购:成本(最大损失)接近该牛市价差,盈亏两平点更高。

小结:该牛市价差不论对于买入 3.3 认购或是买入 3.4 认购,都有相当的优势。

c. 2203 合约比较

表 3-1-13　2203 策略比较

合约月份		2203	2203	2203
组合		买入 3.3 认购 ＋ 卖出 3.4 认购	买入 3.3 认购	买入 3.4 认购
最大收益		652	？	？
最大损失		−348	−1 148	−800
盈亏两平点		3.334 8	3.414 8	3.48
优于牛市价差的点位		—	＞3.480 0	＞3.545 2
$\dfrac{最大收益}{\|最大损失\|}$		1.873 6	—	—
标的结算价	3.3	−348	−1 148	−800
	3.4	652	−148	−800
	3.5	652	852	200

2203 合约情形小结：买入 3.3 认购 ＋ 卖出 3.4 认购组成的牛市价差，不论对于买入 3.3 认购，还是买入 3.4 认购，其成本（最大损失）和盈亏两平点，都是远优于这两个点位的单纯买方，具有更大的优势。

综合以上范例，垂直价差不仅应用在近月份是个不错的策略，而且应用在次月份，甚至更远的季月，也都是一个良好的策略。只是远月份的期权时间价值更高，如果是单买方策略，成本会更高，但因为垂直价差策略是一买一卖，买卖方部位的权利金同时增加，可以抵消不少增加的权利金成本，以达到降低成本的目的，因此若交易者想要操作较长的趋势行情，远月份的垂直价差就是一个很好的选择。

另外，也不是非得要把部位一直放到结算时才出场，假如行情已经顺着预期走了一段，账上已经有相当获利，而盘势目前似乎遇到阻力，那么也可以把部位先行平仓出场，获利落袋为安，以免行情再度反转使得原本的获利又付诸流水，甚至带来损失。

6. 垂直价差在商品期权上的应用：以铜期权为例

垂直价差策略不仅可以应用在 ETF 期权，也可以应用在商品期权上，接下来就用铜期权做范例。11 月 10 日，铜 2111 合约收 70 330 元 / 吨，铜 2112 合约收 70 000 元 / 吨。

表 3-1-14　铜期权权利金

看涨期权	铜 2112 行权价	看涨期权	铜 2201 行权价
1 324	70 000	2 230	70 000
860	71 000	1 802	71 000
552	72 000	1 354	72 000
368	73 000	1 048	73 000

交易者戊认为铜价格后续仍有上涨空间，但又担心铜的行情也可能不如预期，此时他有几个选择（为便于计算，仅用每吨价格计算，不乘上合约乘数）：

（1）铜 2112 合约（11 月 10 日标的收盘价 70 330 元 / 吨）

表 3-1-15　铜期权 2112 策略比较

组合	1-1	1-2	1-3	1-4	1-5
部位	买入 70 000 看涨期权	买入 71 000 看涨期权	买入 72 000 看涨期权	买入 70 000 看涨期权 ＋ 卖出 71 000 看涨期权	买入 70 000 看涨期权 ＋ 卖出 72 000 看涨期权
最大收益	?	?	?	536	1 228
最大损失	−1 324	−860	−552	−464	−772
盈亏两平点	71 324	71 860	72 552	70 464	70 772

续　表

组合		1-1	1-2	1-3	1-4	1-5
最大收益 / │最大损失│		—	—	—	1.155	1.591
标的 结算价	70 000	−1 324	−860	−552	−464	−772
	71 000	−324	−860	−552	536	228
	72 000	676	140	−552	536	1 228
	73 000	1 676	1 140	448	536	1 228

上表组合 1-1、1-2、1-3 是单买认购期权,而组合 1-4、1-5 是组成牛市价差。

a. 组合 1-4:五种组合中最大损失程度最小的,在结算时标的只要收在 71 000 元 / 吨以上,就可达到最大获利;就算结算时标的收盘价收在 73 000 元 / 吨,组合 1-4 的获利情形仍优于组合 1-3。

b. 组合 1-5:最大损失仅大于组合 1-3,小于组合 1-1 和 1-2,但盈亏两平点只在 70 772 元 / 吨,比组合 1-1、1-2、1-3 都低,且结算时标的结算价在 72 000 元 / 吨以下时,组合 1-5 的获利情形都高于组合 1-1、1-2、1-3。

可见,牛市价差相较于单纯买方,确实是有着相当的优点。

（2）铜 2201 合约（11 月 10 日标的收盘价 70 000 元 / 吨）

表 3-1-16　铜期权 2201 策略比较

组合	2-1	2-2	2-3	2-4	2-5
部位	买入 70 000 看涨期权	买入 71 000 看涨期权	买入 72 000 看涨期权	买入 70 000 看涨期权 ＋ 卖出 71 000 看涨期权	买入 70 000 看涨期权 ＋ 卖出 72 000 看涨期权

续 表

组合	2-1	2-2	2-3	2-4	2-5
最大收益	?	?	?	572	1 124
最大损失	−2 230	−1 802	−1 354	−428	−876
盈亏两平点	72 230	72 802	73 354	70 428	70 876
最大收益 / |最大损失|	—	—	—	1.336	1.283
标的 结算价 70 000	−2 230	−1 802	−1 354	−428	−876
71 000	−1 230	−1 802	−1 354	572	124
72 000	−230	−802	−1 354	572	1 124
73 000	770	198	−354	572	1 124

上表组合 2-1、2-2、2-3 是单买认购期权，而组合 2-4、2-5 是组成牛市价差。

a. 组合 2-4：五种组合中最大损失程度最小的，且在结算时标的只要收在 71 000 元 / 吨以上，就可达到最大获利。

b. 组合 2-5：最大损失也都比组合 2-1、2-2、2-3 小，并且就算结算时标的收在 73 000 元 / 吨（比卖出的 72 000 元 / 吨部位还高 1 000 元 / 吨），组合 2-5 的获利情形仍然比 2-1、2-2、2-3 高。

在远月时，牛市价差相较于单纯买方，不论成本（最大损失），还是收益结构，都有更大的优势。

限于篇幅，上文范例多是以看涨牛市价差为主，不过其余三种垂直价差的应用方式都是一样的，交易者可按自身需求，选择最适合的方式进行交易。

垂直价差是用途广泛的策略组合，不论交易者是看大涨、小涨、不涨、不跌，都有相对应的组合，并且在 ETF 期权上，还有保证金优惠：相对于单纯买方，成本相当低廉，最大损失也小，收益结构也不差；相对于单纯卖方，又不需要担心跳空风险。因此对交易者来说，是一个非常有用的策略。

二、期权两部位策略：期权跨式及宽跨式组合

期权跨式及宽跨式组合也是很常见的策略，假如不清楚盘势后续要往哪个方向走，只知道会有大行情，那么就可以同时买入看涨和看跌期权，组成双买策略。假如买入部位在相同的行权价上，那就是买入跨式策略；假如买入的部位不在同一个行权价上，那就是买入宽跨式策略。不过一般来说，同时有两个买入部位，也就是同时有两个部位的权利金的支出，策略成本将会明显增加，也使得胜率较低，因此双买策略一般较少人使用。

同时卖出看涨期权和看跌期权，就是双卖策略，同样以行权价作区分，假如卖出部位在相同的行权价上，那就是卖出跨式策略，假如卖出的部位不在同一个行权价上，那就是卖出宽跨式策略。只要部位不要过度放大，把风险控制在可接受的程度内，长期来看实现获利的概率还是比较大的。

（一）期权双卖策略的原理与特点

期权双卖策略的组成方式，就是在卖出一个看涨期权的同时，也卖出一个看跌期权，同时持有多空双卖的部位：假如卖出的看涨期权和看跌期权是同一个行权价，就称为卖出跨式策略；假如卖出的看涨期权和看跌期权是不同的行权价，则称为卖出宽跨式（或称卖出勒式）策略。

期权双卖策略的特点，就是因为有着双边的权利金收入，因此相较于单卖方策略，可以在行情不利时承担更多的价格变化幅度，而在行情没有出现太大变化之时，一般来说实现获利的概率还是比较大的，因此成为许多交易者的必备组合策略之一。另外，由于此策略是双边都是卖出部位，交易者对行情的预期不会出现太大波动，同时也比较希望后续波动率能下降，因此也属于卖出波动率的策略组合。

在风险的特点上，虽然双卖策略有双边权利金收入，但相较于单卖方策略的只需要考虑单边风险，双卖策略则是不论行情出现大涨或大跌走势，都可能会出现损失，因此需要更加注意风险的控管。双卖策略的损益平衡点有两个，分别为高行权价 ＋ 权利金收入，以及低行权价 － 权利金收入，不过这是指到期的损益平衡点，实际操作上一旦行情出现可能要发动

的预兆,就需要更加留意,有时也可以提前减码部位,或是调整卖出的行权价,以避免损失过度放大。

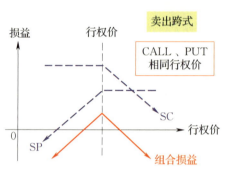

图 3-1-5　卖出跨式损益

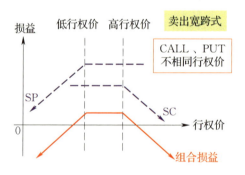

图 3-1-6　卖出宽跨式损益

(二)期权双卖策略的进场

双卖行权价的选择上,可以分为跨式策略和勒式策略两种,实际操作上,行权价的选择通常是根据当时的标的物市价、距离到期日远近、交易者的风险偏好、隐含波动率,以及对后市的展望来决定的。

1. 进场时市价正好在行权价附近点位(平值)

这种情形下,一般可以选择卖在距离市价最近的那个行权价(平值)上,如果不卖在平值点位,而是卖在虚值点位上,那么收到的权利金就较低。

范例 **1**:2022 年 1 月 19 日,铜期货、期权价格如下:

表 3-1-17　铜价格范例 1

2022 年 1 月 19 日	收盘价	虚实值	2022 年 1 月 19 日	收盘价	虚实值
CU2202	70 000	—	CU2203	70 020	—
CU2202C70000	580	平值	CU2203C70000	1 466	平值
CU2202C71000	232	虚值一档	CU2203C71000	1 056	虚值一档
CU2202C72000	92	虚值二档	CU2203C72000	748	虚值二档
CU2202P70000	580	平值	CU2203P70000	1 400	平值
CU2202P69000	240	虚值一档	CU2203P69000	960	虚值一档
CU2202P68000	94	虚值二档	CU2203P68000	614	虚值二档

由于时间已经接近铜 2202 期权的合约结算日（2022 年 1 月 24 日），因此把 02 合约和 03 合约一起比较：

表 3-1-18　铜策略比较范例 1

月份	C 点位	P 点位	权利金合计	上方损平点	下方损平点	上方距离	下方距离
02 合约	70000	70000	1 160	71160	68840	1 160	1 160
	71000	69000	472	71472	68528	1 472	1 472
	72000	68000	186	72186	67814	2 186	2 186
	70000	69000	820	70820	68180	820	1 820
	71000	70000	812	71812	69188	1 812	812
03 合约	70000	70000	2 866	72866	67134	2 846	2 886
	71000	69000	2 016	73016	66984	2 996	3 036
	72000	68000	1 362	73362	66638	3 342	3 382
	70000	69000	2 426	72426	66574	2 406	3 446
	71000	70000	2 456	73456	67544	3 436	2 476

可以发现，02合约由于时序已经接近结算日，因此平值合约和虚值合约价格差距非常大。双卖平值合约（70000C＋70000P）权利金合计可收入1 160元／吨，但双卖虚值一档合约（71000C＋69000P）权利金只有472元／吨，差距达一倍以上，虽然损益平衡点差距有300余元（1 472－1 160＝312元／吨），但在收入差距过大的情形下，要使用哪个行权价，就值得好好考虑。

在03合约部分，双卖平值合约（70000C＋70000P）权利金合计可收入2 866元／吨，而双卖虚值一档合约（71000C＋69000P）权利金则是2 016元／吨，差距达850元／吨，但损平点和双卖平值合约差距不大（2 996－2 846＝150元／吨），在这种情形下，双卖平值合约可能更有利一些。

2. 进场时市价在两行权价中间点位

这种情形下，没有平值点位可选。如果要选择卖在同一行权价，那么只能选择在市价上方或下方的行权价，组合损益情形就会出现偏多一些或偏空一些的情形，假如是交易者本身对于盘势确实有着偏多或偏空的看法，那么就可以这样选择；倘若交易者对于盘势还是认为维持小幅震荡格局，那么全部都选择卖在虚值一档就是比较常见的做法。

范例2：2023年2月20日，铜期货、期权价格如下：

表3-1-19 铜价格范例2

2023年 2月20日	收盘价	虚实值	2023年 2月20日	收盘价	虚实值
CU2303	69 400	——	CU2304	69 500	——
CU2303C69000	612	实值一档	CU2304C69000	1 640	实值一档
CU2303C70000	180	虚值一档	CU2304C70000	1 176	虚值一档
CU2303P69000	202	实值一档	CU2304P69000	1 138	实值一档
CU2303P70000	776	虚值一档	CU2304P70000	1 682	虚值一档

由于时间已经接近铜 2303 期权合约结算日（2023 年 2 月 22 日），同样把 03 合约和 04 合约一起比较。

表 3-1-20　铜策略比较范例 2

月份	C 点位	P 点位	权利金合计	上方损平点	下方损平点	上方距离	下方距离
03 合约	70000	69000	382	70382	68618	982	782
	69000	69000	814	69814	68186	414	1 214
	70000	70000	956	70956	69044	1 556	356
04 合约	70000	69000	2 314	72314	66686	2 814	2 814
	69000	69000	2 778	71778	66222	2 278	3 278
	70000	70000	2 858	72858	67142	3 358	2 358

03 合约由于时序已经接近结算日，因此平值合约和虚值合约价格差距非常大。双卖虚值一档合约（70000C＋69000P）权利金合计只有 382 元 / 吨，但看涨实值一档＋看跌虚值一档合约（69000C＋69000P）权利金收入 814 元 / 吨，看涨虚值一档＋看跌实值一档合约（70000C＋70000P）权利金收入 956 元 / 吨，都是双卖虚值合约的一倍以上权利金收入，不过随之而来的就是上方距离或下方距离会少一点，假如使用一实一虚的行权价，就需要对盘势有些预期方向才行。

在 04 合约部分，双卖虚值一档合约（70000C＋69000P）权利金合计可收入 2 314 元 / 吨，而卖出看涨实值一档＋看跌虚值一档合约（69000C＋69000P）权利金收入 2 778 元 / 吨，看涨虚值一档＋看跌实值一档合约（70000C＋70000P）权利金收入 2 858 元 / 吨，三者的权利金收入以及上下方距离有些许差异，不过收入差距不算很大，且上下方距离都是 2 000 元 / 吨以上，相对而言在距离到期日较远的情形下，双卖虚值一档的优势就没有那么大。整体来说在距离到期日较远的时候三者都可选，不过随着时间的推移，越接近到期日，实值和虚值的价值差异会越来越大，此时就以卖出越接近平值效果越好（如范例 1）。

3. 进场时市价距离行权价有点距离，又不到中间点位

这种情形下，由于不论怎么选，都一定会有一边距离平值较近，一边距离平值稍远，因此对盘势也需要有一点预期才行。

范例 3：2023 年 4 月 20 日，铜期货、期权价格如下：

表 3-1-21　铜价格范例 3

2023 年 4 月 20 日	收盘价	虚实值	2023 年 4 月 20 日	收盘价	虚实值
CU2305	69 350	—	**CU2306**	69 260	—
CU2305C69000	618	实值一档	**CU2306C69000**	1 486	实值一档
CU2305C70000	202	虚值一档	**CU2306C70000**	1 088	虚值一档
CU2305P69000	270	虚值一档	**CU2306P69000**	1 274	虚值一档
CU2305P70000	840	实值一档	**CU2306P70000**	1 788	实值一档

同样，我们选取的时间已经接近铜 2205 期权合约结算日（2023 年 4 月 24 日），因此把 05 合约和 06 合约一起比较：

表 3-1-22　铜策略比较范例 3

月份	C 点位	P 点位	权利金 合计	上方 损平点	下方 损平点	上方 距离	下方 距离
05 合约	70000	69000	472	70472	68528	1 122	822
	69000	69000	888	69888	68112	538	1 238
	70000	70000	1 042	71042	68958	1 692	392
06 合约	70000	69000	2 362	72362	66638	3 102	2 622
	69000	69000	2 760	71760	66240	2 500	3 020
	70000	70000	2 876	72876	67124	3 616	2 136

和前两个范例一样,05合约在时序已经接近结算日的情形下,平值合约和虚值合约价格差距非常大。双卖虚值一档合约(70000C+69000P)权利金合计只有472元/吨,但看涨实值一档+看跌虚值一档合约(69000C+69000P)权利金收入888元/吨;看涨虚值一档+看跌实值一档合约(70000C+70000P)权利金收入1 042元/吨,也都是双卖虚值合约的近两倍到两倍多的权利金收入,但是一实一虚的行权价,相较于范例2,差距更大,这就要求交易者对盘势的看法更加明确。

在06合约部分,双卖虚值一档合约(70000C+69000P)权利金合计可收入2 362元/吨,而卖出看涨实值一档+看跌虚值一档合约(70000C+70000P)权利金收入2 760元/吨,看涨虚值一档+看跌实值一档合约(70000C+70000P)权利金收入2 876元/吨,三者的权利金收入差距不大,且上下方距离也都在2 000元/吨以上,整体来说和范例2类似。在距离到期日较远的情形下三者都可选,不过随着时间越接近到期日,实值和虚值的价值差异会越来越大。

从上面3个范例可以看到,远月合约因为收取权利金较高,因此上下两边的损平点距离就会较大,在此情形之下不论卖在平值还是虚值一档,权利金收入及损平点差距都不大。不过时间越接近到期日,平值或虚值的权利金差异越大,损平点差距也越大,此时就以尽量选择平值附近点位较佳。如果一边或两边选择了虚值点位,那么会使得上下两边的损平点距离差异较大,整体组合呈现出较偏多或较偏空的状态。这个时候就需要交易者对盘势有较明确的看法,才能让盘势预期符合部位组合,或者是两边卖出不同数量的部位,以达到效益(或风险)接近的情形,但由于两边的数量不同,所以也需要更加注意风险,更经常地调整部位才行。

(三)期权双卖策略的出场

期权双卖策略的出场情形可分两种:止盈出场和止损出场。

1. 止盈出场

止盈出场较好理解,当获利已经达成我们的预期时,就可以考虑止盈出场了,由于卖方策略风险较高,因此一般都较不建议一直放到结算。假如获利已经达到一定程度（比如进场权利金的 60%～70% 以上），那么就可以准备平仓换新仓了，因为最后几天平值附近的 Gamma 值会快速增加，行情对平值附近的期权价格影响会明显加大，因此建议陆续获利了结。

2. 止损出场

止损出场可分为两种情形：价格出场或是点位出场。价格出场就是说，当损失达到一定程度时（比如说卖出的其中一边权利金已经膨胀到两倍价格，或是两边权利金加总已经膨胀到原本的 1.5 倍价格等情形），就止损出场。因为卖方风险较大，把亏损部位留着，是风险非常高的选择，因此一旦亏损达到预计数量时就应出场。

3. 情形应用

不过又有一个小问题，当损失达到一定程度出场时，是单边平仓好还是双边都平仓好呢？

多空双卖情形下，一边亏损，通常就意味着另一边是获利的（当然少部分隐波上升而导致一边获利一边持平的情形另说），但是两边部位损益合计都已经达到止损条件，就代表着一边的获利没办法支撑另一边的亏损了，才会导致亏损扩大，也就是说，随着行情持续推进，获利将会越来越小，而亏损却会越来越大；并且，获利部位一直放着其实风险还是比较大的，所以在这样的情形下，双边平仓，重新建仓是比较好的选择。

当亏损金额还没达到条件，但是标的物价格已经偏离进场点位有段距离时，该怎么处理呢？是否该继续把部位放着，等到亏损幅度达到原本设定的金额才出场呢？

这种情形下，重新调整部位会是比较好的选择。因为价格偏离，也就代表着多空双方部位的 Delta 值发生改变，此时重新调整部位，修正多空双方的风险程度，更有利于后续的交易。比如说，一开始铜期货市价是 70 000 元 / 吨，而卖出部位的其中一边是卖出 71 000 看涨期权，这样情形下当行情上涨到了 70 500 元 / 吨左右（原本市价和卖出行权价间隔的一半）时，就要持续观察行情，而一旦来到了 71 000 元 / 吨（卖出的行权价），就最好要做调整了。

我们对于双卖策略的出场设定,除了获利已经达到一定程度的止盈出场外,价格止损出场是必定要执行的,因为这对整体损益情形至关重要,另外价格偏离一旦达到一定程度,就需要持续关注并调整,才能让策略组合的风险不致过大。

(四)期权双卖策略的风险控制

对于卖方策略来说,交易者最担心的就是出现超出预期的损失,因此风险控制是非常重要的。前文提到的定额损失出场、标的物价格点位调整及出场都是进场后的调整方式,在进场之前也需要提前注意隐含波动率的影响。

由于隐含波动率的高低和期权权利金的多寡直接相关,因此隐含波动率处于较低位阶,也就等于卖出期权的权利金收入较低,此时对于卖方来说就是较为不利的情形,不宜持仓太多部位。

如何判定目前的隐含波动率处于何种位阶呢?这时可以把隐含波动率的长期走势图拿出来看。由于隐含波动率有着回归均值的特性,因此看隐波的长期走势图,就可以观察到目前的隐波处于何种位阶,在较低位阶或处于上升阶段时,就最好做减码,因为此时双卖策略较不易获利。

图 3-1-7　铜主力合约收盘价与隐含波动率走势比较

由图3-1-7可知，一旦行情出现短期内的较大波动，隐含波动率就会迅速向上。双卖策略是很容易出现亏损的，原因就是我们刚刚提到的，卖出部位一边亏损了，但另一边因为隐含波动率快速上升，所以也不容易获利，这时候就不是双卖策略的进场时机。比较好的情形是等隐含波动率开始回归均值的时候再进场，这样可以获得时间价值以及隐含波动率回落的双重优势，比较容易获利。

在风险的控制上，还有一种方式，就是调整卖出部位两边的Delta值，来达到风险中性的效果。不过需要注意的是，假如交易者运用Delta中性的交易方式，往往会使得两边卖出部位的数量不同，这时一旦行情出现波动，就需要更加注意Delta变化对整体策略组合的影响，更加频繁地调整部位，来达到原本预期的Delta中性效果。

另外，交易者最担心的就是跳空的影响了，开盘跳空是最不可控的风险。我们选取一些跳空幅度比较大的情形做范例，让大家看看跳空对于双卖策略会带来多大的影响。

表 3-1-23　双卖策略跳空影响范例

商品	收盘日	收盘价（权利金合计）	开盘日	开盘价（权利金合计）	价格变化
CU2212	2022/11/4	64 250	2022/11/7	65 500	1 250
CU2212C65000＋CU2212P64000		1 912		1 614	298
CU2212C66000＋CU2212P63000		1 230		1 338	－108
CU2304	2023/3/13	69 270	2023/3/14	67 780	－1 490
CU2304C70000＋CU2304P69000		1 418		1 974	－556
CU2304C71000＋CU2304P68000		788		974	－186

续　表

商品	收盘日	收盘价（权利金合计）	开盘日	开盘价（权利金合计）	价格变化
CU2304		68 660		67 130	−1 530
CU2304C69000＋CU2304P68000	2023/3/15	1 220	2023/3/16	1 300	−80
CU2304C70000＋CU2304P67000		670		850	−180
CU2306		68 080		66 850	−1 230
CU2306C68000＋CU2306P68000		2 610		2 796	−186
CU2306C69000＋CU2306P67000	2023/4/25	1 730	2023/4/26	1 902	−172
CU2306C70000＋CU2306P66000		1 174		1 248	−74

　　上表中是双卖平值到虚值一两档的点位,从第一日的收盘价进场到第二日的开盘跳空的情形。可以看见,在铜期货开盘价格跳空超过千元的情形下,期权多空双卖策略的价格变化并没有想象中那么大,主因是多空两边的损益情形会抵消一部分,所以其实交易者可以不用过度担心跳空的风险,只要开盘之后,风险就是可控的了。真正风控的重点在于部位不要过度放大,在适当的部位下,绝大多数情形的风险还是可控的。

　　总之,在风险控制的情形下,双卖策略确实能为投资组合带来不错的绩效,并且由于双卖策略的泛用性较高,在多数情形下都能运用,因此值得我们好好研究。只要进场前注意隐含波动率的变化,进场时注意部位控管,并时常关注权利金变化情形,那么双卖策略就可以为交易者带来一定的**收益率**。

三、期权两部位策略：合成期货

期权的组合策略非常多样，也有适合各种盘势的组合策略应用，损益情形有限、不怕跳空的垂直价差、日历价差，以及看对行情时大赚，看错行情时亏损减少，甚至可能小赚的反向比率价差等，都是应用广泛的期权组合策略。当然也有交易者对于期货商品更加情有独钟，因为期货的损益分布是直线型的，方便计算。下文介绍一种期权策略组合，不仅拥有和期货一样的损益情形，还能够适时灵活调整。

组合方式其实也很简单，我们买入看涨期权（认购期权）的同时，加上卖出看跌期权（认沽期权），就可以合成期货多头部位；而买入看跌期权（认沽期权）的同时，加上卖出看涨期权（认购期权），就可以合成期货空头部位。这样一买一卖的方式，把期权组合起来之后，就是期权合成期货策略。

（一）合成期货的原理

期权的损益情形和现货、期货不同，现货、期货的损益结构是直线型的，而期权的损益结构是非直线型的；不过如果把同方向[①]的买方和卖方期权组合起来，就会变成直线型的损益结构了。

为什么两个曲线型的部位组合就可以变成直线型的商品呢？原理可以从两个方面来解释：

1. 期权平价公式

期权平价公式，指的是同一标的资产、同一到期日、同一行权价的欧式看涨期权、欧式看跌期权，以及标的资产之间，存在下列关系：

$$C+Ke^{-rT}=P+S$$

其中 C：看涨期权权利金，

K：行权价，

P：看跌期权权利金，

---

① 买入看涨、卖出看跌同是偏多方向，而买入看跌、卖出看涨则同是偏空方向。

S：标的资产价格，

r：市场无风险利率，

T：距离到期日的时间（以年为单位）。

详细原理推导本书就不展开了，简单来说，在不考虑无风险利率的情形下，上述公式可以简化为：$C+K=P+S$，再把等号两边的项目调整移项，公式就会变成：$S=K+C-P$，也就是买入行权价为 K 的看涨期权，卖出行权价为 K 的看跌期权，再加上数量为 K 的资金，就可以复制出标的资产 S。

不过，这种方式所需资金相当多，有没有成本比较低，又可以复制标的资产损益情形的方式呢？

有的，那就是通过希腊字母 Delta。

2. 希腊字母 Delta

希腊字母 Delta 的定义，就是标的资产价格变化 1 单位时，期权价格的变化程度，原本是用来评估标的资产价格波动对期权价格的敏感度的。

不过 Delta 值还有另外一个用途，就是表示期权到期时成为实值期权的可能性，比如说某行权价的看涨期权 Delta 值是 0.3，那就代表市场认为该期权最终到期时成为实值期权的概率预期是 30%。

另外，看涨期权和看跌期权的方向是相反的，所以某个行权价的看涨期权进入实值，其实也就代表了同一个行权价的看跌期权进入虚值；因此再回到 Delta 值上面，某个行权价的看涨期权进入实值的概率，也就等于同一个行权价的看跌期权进入虚值的概率。比如，某个行权价的看涨期权 Delta 值是 0.7，代表着该看涨期权最终到期时有 70% 的概率进入实值，同时也就代表着该行权价的看跌期权最终到期时只有 30% 的概率进入实值，而这两个概率相加恒等于 1。

也就是说，某一个行权价看涨期权的 Delta 值，加上相同行权价看跌期权的 Delta 值的绝对值，都会几乎等于 1，也就等于标的资产的 Delta 值（现货、期货的 Delta 值恒为 1），并且由于原理共通，在任意相同的行权价上组合合成期货，都能得到非常接近的损益情形。

所以只要在某一个行权价上买入看涨期权，同时再卖出相同行权价的看跌期权，就可以复制标的资产的多头损益情形（不过由于成交量的关系，一般仍多以平值附近的行权价来组合是较常见的做法）；同样，买入某一个行权价的看跌期权，同时再卖出相同行权价的看涨期权，就可以复制标的资产的空头损益，这就是使用期权合成期（标的物）的原理基础。

（二）合成期货的用途

1. 对于没有期货，但有期权的标的，可用合成期货方式增加杠杆及收益率

有些金融商品，本身没有期货，但有期权：例如部分 ETF（如 510050），虽然没有直接对应的期货，但有直接对应的期权，上交所目前有五个 ETF（上证 50ETF、沪深 300ETF、中证 500ETF、科创 50ETF、科创板 50ETF），深交所目前有四个 ETF（沪深 300ETF、中证 500ETF、深 100ETF、创业板 ETF）都是这样的情形。

假如交易者对于标的商品有交易兴趣，想加大一点杠杆，但又没有期货可供运用，就可以使用对应的期权来合成期货，成本比直接买入标的资产便宜，大约是直接买入标的 ETF 的 15%，能达到和标的 ETF 相同的损益情形，从而有效地增加杠杆，提升**收益率**。

2. 对于有期货或有类似期权的标的，合成期货可以出现与这些期货、期权比价和套利的机会

有朋友会说，中金所也有类似标的的期货（例如上证 50 股指期货），交易这些期货不是一样能达到类似的损益效果吗？

当然，类似的商品有着相近的损益情形，例如上证 50 股指期货、上证 50 股指期权合成期货与上证 50ETF 期权合成期货，不过由于股指期货是现金交割，ETF 期权是实物交割，实物交割相对于现金交割到期时会有不一样的交易策略。另外，其实标的相同（或相似）的期货、期权，数量是越多越好，因为这样才有比价和套利的机会，也可以衍生出更多的交易策略来，尤其是 ETF 期权和股指期权是在不同的交易所上市，结算时间也不一样，结算日若出现价格偏离，就有更多比价和套利的机会。

表 3-1-24　类似商品损益比较

商品	代表	2023 年 1 月 3 日	2023 年 1 月 20 日	损益点
上证 50 指数	标的资产指数	2 641.42	2 836.81	195.39
IH2301	标的资产的期货	2 651.40	2 837.24	185.84
HO2301-C-2650 （买入）	标的资产的期权 合成期货	42	187.24	187.44
HO2301-P-2650 （卖出）		42.2	0	
上证 50ETF （510050）	标的资产 ETF	2.651	2.848	0.197
50ETF1 月 C2650 （买入）	标的资产 ETF 的 期权合成期货	0.050 7	0.198	0.1884
50ETF1 月 P2650 （卖出）		0.044 6	0.041 1	

从上表中可以看出，类似商品常有着相近的损益情形（当然因为成本不同，因此收益率有所差别）。

3. 合成期货还有可灵活调整变形的优点

期权商品最大的优点就是**灵活**，即使合成期货和一般期货之间有着类似的损益结构，我们也仍然可以应盘势预期来做灵活的调整变化。

举个例子，卖出跨式策略中两个期权都是在相同的行权价，假如把卖出部位的两个行权价分开在不同的点位，那么这个组合就变成了卖出勒式策略，可以增加中间获利段的区间，同时降低保证金成本。同样，如果把行权价分开的方式应用在合成期货上面，也一样能达到相同的效果：在损益结构图中间出现一段缓冲区。

首先，在还没到期的时候，这样做降低了组合的 Delta 值，相较于单纯合成期货，在行情波动较小的时候，整体损益情形变化不大，可以不用太花心思注意行情走势，而越接近到期日，中间这一段缓冲区的功能就会越突出，也就更加凸显缓冲区的功能。其次，在调整过后由于一边（或两边）是虚值期权,因此买入、卖出的成本都会较低,可以有效地降低进场成本。

这样的变形方式很好地呈现出期权灵活的特性。

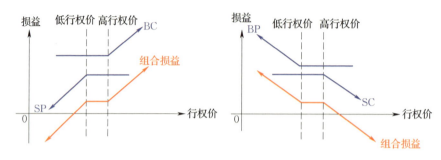

图 3-1-8　合成期货的行权价调整示意

（三）合成期货与单纯买入期权的差异比较

相较于单纯买入期权,期权合成期货除了可灵活变形的优点,还有什么特点呢?

1. 时间价值

由于合成期货是以一买一卖的部位组合,卖方部位的时间价值减损可以抵消部分买方的时间价值耗损,时间价值的减损对单纯买方来说是负面影响,但对于合成期货来说就是比较中性的情形了。

2. 隐含波动率

和时间价值是同样的情形,当隐含波动率较高的时候,由于权利金也随之较高,因此单纯买方策略就要付出较高的成本,是较不利的情形,但合成期货由于是一买一卖的操作,卖方同样能收取较高的权利金,抵消了隐含波动率较高的不利状况,因此合成期货也就更能适应盘势属于隐含波动率较高的时期。

3. Delta 值

合成期货的 Delta 值是 1,相较于单纯买入期权的 Delta 值来说（平值约 0.5,虚值小于 0.5,深度实值才会趋近于 1,但多数单买方会选择买入平值或浅虚值期权）,可参与行情的程度更高。当然如果行情是反向的,那么受到的冲击也更大,如果使用刚刚提到的分开行权价方式来组合,当行情还在中间缓冲区波动的时候,单纯买方部位会因为时间价值减损而带来亏损,但合成期货则受到时间价值和隐含波动率是中性的双重影响,价值减损会小于单纯买方,也就更有时间能等待行情的发动,尤其在越接近到期日的时候,中间缓冲区的功能就越发突出。

（四）合成期货的部位调整

合成期货的优点,就在于"灵活",这个特性显示在部位调整上更是如此,我们用以下几个情形来说明。

1. 行情往有利方向发展的时候

合成期货由于 Delta 值较高,比起单纯买入策略能更多地参与行情获利,有时行情波动太大,使得卖方部位的价值已经降低到非常小的地步,且卖方部位的 Delta 值也已经非常微小,把部位平仓对于整体 Delta 值的影响不大,这时交易者就可选择把卖方部位先行平仓,收回保证金,提升资金运用效率。

2. 行情往不利方向发展的时候

我们对于不利部位的操作建议,一直都是建议严格执行止损条件,以免造成更大的损失。不过,假如交易者选择的是变形合成期货策略,此时策略特性的优点就更加凸显出来了,由于行情还在中间缓冲段整理的时候,损益情形较小,因此可以把缓冲段当成是止损区,一旦行情突破缓冲段,来到损失扩大的点位,这时再执行止损,而这也是变形合成期货的另一个优点所在,即"空间及时间的缓冲"。

拿 2022 年 7 月 25 日—8 月 25 日这段时间的铜期货以及合成期货,加上变形合成期货的损益情形来比较,情形如下表:

表 3-1-25　各种组合之下的损益情形

策略编号	组合	2022/7/25	2022/8/25	策略损益	期初Delta
1	CU2209	57 160	62 970	5 810	1
		BC 损益	SP 损益	合计损益	期初Delta
2	BC57000+SP57000	3 644	2 164	5 808	1

续　表

策略编号	组合	2022/7/25	2022/8/25	策略损益	期初Delta
3-1	BC57000＋SP56000	3 644	1 692	5 336	0.93
3-2	BC57000＋SP55000	3 644	1 290	4 934	0.86
3-3	BC57000＋SP54000	3 644	958	4 602	0.80
3-4	BC57000＋SP53000	3 644	692	4 336	0.74
3-5	BC57000＋SP52000	3 644	482	4 126	0.69
3-6	BC57000＋SP51000	3 644	324	3 968	0.64
3-7	BC57000＋SP50000	3 644	210	3 854	0.61
3-8	BC57000＋SP49000	3 644	130	3 774	0.58

在上表中，策略1是买入铜期货，策略2是合成铜期货，策略3-1至3-8是变形合成铜期货（卖出更虚值的看跌期权）。

策略1和策略2的损益情形几乎一样，显示了合成期货确实能有效地复制期货的损益情形。而策略3-1至3-8则是交易者可以选择调整部位的方式，借由调整行权价，交易者可以根据不同的风险偏好选择各种不同的Delta值。

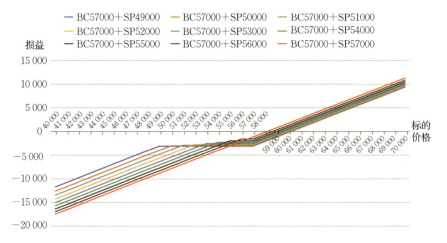

图3-1-9　各种组合下的到期损益情形分布

图 3-1-9 是各种不同行权价组合下的合成期货对于行情的损益情形。假如交易者希望能有更多的缓冲空间,就可以选择卖出较远的行权价,以得到较低的组合 Delta 值,以及更宽阔的缓冲区。

总之,合成期货是一种常见的交易策略。这种策略不仅可以用在没有期货的标的上(如 ETF 期权),产生期权的杠杆效果,也可以搭配期货(如上证 50 股指期货)或类似期权(如上证 50 股指期权),衍生出比价和套利的策略;并且由于期权本身的灵活特性,使得组合有多样的调整方式,可以调整组合的 Delta 值,也可以在损益结构图中出现一段缓冲区。可见,合成期货是一个可以灵活组成和搭配其他策略运用的良好策略。

四、期权三部位策略:反向比率价差策略

垂直价差组合是一个有限损失和收益的策略。相对于单买策略,优点是胜率较高;相较于单卖策略,优点是损失有限,是一个应用范围很广的策略。

不过有些交易者确实对趋势策略有所偏好,只是单买方策略在看错行情时的权利金损失幅度是较大的。那么有没有这样一个策略,在看对行情时收益无限,在看错行情时风险有限,在行情大幅反转时甚至还可能有收益呢? 这就是反向比率价差策略。

(一)反向比率价差的原理与构建

1. 反向比率价差策略的原理

交易者想组成反向比率价差的情形和单买方策略一样,是先对行情有预判,认为会出现波段行情的前提下,才开始组成策略。不过和单买方策略只有买方部位,所以完全是权利金支出的情形不同,反向比率价差策略的组成原理,是以卖出部位的权利金收入来减少(或覆盖)买入部位的权利金支出,使得整体组合的权利金净支出非常小,甚至可能是权利金净收入的情形,让建仓时的权利金成本极小化。

范例:2021 年 5 月 10 日,50ETF 收在 3.399 元,交易者甲认为盘势后续维持向上格局的概率较高,但又担心行情出现反转而造成较大损失,因

此进场买入行权价 3.4 元的认购期权 2 手,并卖出行权价 3.3 元的认购期权 1 手,组合情形如下:

表 3-1-26　反向比率价差组合情形范例

行权价	3.3 看涨期权	3.4 看涨期权
权利金	0.116 5	0.048 9
手数	−1 手	+2 手
权利金收支	1 165−（489×2）=187 元	

由上表可知,组合之后的权利金净收入为 187 元。相较单纯买入 3.3 认购期权的支出 1 165 元,或是单纯买入 3.4 认购期权的支出 489 元,反向比率价差策略一开始的建仓权利金成本确实降低不少。1:2 的进场方式乍看之下似乎有点复杂,其实和前文提到的垂直价差组合是同样一买一卖的交易,只是这次的买方部位多了 1 手而已,因此实际执行上并不困难。

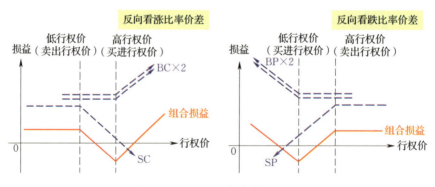

图 3-1-10　反向比率价差损益结构

2. 反向比率价差策略行权价的选择

一般来说,反向比率价差策略的买入部位会在平值到虚值 1~2 档,而卖出部位则通常在实值 1~2 档,这样的组合方式是较常见的。以上面的损益结构图来看,平值的点位在买入行权价的点位附近（可以略高一点或略低一点）。

这样安排是因为买入部位的行权价是在损益结构图中的最低点位置，也就是整个组合中损失最大的点位，并且由于反向比率价差策略是一个对行情走势有预期的策略，因此一旦行情发动，获利情形就会改善，或是一旦行情反转，损失情形也可缩小，甚至在反转达到一定程度之后，策略组合还有可能获利。把损失最大的点位（买入部位的行权价）安排在平值附近，这样只要行情出现较大波动，偏离目前的点位，整体组合就可以开始获利。

3. 反向比率价差策略的调整

由于我们是以卖出部位的权利金收入来减少买入部位的权利金支出，因此如果买入部位的权利金支出远大于卖出部位的权利金收入，就会造成入不敷出的情形，这时就需要把组合内容调整一下，各调整方式优缺点如下表：

表 3-1-27　反向比率价差策略的调整优缺点

情形	优点	缺点
把买入部位的行权价调到更虚值（权利金支出变小）	部位仍然是 1∶2	需要更大的涨幅才能获利，最大损失增加
把卖出部位的行权价调到更实值（权利金收入增加）	部位仍然是 1∶2	保证金需求增加，最大损失增加
把买卖组合调整成卖出 2∶买入 3	损益结构变化较小，行情反转时更可能出现正收益	部位较原本更复杂一点，最大损失增加

在 1∶2 组合中，买方保证金收入无法覆盖买方权利金支出的原因主要有两：一是隐含波动率较高；二是行权价间隔太近，由于隐含波动率并不是单一交易者能影响或改变的，因此调整成合适的行权价间距，就可以让卖方权利金收入覆盖（或大部分包含）买方权利金支出。

（二）反向比率价差的优缺点与特性

1. 反向比率价差策略的优缺点

采用反向比率价差策略，假如看对了行情，可享受买方权利金收益大幅增加的优点；假如看错了行情，由于有卖方部位的权利金收入，损失情形可能会小于单买策略。唯一需要注意的是，假如行情最终波动并不大，则可能出现比单买策略要大一些的损失，但即使如此，最大损失仍然是可控的，不会出现额外的大额损失，不需要担心大幅跳空的风险。

表 3-1-28 反向比率价差策略的优缺点

项目	优点	缺点
损益	看对行情收益强看错行情也可能不赔，甚至小赚，最大损失有限	若行情最终波动不大，损失可能超过单买方

2. 反向比率价差策略的特性

反向比率价差策略的损益结构情形类似单买策略，最大损失有限，而获利可能无限，并且在进场之时，就已经可以算出最大损失是多少，虽然计算方式比单买策略稍稍复杂一些，但在最大损失是进场时就已经可以确定这一点上，对于交易者还是相当好的特性。

另外，在图 3-2-1 中可以看见，最大损失其实只出现在"结算价的某一点"上，而非单买策略的只要结算价低于行权价（买入认购期权），或只要结算价高于行权价（买入认沽期权），就会出现权利金归零的最大损失，因此出现最大损失的概率其实还是不高的。

表 3-1-29 反向比率价差策略的最大损益与盈亏两平点

项目	反向看涨比率价差	反向看跌比率价差
最大损失	－ ｜行权价差距｜ ＋ 权利金净收支	－ ｜行权价差距｜ ＋ 权利金净收支

项目	反向看涨比率价差	反向看跌比率价差
盈亏两平点 1	买入期权的行权价 ＋ ｜最大损失｜	买入期权的行权价 － ｜最大损失｜
盈亏两平点 2	买入期权的行权价 － ｜最大损失｜	买入期权的行权价 ＋ ｜最大损失｜

注:倘若权利金净收支为负值,则仅有盈亏两平点 1,无盈亏两平点 2,因为假如权利金净收支为负值,则损益结构图的另一边会恒小于 0,但仍较单买策略的权利金全部损失为低。

最大损失及盈亏两平点计算范例:

以上文中甲为例,最大损失为 －｜3.4－3.3｜＋0.018 7＝－0.1＋0.018 7＝－0.081 3(乘上合约规格之后为 －813 元)

盈亏两平点 1:3.4＋0.081 3＝3.481 3 元

盈亏两平点 2:3.4－0.081 3＝3.318 7 元

可看出,先用买入和卖出的权利金算出净收支,加上行权价差距,就可以得出最大损失;再以买入部位的行权价来加减,就可以得出盈亏两平点,计算其实并不复杂。

(三)反向比率价差策略和其他策略比较

在带有方向预期的几个基础策略中,交易者最常见的就是单买策略和双买策略了,下面简单比较反向比率价差策略和这两种策略。

1. 反向比率价差和单买策略比较

优点:单买策略一旦看错方向,就会产生亏损,而反向比率价差策略在看错方向的情形下仍有机会赚钱,并且还保有最大收益无限的特性。

缺点:反向比率价差策略的最大损失大于单买策略。

表 3-1-30 反向比率价差策略和单买策略比较

比较	优点	缺点
反向比率价差和单买策略比较	权利金净支出小于单买策略看错方向仍有机会获利保有最大收益无限的特性	最大损失大于单买策略

2. 反向比率价差和双买跨式策略比较

优点：在相同跨度下（买方部位同样是平值行权价），反向比率价差的盈亏两平点会近于双买跨式策略。

缺点：假如行情出现大幅反转，反向比率价差策略的获利情形会小于双买跨式策略。

这两种策略的差异主要是应用方向不同，双买跨式策略是只知道行情会大幅波动，但不知道往哪个方向前进，而反向比率价差策略则有较强的某一方向预期。

表 3-1-31　反向比率价差策略和双买策略比较

比较	优点	缺点
反向比率价差和双买跨式策略比较	权利金净支出小于双买策略 同跨度盈亏两平点近于双买跨式策略	行情往反方向大幅前进时获利情形小于双买跨式策略

我们把最终结算情形来作简单比较：

表 3-1-32　反向比率价差策略和其他策略损益情形比较

策略	权利金收支	最终结算情形				
		大跌	小跌	持平	小涨	大涨
单买平值看涨	单边支出	最大损失	最大损失	最大损失	小赚小赔	大赚
反向看涨比率价差	小幅收支	小赚小赔	小赚小赔	最大损失	小赚小赔	大赚
双买平值跨式	双边支出	大赚	小赚小赔	最大损失	小赚小赔	大赚
反向看跌比率价差	小幅收支	大赚	小赚小赔	最大损失	小赚小赔	小赚小赔
单买平值看跌	单边支出	大赚	小赚小赔	最大损失	最大损失	最大损失

接下来根据不同的行情分别比较损益结果：

【情形 1】大涨

2021 年 5 月 10 日,50ETF 收 3.399 元,当时期权价格如下表:

表 3-1-33　反向比率价差策略范例价格 1

2021 年 5 月 10 日收盘价			2021 年 5 月 26 日结算价		
50ETF 收盘:3.399 元			50ETF 收盘:3.648 元		
看涨期权	行权价	看跌期权	看涨期权	行权价	看跌期权
0.116 5	3.3	0.013 4	0.348	3.3	0
0.048 9	3.4	0.045 6	0.248	3.4	0
0.016 7	3.5	0.113	0.148	3.5	0

根据当时价格,分别计算买入平值认购期权、反向比率价差策略以及双买跨式策略比较,结果如下:

表 3-1-34　反向比率价差策略范例比较 1

策略		1-1 买入平值看涨期权	1-2 反向比率价差策略	1-3 双买跨式策略
部位		买入 3.4 看涨	卖出 3.3 看涨 ×1+买入 3.4 看涨 ×2	买入 3.4 看涨 ×1+买入 3.4 看跌 ×1
权利金收支		−489 元	1 165−（489×2）=187 元	−（489+456）=−945 元
部位最大损失		−489 元	−813 元	−945 元
盈亏两平点		>3.448 9	<3.318 7,>3.481 3	<3.305 5,>3.494 5
最终结算	买方损益	0.248 0−0.048 9 =0.199 1	（0.248 0−0.048 9）×2=0.398 2	（0.248 0−0.048 9）+（0−0.045 6）=0.153 5

策略		1-1 买入平值看涨期权	1-2 反向比率价差策略	1-3 双买跨式策略
最终结算	卖方损益	0	$0.1165-0.3480=$ -0.2315	0
	结算损益	1 991 元	1 667 元	1 535 元

在情形 1 中,组合 1-1 的优点是最大损失最小,组合 1-2 的优点是三者中唯一期初权利金收支是净收入的,两者各有优势。

组合 1-1 和 1-2 比较:组合 1-1 的最大损失较小,盈亏两平点较组合 1-2 近,而组合 1-2 的期初权利金收支是净收入,并且标的若跌到 3.318 7 元之下,部位组合就会变成正值,因此不用担心标的大跌。

组合 1-2 和 1-3 比较:组合 1-2 的期初权利金收支是净收入,最大损失也小于组合 1-3,并且两个盈亏两平点都近于组合 1-3。从这几点来看,除了标的大跌的情形外,组合 1-2 有一定的优势。

情形 1 的标的最终结算为上涨 7.33%[（3.648-3.399）÷3.399],其中收益最大者为组合 1-1,其次为组合 1-2,第三为组合 1-3。由于组合 1-3 一开始为双边权利金支出,权利金成本较高,因此在方向看对的情形下,收益会小于其他两者。

【情形 2】大跌

2021 年 7 月 8 日,50ETF 收 3.395 元,当时期权价格如下表:

表 3-1-35　反向比率价差策略范例价格 2

2021 年 7 月 8 日收盘价			2021 年 7 月 28 日结算价		
50ETF 收盘:3.395 元			50ETF 收盘:3.183 元		
看涨期权	行权价	看跌期权	看涨期权	行权价	看跌期权
0.121 5	3.3	0.018 4	0	3.3	0.117
0.053 5	3.4	0.050 9	0	3.4	0.217
0.018 5	3.5	0.114 5	0	3.5	0.317

根据当时价格,分别计算买入平值认购期权、反向比率价差策略以及双买跨式策略比较:

表 3-1-36　反向比率价差策略范例比较 2

策略		2-1 买入平值看涨期权	2-2 反向比率价差策略	2-3 双买跨式策略
部位		买入 3.4 看涨	卖出 3.3 看涨 ×1+ 买入 3.4 看涨 ×2	买入 3.4 看涨 ×1+ 买入 3.4 看跌 ×1
权利金收支		−535 元	1 215−(535×2)= 145 元	−(535+509)= −1 044 元
部位最大损失		−535 元	−855 元	−1 044 元
盈亏两平点		>3.453 5	<3.314 5, >3.485 5	<3.295 6, >3.504 4
最终结算	买方损益	0−0.053 5= −0.053 5	(0−0.053 5)×2= −0.107 0	(0−0.053 5)+ (0.217 0−0.050 9)= 0.112 6
	卖方损益	0	0.121 5−0= 0.121 5	0
	结算损益	−535 元	145 元	1 126 元

情形 2 的标的最终结算为下跌 6.24%[(3.183−3.395)÷3.395],其中收益最大者为组合 2-3,其次为组合 2-2,亏损者为组合 2-1。由于标的大跌,组合 2-3 转为正收益,而组合 2-2 则是转为损益结构另一边的小赚,仅有组合 2-1 买入平值认购期权是看错边结算就一定是最大亏损,因此在方向看错的情形下,收益会小于其他两者。

【情形 3】持平

2021 年 10 月 8 日,50ETF 收 3.295 元,当时期权价格如下表:

表 3-1-37　反向比率价差策略范例价格 3

2021 年 10 月 8 日收盘价			2021 年 10 月 27 日结算价		
50ETF 收盘:3.295 元			50ETF 收盘:3.287 元		
看涨期权	行权价	看跌期权	看涨期权	行权价	看跌期权
0.119	3.2	0.019 8	0.087	3.2	0
0.053	3.3	0.053 6	0	3.3	0.013
0.018 5	3.4	0.119	0	3.4	0.113

根据当时价格,分别计算买入平值认购期权、反向比率价差策略以及双买跨式策略比较:

表 3-1-38　反向比率价差策略范例比较 3

策略		3-1 买入平值看涨期权	3-2 反向比率价差策略	3-3 双买跨式策略
部位		买入 3.3 看涨	卖出 3.2 看涨 ×1+买入 3.3 看涨 ×2	买入 3.3 看涨 ×1+买入 3.3 看跌 ×1
权利金收支		−530 元	1 190−(530×2)=130 元	−(530+536)=−1 066 元
部位最大损失		−530 元	−870 元	−1 066 元
盈亏两平点		>3.353 0	<3.213 0,>3.387 0	<3.193 4,>3.406 6
最终结算	买方损益	0−0.053 0 =−0.053 0	(0−0.053 0)×2=−0.106	(0−0.053 0)+(0.013 0−0.053 6)=−0.093 6
最终结算	卖方损益	0	0.119 0−0.087 0=0.032 0	0
	结算损益	−530 元	−740 元	−936 元

情形 3 的标的最终结算为下跌 0.24%[(3.287−3.295)÷3.295],三种策略全数亏损,其中亏损最小者为组合 3-1,其次为组合 3-2,亏损最

大者为组合 3-3。由于三种策略都具有方向性,需要较大的波动才能获利,因此情形 3 的标的价格变化不大,使得三种策略都呈现亏损,但即使如此,组合 3-2 的亏损仍然不是最大的。

总结一下上述三个情形。

(1)看对方向:单纯买入平值期权策略往往会是三种策略中获利最大者,其次就是反向比率价差策略;

(2)看错方向:单纯买入平值期权策略就会是三种策略中亏损最大者,反向比率价差策略有时还可获利;

(3)波动不大:这是三种策略都最不愿意遇上的情形,但就算遇上了,反向比率价差策略也不一定会是亏损最大者(事实上要刚好收结算在最大损失点位的概率还真不高),在这样的特性下,反向比率价差策略确实是一个不错的策略。

3. 反向比率价差在铜期权市场的应用

理解了 ETF 期权之后,我们再探讨反向比率价差策略在商品期权上的应用,同样以铜期权做范例。铜期权相较于 ETF 期权,最大的差别就是铜期权的隐含波动率通常会高于 ETF 期权,因此价值较高,在此情形下各行权价的价差情形会有明显不同(为便于计算,范例仅用每吨价格计算,不乘上合约乘数)。

【情形 4】大涨

2021 年 9 月 30 日,CU2111 收盘 67 950 元 / 吨,当时期权价格如下表:

表 3-1-39　反向比率价差策略范例价格 4

2021 年 9 月 30 日收盘价			2021 年 10 月 25 日结算价		
CU2111 收盘:67 950 元 / 吨			CU2111 收盘:72 230 元 / 吨		
看涨期权	行权价	看跌期权	看涨期权	行权价	看跌期权
2 080	67 000	1 100	4 950	67 000	2
1 490	68 000	1 558	3 950	68 000	2
1 106	69 000	2 104	2 950	69 000	2

根据当时价格，分别计算买入平值看涨期权、反向比率价差策略以及双买跨式策略比较：

表 3-1-40　反向比率价差策略范例比较 4

策略		4-1 买入平值看涨期权	4-2 反向比率价差策略	4-3 双买跨式策略
部位		买入 68 000 看涨	卖出 67 000 看涨 ×1＋买入 68 000 看涨 ×2	买入 68 000 看涨 ×1＋买入 68 000 看跌 ×1
权利金收支		−1 490 元	2 080−（1 490×2）＝−900 元	−（1 490＋1 558）＝−3 048 元
部位最大损失		−1 490 元	−1 900 元	−3 048 元
盈亏两平点		＞69 490	＞69 900	＜64 952，＞71 048
最终结算	买方损益	3 950−1 490＝2 460 元	（3 950−1 490）×2＝4 920 元	（3 950−1 490）＋（2−1 558）＝904 元
	卖方损益	0 元	2 080−4 950＝−2 870 元	0 元
	结算损益	2 460 元	2 050 元	904 元

在情形 4 中，组合 4-1 的优点是最大损失最小，组合 4-2 不再如上节 ETF 期权范例中期初权利金收支是净收入，但仍是三者之中期初权利金收支净支出最小的。

组合 4-1 和 4-2 比较：组合 4-1 的最大损失较小，盈亏两平点较组合 4-2 近，而组合 4-2 若跌到 66 100 元之下（68 000−1 900 ＝66 100 元），部位组合损失也是较小值（就是期初权利金净收支的 −900 元），因此也较不用担心标的大跌。

组合 4-2 和 4-3 比较：组合 4-2 的期初权利金收支虽然也是净支出，但支出较小，最大损失也小于组合 4-3，并且上方的盈亏两平点近于组合 4-3。

从这几点来看,除了标的大跌的情形外,组合 4-2 仍有一定的优势。

情形 4 的标的最终结算为上涨 6.30%[（72 230－67 950）÷67 950],其中收益最大者为组合 4-1,其次为组合 4-2,收益最小者为组合 4-3,并且组合 4-2 的收益是组合 4-3 的两倍。由于组合 4-3 一开始为双边权利金支出,因此在方向看对的情形下,收益会小于其他两者。

【情形 5】大跌

2021 年 6 月 3 日,CU2107 收盘 73 020 元 / 吨,当时期权价格如下表:

表 3-1-41　反向比率价差策略范例价格 5

2021/06/03 收盘价			2021/06/24 结算价		
CU2107 收盘:73 020 元 / 吨			CU2107 收盘:68 350 元 / 吨		
看涨期权	行权价	看跌期权	看涨期权	行权价	看跌期权
1 938	72 000	1 032	2	72 000	3 120
1 432	73 000	1 424	2	73 000	4 120
994	74 000	2 074	2	74 000	5 120

根据当时价格,分别计算买入平值看涨期权、反向比率价差策略以及双买跨式策略比较:

表 3-1-42　反向比率价差策略范例比较 5

策略	5-1 买入平值看涨期权	5-2 反向比率价差策略	5-3 双买跨式策略
部位	买入 73 000 看涨	卖出 72 000 看涨 × 1＋ 买入 73 000 看涨 ×2	买入 73 000 看涨 × 1＋ 买入 73 000 看跌 ×1
权利金收支	－1 432 元	1938－（1432×2）＝ －926 元	－（1432＋1424）＝ －2 856 元
部位最大损失	－1 432 元	－1 926 元	－2 856 元

策略		5-1 买入平值看涨期权	5-2 反向比率价差策略	5-3 双买跨式策略
盈亏两平点		＞74 432	＞74 926	＜70 144，＞75 856
最终结算	买方损益	2−1 432＝−1 430 元	（2−1 432）×2＝−2 860 元	（2−1 432）+（4 120−1 424）=1 266 元
	卖方损益	0 元	（1 938−2）=1 936 元	0 元
	结算损益	−1 430 元	−924 元	1 266 元

情形 5 的标的最终结算为下跌 6.83%［（68 350−73 020）÷73 020］，其中收益最大者为组合 5-3，其余两种皆呈现亏损，亏损较小者为组合 5-2，亏损最大者为组合 5-1。由于标的大跌，组合 5-3 转为正收益，组合 5-2 转为损益结构另一边的小赔，而组合 5-1 则因看错方向结算就一定是最大亏损，亏损是三者中最大的。

【情形 6】持平

2021 年 3 月 9 日，CU2104 收盘 66 000 元/吨，当时期权价格如下表：

表 3-1-43　反向比率价差策略范例价格 6

2021 年 3 月 9 日收盘价			2021 年 3 月 25 日结算价		
CU2104 收盘：66 000 元/吨			CU2104 收盘：65 480 元/吨		
看涨期权	行权价	看跌期权	看涨期权	行权价	看跌期权
2 096	65 000	1 030	940	65 000	2
1 620	66 000	1 406	2	66 000	60
1 072	67 000	1 948	2	67 000	1 060

根据当时价格,分别计算买入平值看涨期权、反向比率价差策略以及双买跨式策略比较:

表 3-1-44 反向比率价差策略范例比较 6

策略		6-1 买入平值看涨期权	6-2 反向比率价差策略	6-3 双买跨式策略
部位		买入 66 000 看涨	卖出 65 000 看涨 ×1+买入 66 000 看涨 ×2	买入 66 000 看涨 ×1+买入 66 000 看跌 ×1
权利金收支		−1 620 元	2 096−1 620×2=−1 144 元	−(1 620+1 406)=−3 026 元
部位最大损失		−1 620 元	−2 144 元	−3 026 元
盈亏两平点		>67 620	>68 144	<62 974,>69 026
最终结算	买方损益	2−1 620=−1 618 元	(2−1 620)×2=−3 236 元	(2−1 620)+(60−1 406)=−2 964 元
	卖方损益	0 元	2 096−940=1 156 元	0 元
	结算损益	−1 618 元	−2 080 元	−2 964 元

情形 6 的标的最终结算为下跌 0.79%[(65 480−66 000)÷66 000],三种策略全数亏损,其中亏损最小者为组合 6-1,其次为组合 6-2,亏损最大者为组合 6-3。由于三种策略都具有方向性,需要较大的波动才能获利,因此情形 6 的标的价格最终变化不大,使得三种策略都呈现亏损,但即使如此,组合 6-2 的亏损仍然不是最大的,相较组合 6-3,每吨亏损还少了近千元。

总结一下上述三个情形中:

(1)看对方向:单纯的买入平值期权策略同样会是获利最大者,其次仍然是反向比率价差策略;

（2）看错方向：单纯的买入平值期权策略仍是亏损最大者，而反向比率价差策略虽然看错方向也会亏损，但亏损幅度仍小于单纯的买入平值期权策略；

（3）波动不大：三种策略都呈现亏损，由于要刚好收结算在最大损失点位的概率并不高，因此反向比率价差策略也不一定会是亏损最大者。

由此可见，反向比率价差策略在铜期权市场中仍然是一个不错的策略。

下文以铜期权的调整方式为例。

在铜期权市场的案例中，最大的差异就是铜期权的买卖部位若只相差一个行权价，则卖方部位卖出一手的权利金收入，不易覆盖买入两手的权利金支出，若要改善这种情形，就需要调整部位，如前文所提有把买入部位的行权价调到更虚值、把卖出部位的行权价调到更实值，以及把买卖组合调整成卖出 2：买入 3 等几种方式。以铜期权的情形来看，可将买入部位再调远一个行权价，这样卖出权利金就可覆盖买入的权利金，当然代价就是最大损失会增加少许，以及盈亏两平点又会变得更远，因此还须交易者自行权衡。

下表是原本的反向比率价差策略情形。

表 3-1-45　反向比率价差策略情形 4~6 比较 1

情形	4. 大涨	5. 大跌	6. 持平
策略	4-2 反向比率价差策略	5-2 反向比率价差策略	6-2 反向比率价差策略
部位	卖出 67 000 看涨 ×1+ 买入 68 000 看涨 ×2	卖出 72 000 看涨 ×1+ 买入 73 000 看涨 ×2	卖出 65 000 看涨 ×1+ 买入 66 000 看涨 ×2
权利金收支	2 080－（1 490×2）＝－900 元	1 938－（1 432×2）＝－926 元	2 096－（1 620×2）＝－1 144 元
部位最大损失	－1 900 元	－1 926 元	－2 144 元
盈亏两平点	＞69 900	＞74 926	＞68 144

情形		4. 大涨	5. 大跌	6. 持平
最终结算	买方损益	(3 950−1 490)×2=4 920元	(2−1 432)×2=−2 860元	(2−1 620)×2=−3 236元
	卖方损益	2 080−4 950=−2 870元	1 938−2=1 936元	2 096−940=1 156元
	结算损益	2 050元	−924元	−2 080元

我们把组合 4-2、5-2 和 6-2 中,买方部位各调远一个行权价,成为新的组合方式,再和原本的组合方式作比较:

表 3-1-46　反向比率价差策略情形 4~6 比较 2

情形		4. 大涨	5. 大跌	6. 持平
策略		4-4 反向比率价差策略	5-4 反向比率价差策略	6-4 反向比率价差策略
部位		卖出 67 000 看涨 ×1+ 买入 69 000 看涨 ×2	卖出 72 000 看涨 ×1+ 买入 74 000 看涨 ×2	卖出 65 000 看涨 ×1+ 买入 67 000 看涨 ×2
权利金收支		2 080−(1 106×2)=−132元	1 938−(994×2)=−50元	2 096−(1 072×2)=−48元
部位最大损失		−2 132元	−2 050元	−2 048元
盈亏两平点		＞71 132	＞76 050	＞69 048
最终结算	买方损益	(2 950−1 106)×2=3 688元	(2−994)×2=−1 984元	(2−1 072)×2=−2 140元
	卖方损益	2 080−4 950=−2 870元	(1 938−2)=1 936元	2 096−940=1 156元
	结算损益	818元	−48元	−984元

比较组合 4-2 和 4-4，组合 5-2 和 5-4，以及组合 6-2 和 6-4，可以发现，新的组合方式一开始权利金净支出的情形明显缩小，几乎可以打平，但缺点就是最大损失增加了一点，且盈亏两平点也随之更远了。而在最终结算时，也可以发现盈亏情形明显缩小，大涨时赚得少了，但大跌时亏损也少了，简单来说这种调整方式改善了一开始的权利金净支出情形，但使最大损失以及盈亏两平点增加，并且大涨大跌时的损益波动情形减小。

总之，反向比率价差策略有着看对行情时大赚，看错行情时亏损减少，甚至可能小赚的特性，是一个适合标的波段行情的策略。只有在标的最终涨跌幅度不大的情形下，该策略才会出现组合中的较大损失，并且由于一开始卖方部位收取的权利金部分可以覆盖大部分买入部位的权利金支出，因此相较于双买方策略，其时间价值减损较慢，而相较于单买方策略，又有着看错行情时仍可能获利的优点，是一个值得加入投资组合当中的策略。

五、期权四部位策略：蝶式、鹰式期权组合

在众多的期权策略中，交易者常用的是两部位（垂直价差、跨式或勒式策略）或三部位（反向比率价差）的组合，四部位的策略组合也就是蝶式和鹰式期权组合。听起来似乎有点复杂，不过实际上组合并不困难，也可作为两部位组合的增强。

（一）四部位期权组合的分类与特点

四部位的期权组合策略，最常见的就是蝶式和鹰式组合策略，组合方式是买入两个期权 ＋ 卖出两个期权，而四部位期权的组合方式有好几种，如买入卖出部位的方向、中间部位的行权价、期权种类等。

表 3-1-47　四部位期权组合的分类

组合方向	买入低行权价的期权 ＋ 卖出中间行权价的期权 ＋ 买入高行权价的期权				卖出低行权价的期权 ＋ 买入中间行权价的期权 ＋ 卖出高行权价的期权			
中间部位的行权价	中间部位行权价相同		中间部位行权价不同		中间部位行权价相同		中间部位行权价不同	
期权种类	相同	不同	相同	不同	相同	不同	相同	不同

续　表

组合方向	买入低行权价的期权 ＋ 卖出中间行权价的期权 ＋ 买入高行权价的期权				卖出低行权价的期权 ＋ 买入中间行权价的期权 ＋ 卖出高行权价的期权			
外围部位方向	买入				卖出			
策略类型	买入蝶式	买入铁蝶式	买入鹰式	买入铁鹰式	卖出蝶式	卖出铁蝶式	卖出鹰式	卖出铁鹰式
损益结构	╱‾╲①	╱‾‾╲②	╲╷╱③	╲_╱④				

如上表所示,外围部位是买入方向的,就是买入式策略;外围部位是卖出方向的,就是卖出式策略,最后虽然细分出了八种策略类型,但实际上损益结构只有四种,并不复杂。而且结构①、②,以及结构③、④这两组,只差在中间部位的行权价是否相同,因此严格来说其实只有两大类的损益结构。结构①、②的买入蝶式、铁蝶式、鹰式和铁鹰式这个大类,其损益情形是在行情波动不大时能获利,而行情波动较大时会有损失,但损失情形有限,不会出现额外损失。而结构③、④的卖出蝶式、铁蝶式、鹰式和铁鹰式这个大类,其损益情形是行情波动较大时能获利,但波动不大时会有损失,不过同样损失情形有限,不会有额外损失。

这些四部位的策略组合特点,有点类似双买或双卖策略,以及牛市价差和熊市价差,但是相较于这些两部位的组合策略,又有一些不一样的地方,后面慢慢介绍。简单来说,在本质上,可以把这些四部位的组合策略当成是原有的两部位策略的增强。

（二）四部位期权组合的组成

既然四部位组合策略可以当成是两部位策略的增强,那么我们先回顾两部位的组合,再重新观察四部位的组合。最常见的两部位组合就是垂直价差（含牛市价差和熊市价差）以及双买、双卖策略（含跨式和宽跨式策略）。

可以把这些两部位组合分成以下几种:

1. 预期后续行情波动不大

（1）上方熊市价差 + 下方牛市价差

假如认为盘势在短时间内不会出现太大的波动,仅是在一个区间之内震荡,可以在上方压力区组成熊市价差,并同时在下方支撑区组成牛市价差,这样只要行情不要突破所设定的支撑压力区,就可以得到权利金收入,而且就算行情突破了设定区间,最大损失也是固定的,不会有额外损失,该组合的损益结构参见表 3-1-47 中的①、②。

（2）中间卖出跨式（宽跨式）+ 外围买入宽跨式

假如认为盘势在短时间内不会出现太大的波动,还有另一种做法就是使用双卖策略,同时卖出看涨和看跌期权,只要行情波动不大,同样能有权利金收入。不过因为有两个卖出部位,因此需要注意一旦行情波动较大时,会有损失扩大的风险。我们可以在外围更虚值的点位来买入,例如在上方买入更虚值的看涨期权,以及在下方买入更虚值的看跌期权,对冲掉行情向上或向下突破的风险,这时最大损失是有限的,不会造成额外损失,交易者就可以更放心地持有。该组合的损益结构参见表 3-1-5-1 中的①、②。

2. 预期后续行情波动较大

（1）上方牛市价差 + 下方熊市价差

假如对于后市行情的看法是上涨,可以组成牛市价差;假如觉得后市行情是下跌,可以组成熊市价差。所以,假如觉得后续盘势可能波动较大,但又想把进场成本降低,就可以用牛市价差取代买入看涨,又用熊市价差取代买入看跌,同时组成一个上方的牛市价差和下方的熊市价差。这样的损益情形是当标的价格维持在上下这段区间之内,那就会有损失,而如果突破上方行权价或跌破下方行权价,那就会出现获利,不过最大获利和最大损失都有限,不会出现额外获利或额外损失。该组合的损益结构参见表 3-1-47 中的③、④。

（2）中间买入跨式（宽跨式）＋外围卖出宽跨式

假如认为后续行情波动会放大，那么最直接的做法就是双买策略，不管行情大涨或大跌都能获利，但因为是双边买入，所以权利金支出成本较高，这时为了降低权利金支出，可以卖出更虚值的部位，也就是卖出更上方的看涨期权，以及更下方的看跌期权，来收取权利金，降低成本。该组合的损益结构参见表3-1-47中的③、④。

表 3-1-48　四部位期权组合的组合方式分类

行情预期	部位1	部位2	期权类型	中间行权价	期权组合
预期行情波动不大	上方熊市价差	下方牛市价差	相同类型	相同	买入蝶式①
				不同	买入鹰式②
			不同类型	相同	买入铁蝶式①
				不同	买入铁鹰式②
	中间双卖	外围双买	不同类型	相同	买入铁蝶式①
				不同	买入铁鹰式②
预期行情波动较大	上方牛市价差	下方熊市价差	相同类型	相同	卖出蝶式③
				不同	卖出鹰式④
			不同类型	相同	卖出铁蝶式③
				不同	卖出铁鹰式④
	中间双买	外围双卖	不同类型	相同	卖出铁蝶式③
				不同	卖出铁鹰式④

下表可以更加清楚地展现各策略组合的情形:

表 3-1-49 四部位期权组合的组合方式比较

组合方式	预期行情波动不大		预期行情波动较大	
	组合方式 1-1	组合方式 1-2	组合方式 2-1	组合方式 2-2
部位 1	上方熊市价差	中间双卖	上方牛市价差	中间双买
部位 2	下方牛市价差	外围双买	下方熊市价差	外围双卖
损益组合				

从上表中可清楚看见,不论是牛市价差 + 熊市价差,还是双买 + 双卖组合,其损益情形都可以用原本的损益结构①②③④来表示,并且期权类型对其损益情形影响并不大,所以交易者也不必纠结蝶式和铁蝶式有什么不同、鹰式和铁鹰式有什么不同,只要依照对未来的预期来组合部位就可以了。简单来说,只要我们对未来的预期是波动不大,那就可以卖出中间行权价的两部位,并同时加上买入外围行权价的两部位,组成买入蝶式(或铁蝶式、鹰式、铁鹰式);假如我们认为未来行情波动将会变大,那就可以买入中间行权价的两部位,再加上卖出外围行权价的两部位,组成卖出蝶式(或铁蝶式、鹰式、铁鹰式)。

(三)四部位期权组合与两部位期权组合的应用差异

交易者可能会认为,两部位的组合已经能对应许多的盘势预期,为什么还要使用这几种四部位的期权组合策略呢?

我们把这几个四部位组合与两部位组合做简单的比较。

1. 和垂直价差比较

如果对于盘势看好，那么可以组成牛市价差；如果看坏盘势，那么可以组成熊市价差，这是一个基础的策略应用。比如，铜价的下方支撑点位在 68 000 元 / 吨，因此组成了一个买入 67 000 元 / 吨的看涨期权 ＋ 卖出 68 000 元 / 吨的看涨期权（或两部位同是看跌期权），结合成牛市价差，只要结算时价格能维持在 68 000 元 / 吨之上，那么就可拿到最大收益；现在再把盘势看得更仔细些，认为铜价上方压力点位在 70 000 元 / 吨左右，这时可以在上方加上买入 71 000 元 / 吨的看涨期权 ＋ 卖出 70 000 元 / 吨的看涨期权（或两部位同是看跌期权），结合成熊市价差，这样的两个垂直价差部位就可以组合成买入鹰式（或铁鹰式）期权组合。和原本的一个垂直价差部位比较，买入蝶式、铁蝶式、鹰式、铁鹰式可以用在交易者对盘势有着更深的看法之时，也就是交易者对于标的物的下方支撑和上方压力点位都有一定的看法时，这就是一个很好的交易策略。

2. 和双卖策略比较

这时交易者可能会想：如果认为铜价的区间在 68 000～70 000 元 / 吨，那为什么不直接卖出 68 000 元 / 吨的看跌期权 ＋ 卖出 70 000 元 / 吨的看涨期权，组成双卖部位呢？

当然，直接组成双卖部位，对于已经对行情有看法的交易者来说，是最直接的策略，不过双卖策略的最大风险就是假如行情出现较大波动，从盘整变成大涨或大跌走势时，可能会出现亏损，而由于买入蝶式、铁蝶式、鹰式、铁鹰式这些四部位的组合，其中有两个买入部位，因此可以防止行情出现大幅波动时的额外损失，让交易者更放心地持有。交易者千万不要认为"部位不会有额外损失"这个特性不重要，一旦行情出现意料之外的大幅波动时，对买入对冲部位的交易者而言，心理上是完全不同的。

另外，假如交易者预期行情波动将会变大，此时隐含波动率逐渐上升，这时对于双卖部位的持有者来说，也是较为不利的，不过由于刚刚提到的这些四个部位的组合，有两个买入部位，所以也可以对冲掉隐含波动率上升期间的不利情形。

3. 和双买策略比较

双买策略的最大难点，就是得有双边的权利金支出，再加上双边的时间价值减损，不过卖出蝶式、铁蝶式、鹰式、铁鹰式这四种组合，除了中间的双买部位外，外围也有两个卖出部位，有权利金收入以及时间价值收益，就可对冲掉单纯买入部位的不利因素；也就是把一些认为不会达到的点位之收益拿来换成权利金收入，就像是把单买部位改成垂直价差，这样的组合相较单纯双买，损失更低，胜率更高，也可以让我们长期持有，所以也是一个相当不错的策略组合。

（四）四个部位的期权组合应用范例

2023 年 4 月 24 日，CU2306 收盘价为 68 250 元 / 吨，相关期权价格如下：

表 3-1-50　四部位期权组合范例价格

看涨期权	行权价	看跌期权
2 100	67 000	894
1 486	68 000	1 232
980	69 000	1 700
650	70 000	2 350

我们分别组成垂直价差、双买、双卖、蝶式、鹰式等组合策略来观察部位组合情形：

表 3-1-51　四部位期权组合范例比较

编号	策略名称	组合方式	最大收益	最大损失	损益两平点	损益区间
1-1	看涨牛市价差	买入 67000C＋卖出 68000C	386	−614	≥ 67 614	614
1-2	看跌牛市价差	买入 67000P＋卖出 68000P	338	−662	≥ 67 662	662

续　表

编号	策略名称	组合方式	最大收益	最大损失	损益两平点	损益区间
2-1	看涨熊市价差	买入 70000C＋卖出 69000C	330	−670	≤ 69 330	670
2-2	看跌熊市价差	买入 70000P＋卖出 69000P	350	−650	≥ 69 350	650
3-1	买入跨式	买入 68000C＋买入 68000P	∞	−2 718	≥ 70 718 ≤ 65 282	5 436
3-2	买入宽跨式	买入 69000C＋买入 68000P	∞	−2 212	≥ 71 212 ≤ 65 788	5 424
4-1	卖出跨式	卖出 68000C＋卖出 68000P	2 718	∞	≤ 70 718 ≥ 65 282	5 436
4-2	卖出宽跨式	卖出 69000C＋卖出 68000P	2 212	∞	≤ 71 212 ≥ 65 788	5 424
5-1	买入看涨蝶式	买入 67000C＋卖出 68000C＋卖出 68000C＋买入 69000C	892	−108	≤ 68 892 ≥ 67 108	1 784
5-2	买入看跌蝶式	买入 67000P＋卖出 68000P＋卖出 68000P＋买入 69000P	870	−130	≥ 68 870 ≥ 67 130	1 740
5-3	买入看涨铁蝶 1	买入 67000C＋卖出 68000C＋卖出 68000P＋买入 69000P	918	−82	≤ 68 918 ≥ 67 082	1 836
5-4	买入看涨铁蝶 2	买入 67000P＋卖出 68000P＋卖出 68000C＋买入 69000C	844	−156	≤ 68 844 ≥ 67 156	1 688

编号	策略名称	组合方式	最大收益	最大损失	损益两平点	损益区间
6-1	买入看涨鹰式	买入 67000C＋卖出 68000C＋卖出 69000C＋买入 70000C	716	−284	≤69 716 ≥67 284	2 432
6-2	买入看跌鹰式	买入 67000P＋卖出 68000P＋卖出 69000P＋买入 70000P	688	−312	≤69 688 ≥67 312	2 376
6-3	买入看涨铁鹰 1	买入 67000C＋卖出 68000C＋卖出 69000P＋买入 70000P	736	−264	≤69 736 ≥67 264	2 472
6-4	买入看涨铁鹰 2	买入 67000P＋卖出 68000P＋卖出 69000C＋买入 70000C	668	−332	≤69 668 ≥67 332	2 336
7-1	卖出看涨蝶式	卖出 67000C＋买入 68000C＋买入 68000C＋卖出 69000C	108	−892	≤68 892 ≥67 108	1 784
7-2	卖出看跌蝶式	卖出 67000P＋卖出 68000P＋卖出 68000P＋卖出 69000P	130	−870	≥68 870 ≤67 130	1 740
7-3	卖出看涨铁蝶 1	卖出 67000C＋买入 68000C＋买入 68000P＋卖出 69000P	82	−918	≥68 918 ≤67 082	1 836

续　表

编号	策略名称	组合方式	最大收益	最大损失	损益两平点	损益区间
7-4	卖出看涨铁蝶 2	卖出 67000P＋买入 68000P＋买入 68000C＋卖出 69000C	156	−844	≥68 844 ≤67 156	1 688
8-1	卖出看涨鹰式	卖出 67000C＋买入 68000C＋买入 69000C＋卖出 70000C	284	−716	≥69 716 ≤67 284	2 432
8-2	卖出看跌鹰式	卖出 67000P＋卖出 68000P＋卖出 69000P＋卖出 70000P	312	−688	≥69 688 ≤67 312	2 376
8-3	卖出看涨铁鹰 1	卖出 67000C＋买入 68000C＋买入 69000P＋卖出 70000P	264	−736	≥69 736 ≤67 264	2 472
8-4	卖出看涨铁鹰 2	卖出 67000P＋买入 68000P＋买入 69000C＋卖出 70000C	332	−668	≥69 668 ≤67 332	2 336

1. 和垂直价差比较

在垂直价差组成部位是虚值一档和虚值二档时（策略编号 1-1 至 2-2），行权价差为 1 000 元／吨，此时最大获利约为 300 元／吨，而最大损约为 600 元／吨，最大损失与最大获利之比约为 2∶1，但用同样行权价组成的买入蝶式和买入鹰式（策略编号 5-1 至 6-4），最大损失与最大获利之比都在 1∶2 以上，买入蝶式甚至可达 1∶5 以上，损益比相当高。而在获利区间上，买入蝶式的获利区间较小，上下各八百余元／吨，但买入鹰式的获利区间上下都超过 1 000 元／吨，表示策略组合的安全性相当不错。

2. 和双卖策略比较

组成双卖策略时（策略编号 4-1 至 4-2），其最高获利金额以及获利区间都相当高，不过双卖策略的最大问题是一旦行情出现意料之外的大幅波动（例如 2023 年 12 月的碳酸锂走势），那么就可能出现超出预期的损失。而买入蝶式和买入鹰式策略（策略编号 5-1 至 6-4）的获利区间不错，再加上不会出现额外损失的特点，也是双卖策略交易者的良好替代方案。

3. 和双买策略比较

组成双买策略时（策略编号 3-1 至 3-2），支出的权利金相当高，行情必须涨跌超过 2 200～2 700 元／吨才开始获利，整体来说获利还是有点难度。而卖出蝶式和卖出鹰式（策略编号 7-1 至 8-4），由于有外围部位的卖出部位收取权利金，因此不需要行情波动这么大，大都只要涨跌 700～1 000 元／吨就可开始获利，虽然最大收益是有限的，不过整体看来获利的概率还是较双买策略更高。

4. 蝶式和鹰式比较

买入蝶式（铁蝶式）和买入鹰式（铁鹰式）（策略编号 7-1 至 7-4），以及卖出蝶式（铁蝶式）和卖出鹰式（铁鹰式）（策略编号 8-1 至 8-4）之间，该如何选择呢？

表 3-1-52　四部位期权组合最大损益比较

买入式组合	买入（铁）蝶式	买入（铁）鹰式	卖出式组合	卖出（铁）蝶式	卖出（铁）鹰式
最大获利	较大	较小	最大获利	较小	较大
最大损失	较小	较大	最大损失	将大	较小
获利区间	较小	较大	损失区间	较小	较大

由上表可见，在买入式组合中，买入蝶式（铁蝶式）的损益相较买入鹰式（铁鹰式）更好一些，但获利区间就较小，因此如果交易者认为后续行情波动更小，或是对行情区间较有把握，就可以减少一点获利区间来换取最

大获利的增加,选择买入蝶式(铁蝶式);假如交易者认为后续行情波动略大,或是希望能有大一点的获利区间,就可以降低一点最大获利来换取获利区间的增加,选择买入鹰式(铁鹰式)。

在卖出式组合中,卖出蝶式(铁蝶式)的损益比相较卖出鹰式(铁鹰式)更差一些,不过损失区间也较小,因此如果交易者对行情区间把握较小,用一部分的获利换取损失区间的缩小,那就选择卖出蝶式(铁蝶式);如果交易者认为后续行情波动程度可能较大,那就可以选择卖出鹰式(铁鹰式)。

另外,全部使用看涨期权、全部使用看跌期权(蝶式、鹰式),或是使用一半看涨期权、一半看跌期权(铁蝶式、铁鹰式)的组合,其实损益情形相差不大,进场时哪种期权的价格更佳,就可以使用哪种期权。

总之,四部位期权组合可以当成是原本的两部位组合的增益。对于垂直价差来说,买入蝶式和买入鹰式的损益比更好;对于双卖策略来说,买入蝶式和买入鹰式不用担心大幅跳空的风险;对于双买策略来说,卖出蝶式和卖出鹰式的获利概率较高。不管是增益还是修正,都有一定的效果,也是交易者可以多加应用的策略,可以多学习使用。

六、期权时间策略:日历价差策略

垂直价差策略和反向比率价差策略的特点都是最大损失有限,不必担心大幅跳空可能带来的额外损失,下面介绍在多数时间下损益情形同样能维持在一定范围之内的策略:日历价差策略。

(一)日历价差策略的原理与组成

1. 日历价差策略是什么

之前介绍过的策略,合约月份选择都是在同样的月份,比如说同样是最近月份,或是同样在次月份,没有跨越不同的月份;而这次介绍的日历价差策略把买卖部位放了不同的月份,所以又被称为时间价差或水平价差。

一般来说,日历价差策略会选择交易相同的期权类型(例如同样是认购期权,或同样是认沽期权),以及相同的行权价,只是选择在不同的月份,再由买入和卖出的月份选择来组合。以权利金的收支情形来看,权利金净支出的被称为买入日历价差；权利金净收入的称为卖出日历价差，组合情形如下表：

表 3-1-53　两种日历价差比较

类型	卖出部位	买入部位	权利金收取	权利金支出	权利金净收支
买入日历价差	近月份期权	远月份期权	较低	较高	净支出
卖出日历价差	远月份期权	近月份期权	较高	较低	净收入

2. 日历价差策略的原理

在期权的价格变化情形中，同样期权类型的相同行权价，标的物的价格变化带来的权利金波动方向通常会是一样的（除非是在非常接近结算时的浅虚值行权价期权有时会不同），差别通常只在于权利金的波动幅度。比如，目前50ETF期权近月份行权价3.0的认购期权和次月份行权价3.0的认购期权，波动方向应该是相同的，差别只在上涨或下跌的点数，因此同时买入和卖出同一期权类型的相同行权价，就可抵消掉大部分的行情波动，只剩下时间价值和隐含波动率对权利金带来的影响。

日历价差策略就是一个在隐含波动率变化不大的情形下用来赚取时间价值的策略，因此在行权价的选择上，一般都会选择时间价值最大者，通常是在平值附近，另外由于远月份交易量较小，而平值附近成交量较多，因此选取平值的行权价，也较方便进场，滑点较低。

3. 日历价差策略的种类

日历价差策略分为买入日历价差策略和卖出日历价差策略，那么这两种策略在使用上有什么不一样呢？

在买入日历价差策略的部分，由于近月份期权的时间价值会减损得比远月份更快，因此在标的物价格波动不大的情形下，近月份卖出部位的权利金收入可以覆盖掉远月份买入部位的权利金损失，以达到获利的目的。

另外,假如近月份卖出的期权到期结算,远月份的买入部位持续持仓,则卖出部位收取的权利金也可以当作买入部位的成本减少,以达到降低买入成本的目的。

而在卖出日历价差的部分,由于远月份卖出部位的时间价值减损较近月份少,因此在标的物波动不大的情形下,较不易覆盖掉近月份的买入部位权利金的损失;另外,由于近月的买入部位将会先到期结算,此时若只留仓远月份的单卖方部位,则风险较大。

综上,人们大多还是会选择买入日历价差策略。

4. 日历价差策略的损益情形图

下图为买入和卖出日历价差的损益情形图,我们可以看到日历价差和蝶式价差这两个策略的损益情形图其实相当类似,不过蝶式价差的组成涉及多空 3 个行权价的 4 个部位,而日历价差仅包含 1 个行权价(2 个月份)2 个部位,构建方式更为简便,因此日历价差也可以作为蝶式策略的替代方案。

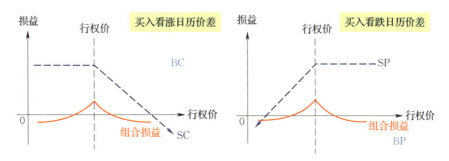

图 3-1-11 买入日历价差比较

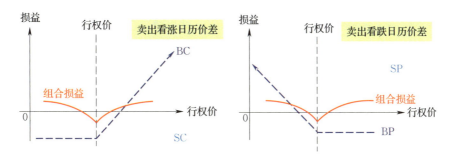

图 3-1-12 卖出日历价差比较

（二）日历价差策略的损益情形与特性

1. 买入日历价差策略的损益情形

买入日历价差的获利情形有以下两种：

（1）卖出近月部位权利金减少的收益大于买入远月部位权利金减少的损失（时间价值带来收益）；

（2）买入远月部位权利金增加的收益大于卖出近月部位权利金增加的损失（隐波增加带来收益）。

根据日历价差的特性，可以用一个简单的范例来对日历价差的损益情形作说明：

表 3-1-54　日历价差范例比较

部位	进场点数	各种情形下的权利金点数				
		a. 好	**b. 差**	**c. 不变**	**d. 小赚**	**e. 小赔**
卖出近月期权	100	50	150	0	50	130
买入远月期权	200	250	150	100	180	210
远近月价差	100	200	0	100	130	80

由以上表可以看到，在一开始进场的时候，远近月点数差为100，卖出部位收入100，而买入部位支出200，权利金净收支为 −100。接下来有以下五种情形：

a. 好：卖出部位赚50（100−50），买入部位赚50（250−200），合计赚100，远近月价差200。

b. 差：卖出部位赔50（100−150），买入部位赔50（150−200），合计赔100，远近月价差0。

c. 不变：卖出部位赚100（100−0），买入部位赔100（100−200），合计损益0，远近月价差100。

d. 小赚：卖出部位赚50（100−50），买入部位赔20（180−200），合计赚30,远近月价差130。

e. 小赔:卖出部位赔30(100－130),而买入部位赚10(210－200),合计赔20,远近月价差80。

综合以上情形可以发现,一旦远近月价差开始收敛(<100),那么买入日历价差的策略就会产生亏损,而一旦远近月价差开始发散(>100),那么买入日历价差的策略就会产生获利,所以买入日历价差的损益情形和远近月价差息息相关。

最大损失点:虽然不太可能发生表3-1-54中a和b远近月价格方向不同的情形,但是我们也可以发现,b的远近月价差为0,事实上也几乎就是买入日历价差的最大损失点,原因是在绝大多数情形下,近月合约的权利金不会超过远月合约的权利金(因为远月合约有更多的时间价值)。也就是说,远近月合约价差为0的时候,就是买入日历价差的最大损失点(因为价差不会<0)。所以从损益方面来看,买入日历价差一开始进场时的价差,就是最大成本点,也就是策略组合的最大损失。但就发生概率来看,最大损失点是非常难出现的(因为近月合约的权利金价值很难追上远月合约的权利金)。

最大获利点:在买入日历价差策略中,虽然最大损失点大致可确定,但是最大获利点就无法立即得出。原因是在近月合约到期的时候,卖方部位最大的获利点就是权利金归0,而由于远近合约的波动通常是同方向的,此时的远月合约价值通常也会小于进场点,因此远月合约价值减损多少,就是最终策略组合能否获利的关键。以上表的c来看,在近月合约权利金归0的时候,假如远月合约的权利金高于100,组合就会获利;假如远月合约的权利金低于100,组合就会亏损。以最极端的情形来看,在近月合约结算权利金归0的时候,远月权利金不变,此时价差200,获利100,但出现的概率非常低,一般情形大概是至少都会减损些许,整体策略组合获利约为进场时远近月价差(最大损失)的50%～70%。

2. 买入日历价差策略的特性

(1)最大损失有限

和之前提到的垂直价差策略以及反向比率价差策略一样,买入日历价差策略不会有额外的损失，并且由于买入日历价差策略的最大损失其实是非常不易出现的（必须远近月价差为0），因此策略的实际损益比会比理论上更好看。另外，由于最大损失就等于进场时的远近月价差，因此选择远近月价差相对较小的时候进场，可以得到更好的损益比。

（2）对标的物走势的看法

买入日历价差策略的损益情形是平仓时距离进场时的行权价越近越好，因此应当在认为盘势不会有较大波动时进场，而反向比率价差则相反，出场时距离进场时的行权价越远越好，所以这两个策略刚好可以互补。例如组合以买入日历价差策略为主，搭配一点反向比率价差策略做避险，或是组合以反向比率价差策略为主，搭配一点买入日历价差策略来降低成本和净值波动性，都是可行的方式。

（3）隐含波动率的影响

当远近月价差开始发散的时候，买入日历价差策略就会开始获利（因为买入的远月部位权利金上升获利 > 卖出的近月部位权利金上升损失），而远近月价格发散的时候，通常也是隐含波动率上升的时候（因为近月期权的 Vega 值小于远月期权的 Vega 值，代表了隐含波动率对于远月合约的影响比近月合约来得大），所以选择隐含波动率相对较低的时候进场，对于买入日历价差策略来说，也是较容易获利的方式。

关于隐含波动率这点，也显示了买入日历价差优于单卖方策略的地方，单卖方策略在隐含波动率较低的时候进场是较不易获利的，一是因为收取的权利金较低，二是假如隐含波动率开始上升，那么单卖方策略就容易亏损，但买入日历价差策略是不必担心隐含波动率上升的，这就是买入日历价差策略的另一特性。

（4）买卖部位不同时到期结算

买入日历价差策略和其他策略的最大不同点，就是买卖部位不会同时到期。一般来说，日历价差的终结日就是近月合约的到期结算日，因为近月合约到期时，价值是确定的，但此时的远月合约价值还是不确定的。两腿少了一腿，组合的损益分布情形就会发生变化，所以通常在近月合约到期时,就会把部位结清。

在这个特点上,可以用另一个角度来思考,也就是用事件投资法来操作。例如在近月合约到期之后,有个重要会议或数据公布,而这将会影响市场甚巨,因此在这个时间之前的交易者大都会呈现观望态势,市场波动不大,此时就可以先卖出近月合约期权收取权利金,并当作买入远月合约的成本减少,同时也由于远月合约在事件发生之后波动率可能会上升,因此买入远月部位也可能会有获利,这就是买入日历价差策略的另一种应用方式。

（三）日历价差策略和其他策略的比较

1. 短期内抵抗行情中等波动的能力

日历价差由于买卖部位是在相同类型期权的相同行权价,因此在短时间内的损益情形可以抵消掉大部分;而垂直价差由于是带有一些方向性的,因此在短时间内倘若标的物出现较大幅度的波动,则损益情形会大于日历价差。

范例1:2022 年 1 月 27 日,50ETF 收在 3.107;2022 年 1 月 28 日,50ETF收在 3.036,单日下跌 2.28%,相关期权行情如下表:

表 3-1-55　日历价差范例价格 1

商品	2022/1/27	2022/1/28	商品	2022/1/27	2022/1/28
50ETF	3.107	3.036	**50ETF**	3.107	3.036
50ETF2202– 3.0C	0.140 4	0.088 8	**50ETF2203– 3.0C**	0.171 9	0.123 9
50ETF2202– 3.0P	0.025 8	0.061 6	**50ETF2203– 3.0P**	0.048 0	0.082 5
50ETF2202– 3.1G	0.072 7	0.043 2	**50ETF2203– 3.1C**	0.105 6	0.074 8
50ETF2202– 3.1P	0.057 1	0.114 1	**50ETF2203– 3.1P**	0.084 4	0.135 0

商品	2022/1/27	2022/1/28	商品	2022/1/27	2022/1/28
50ETF2202-3.2C	0.031 5	0.018 9	50ETF2203-3.2C	0.060 5	0.041 6
50ETF2202-3.2P	0.115 0	0.188 8	50ETF2203-3.2P	0.139 5	0.201 8

表 3-1-56　各策略损益比较表 1

代号	策略	组合	权利金成本（最大损失）	损益
01-1-1	买入看涨	买入 2 月 3.1C	727	−295
01-1-2	买入看涨	买入 2 月 3.2C	315	−126
01-1-3	买入看跌	买入 2 月 3.1P	571	+570
01-1-4	买入看跌	买入 2 月 3.0P	258	+358
01-2-1	买入看涨日历价差	卖出 2 月 3.0C＋买入 3 月 3.0C	315	+36
01-2-2	买入看涨日历价差	卖出 2 月 3.1C＋买入 3 月 3.1C	329	−13
01-2-3	买入看涨日历价差	卖出 2 月 3.2C＋买入 3 月 3.2C	290	−63
01-2-4	买入看跌日历价差	卖出 2 月 3.0P＋买入 3 月 3.0P	222	−13
01-2-5	买入看跌日历价差	卖出 2 月 3.1P＋买入 3 月 3.1P	273	−64
01-2-6	买入看跌日历价差	卖出 2 月 3.2P＋买入 3 月 3.2P	245	−115
01-3-1	看涨牛市价差	买入 2 月 3.0C＋卖出 2 月 3.1C	677	−221
01-3-2	看涨熊市价差	买入 2 月 3.2C＋卖出 2 月 3.1C	588	+169

续　表

代号	策略	组合	权利金成本（最大损失）	损益
01-3-3	看跌牛市价差	买入 2 月 3.0P＋卖出 2 月 3.1P	687	−212
01-3-4	看跌熊市价差	买入 2 月 3.2P＋卖出 2 月 3.1P	579	＋168

由上表可知,在 1 月 28 日单日 2.28％ 跌幅之下,买入认购日历价差的损益情形为实值 1 档每组 ＋36、平值每组 −13 和虚值 1 档每组 −63,而牛市价差的损益情形则是 −221 和 −212,单买认购策略则是平值 −295 和虚值 1 档 −126,日历价差的损失明显要小于牛市价差和单买方策略。

而买入认沽日历价差的损益情形分别是实值 1 档每组 −115、平值每组 −64 和虚值 1 档每组 −13,熊市价差的损益情形则是每组 ＋169 和 ＋168,单买认沽策略则是平值 ＋570 和虚值 1 档 ＋358,日历价差的获利情形也小于熊市价差和单买认沽策略。

在标的物单日超过 2％ 的波动幅度之下,日历价差的损益情形还是非常小的,从风险抗衡能力来看,买入日历价差对于短期内标的物的波动情形有着良好的对应能力。

2. 短期内抵抗行情更大波动的能力

接下来看如果标的物波动更大的情形。

范例 2:2022 年 3 月 14 日,50ETF 收在 2.832;2022 年 3 月 15 日,50ETF 收在 2.687,单日大跌 5.12％,相关期权行情如下表:

表 3-1-57　日历价差范例价格 2

商品	2022/3/14	2022/3/15	商品	2022/3/14	2022/3/15
50ETF	2.832	2.687	50ETF	2.832	2.687
50ETF2203-2.8C	0.074 9	0.025 0	50ETF2204-2.8C	0.122 2	0.055 3

商品	2022/3/14	2022/3/15	商品	2022/3/14	2022/3/15
50ETF2203–2.8P	0.042 0	0.158 0	50ETF2204–2.8P	0.084 4	0.208 1
50ETF2203–2.9C	0.027 3	0.009 8	50ETF2204–2.9C	0.069 8	0.032 7
50ETF2203–2.9P	0.093 7	0.242 4	50ETF2204–2.9P	0.134 0	0.287 5

表 3-1-58 各策略损益比较表 2

代号	策略	组合	权利金成本（最大损失）	损益
2-1-1	买入看涨	买入 3 月 2.8C	749	−499
2-1-2	买入看涨	买入 3 月 2.9C	273	−175
2-1-3	买入看跌	买入 3 月 2.8P	420	+1 160
2-1-4	买入看跌	买入 3 月 2.9P	937	+1 487
2-2-1	买入看涨日历价差	卖出 3 月 2.8C+买入 4 月 2.8C	473	−170
2-2-2	买入看涨日历价差	卖出 3 月 2.9C+买入 4 月 2.9C	425	−196
2-2-3	买入看跌日历价差	卖出 3 月 2.8P+买入 4 月 2.8P	424	+77
2-2-4	买入看跌日历价差	卖出 3 月 2.9P+买入 4 月 2.9P	403	+48
2-3-1	看涨牛市价差	买入 3 月 2.8C+卖出 3 月 2.9C	476	−324
2-3-2	看涨熊市价差	买入 3 月 2.9C+卖出 3 月 2.8C	524	+324

续　表

代号	策略	组合	权利金成本（最大损失）	损益
2-3-3	看跌牛市价差	买入 3 月 2.8P+卖出 3 月 2.9P	483	−327
2-3-4	看跌熊市价差	买入 3 月 2.9P+卖出 3 月 2.8P	517	+327

由上表可知,在 3 月 15 日单日 5% 大跌幅度之下,买入认购日历价差的损益情形为实值 1 档每组 −170 和虚值 1 档每组 −196,而牛市价差的损益情形则是 −324 和 −327,单买认购策略则是实值 1 档 −499 和虚值 1 档 −175,日历价差的损失明显要小于牛市价差和单买入认购策略。

而买入认沽日历价差的损益情形分别是实值 1 档 +77 和虚值 1 档 +48,熊市价差的损益情形则是每组 +324 和 +327,单买入认沽策略则是实值 1 档 +1 160 和虚值 1 档 +1 487,日历价差的获利情形也明显小于熊市价差和单买入认沽策略。

单日 5% 的大跌已经是非常少见的情形了,不过仍可以看到,虽然日历价差的损益情形较标的物变动 2% 的情形下有所增加,但仍然要小于垂直价差以及单买方,显示日历价差对于短时间内的大幅波动确实有着较佳的对应能力。

3. 放至结算出场的损益比较

接下来看放至结算出场的情形。

范例 3:2022 年 1 月 27 日,50ETF 收在 3.107;2022 年 2 月 23 日,ETF 期权结算,50ETF 收在 3.100,最终小跌 0.23%,相关期权行情如下表:

表 3-1-59　日历价差范例价格 3

商品	2022/1/27	2022/2/23	商品	2022/1/27	2022/2/23
50ETF	3.107	3.100	50ETF	3.107	3.100
50ETF2202–3.0C	0.140 4	0.100 0	50ETF2203–3.0C	0.171 9	0.123 5

商品	2022/1/27	2022/2/23	商品	2022/1/27	2022/2/23
50ETF2202–3.0P	0.025 8	0.000 0	50ETF2203–3.0P	0.048 0	0.017 8
50ETF2202–3.1C	0.072 7	0.000 0	50ETF2203–3.1C	0.105 6	0.054 6
50ETF2202–3.1P	0.057 1	0.000 0	50ETF2203–3.1P	0.084 4	0.047 6
50ETF2202–3.2C	0.031 5	0.000 0	50ETF2203–3.2C	0.060 5	0.019 8
50ETF2202–3.2P	0.115 0	0.100 0	50ETF2203–3.2P	0.139 5	0.113 0

表 3-1-60　各策略损益比较表 3

代号	策略	组合	权利金成本（最大损失）	损益
3-1-1	买入看涨	买入 2 月 3.1C	727	−727
3-1-2	买入看涨	买入 2 月 3.2C	315	−315
3-1-3	买入看跌	买入 2 月 3.1P	571	−571
3-1-4	买入看跌	买入 2 月 3.0P	258	−258
3-2-1	买入看涨日历价差	卖出 2 月 3.0C＋买入 3 月 3.0C	315	−80
3-2-2	买入看涨日历价差	卖出 2 月 3.1C＋买入 3 月 3.1C	329	+217
3-2-3	买入看涨日历价差	卖出 2 月 3.2C＋买入 3 月 3.2C	290	−92
3-2-4	买入看跌日历价差	卖出 2 月 3.0P＋买入 3 月 3.0P	222	−44

续 表

代号	策略	组合	权利金成本（最大损失）	损益
3-2-5	买入看跌日历价差	卖出 2 月 3.1P+买入 3 月 3.1P	273	+203
3-2-6	买入看跌日历价差	卖出 2 月 3.2P+买入 3 月 3.2P	245	−115
3-3-1	看涨牛市价差	买入 2 月 3.0C+卖出 2 月 3.1G	677	+323
3-3-2	看涨牛市价差	买入 2 月 3.1C+卖出 2 月 3.2C	412	−412
3-3-3	看涨熊市价差	买入 2 月 3.1C+卖出 2 月 3.0C	323	−323
3-3-4	看涨熊市价差	买入 2 月 3.2C+卖出 2 月 3.1C	588	+412
3-3-5	看跌牛市价差	买入 2 月 3.0P+卖出 2 月 3.1P	687	+313
3-3-6	看跌牛市价差	买入 2 月 3.1P+卖出 2 月 3.2P	421	−421
3-3-7	看跌熊市价差	买入 2 月 3.1P+卖出 2 月 3.0P	313	−313
3-3-8	看跌熊市价差	买入 2 月 3.2P+卖出 2 月 3.1P	579	+421

由上表可知，在结算出场时，假如标的物价格变动不大，那么单买方肯定是会出现亏损的；在牛市价差部分，结算在盈亏两平点之上是获利，结算在亏两平点之下是亏损；在熊市价差部分，结算在盈亏两平点之上是亏损，结算在亏两平点之下是获利；而买入日历价差则是结算在平值附近是获利，结算在平值之外是亏损。但即使是亏损，日历价差的亏损情形仍然是这几种策略中最小的，显示买入日历价差相对稳健的损益情形。

4. 结算时波动较大的情形

最后看结算出场点位距离进场点波动较大的情形。

范例 4：2022 年 3 月 1 日，50ETF 收在 3.105；2022 年 3 月 23 日，ETF 期权结算，50ETF 收在 2.899，最终大跌 6.63％，相关期权行情如下表：

表 3-1-61　日历价差范例价格 4

商品	2022/3/1	2022/3/23	商品	2022/3/1	2022/3/23
50ETF	3.105	2.899	50ETF	3.105	2.899
50ETF2203–3.0C	0.125 0	0.000 0	50ETF2204–3.0C	0.152 2	0.026 0
50ETF2203–3.0P	0.014 0	0.101 0	50ETF2204–3.0P	0.033 8	0.137 5
50ETF2203–3.1C	0.053 5	0.000 0	50ETF2204–3.1C	0.084 0	0.010 2
50ETF2203–3.1P	0.041 8	0.201 0	50ETF2204–3.1P	0.067 8	0.221 0
50ETF2203–3.2C	0.016 0	0.000 0	50ETF2204–3.2G	0.041 0	0.004 5
50ETF2203–3.2P	0.104 3	0.301 0	50ETF2204–3.2P	0.122 4	0.314 3

表 3-1-62　各策略损益比较表 4

代号	策略	组合	权利金成本（最大损失）	损益
4-1-1	买入看涨	买入 2 月 3.1C	535	−535
4-1-2	买入看涨	买入 2 月 3.2C	160	−160
4-1-3	买入看跌	买入 2 月 3.1P	418	+1 592
4-1-4	买入看跌	买入 2 月 3.0P	140	+870

续 表

代号	策略	组合	权利金成本 （最大损失）	损益
4-2-1	买入看涨日历价差	卖出 3 月 3.0C＋ 买入 4 月 3.0C	272	−12
4-2-2	买入看涨日历价差	卖出 3 月 3.1C＋ 买入 4 月 3.1C	305	−203
4-2-3	买入看涨日历价差	卖出 3 月 3.2C＋ 买入 4 月 3.2C	250	−205
4-2-4	买入看跌日历价差	卖出 3 月 3.0P＋ 买入 4 月 3.0P	198	+167
4-2-5	买入看跌日历价差	卖出 3 月 3.1P＋ 买入 4 月 3.1P	260	−60
4-2-6	买入看跌日历价差	卖出 3 月 3.2P＋ 买入 4 月 3.2P	181	−48
4-3-1	看涨牛市价差	买入 3 月 3.0C＋ 卖出 3 月 3.1C	715	−715
4-3-2	看涨牛市价差	买入 3 月 3.1C＋ 卖出 3 月 3.2C	375	−375
4-3-3	看涨熊市价差	买入 3 月 3.1C＋ 卖出 3 月 3.0C	285	+715
4-3-4	看涨熊市价差	买入 3 月 3.2C＋ 卖出 3 月 3.1C	625	+375
4-3-5	看跌牛市价差	买入 3 月 3.0P＋ 卖出 3 月 3.1P	722	−722
4-3-6	看跌牛市价差	买入 3 月 3.1P＋ 卖出 3 月 3.2P	375	−375
4-3-7	看跌熊市价差	买入 3 月 3.1P＋ 卖出 3 月 3.0P	278	+722
4-3-8	看跌熊市价差	买入 3 月 3.2P＋ 卖出 3 月 3.1P	625	+375

由表 3-1-62 可知,在标的物出现大跌的情形时,单纯买入认购部位肯定是归零,而单纯买入认沽部位则是大幅获利;牛市价差部分是全数亏损,而熊市价差部分则是均为获利;最后在买入日历价差部分,距离最终结算价越近的部位,越有可能获利,但就算是在距离最终结算价较远的策略 4-2-3,其最终损失也不过是每组 −205 元,仍然是几种策略中亏损最小者。

总之,在绝大多数情形下,买入日历价差的损益情形是要小于单纯买入策略以及垂直价差的,就算是进场后次日标的物立即出现大幅波动,也无须太过担心组合会出现较大损益,是一个可以让人安心持有的策略。

(四)日历价差策略在铜期权市场的应用

以铜期权为例,探讨买入日历价差策略在商品期权上的应用情形。

1. 一般放至结算出场的损益比较

范例 5:2021 年 12 月 30 日,CU2202 收在 70 010;2022 年 1 月 24 日,铜期权结算,CU2202 收在 70 460,其间标的小涨 0.64%,相关期权行情如下表:

表 3-1-63 日历价差范例价格 5

商品	2021/12/30	2022/1/24	商品	2021/12/30	2022/1/24
CU2202	70 010	70 460	**CU2202**	70 010	70 460
CU2202C69000	1 804	1 424	**CU2203C69000**	2 482	2 392
CU2202P69000	780	2	**CU2203P69000**	1 430	868
CU2202G70000	1 256	470	**CU2203C70000**	1 940	1 788
CU2202P70000	1 190	2	**CU2203P70000**	1 900	1 268
CU2202C71000	824	2	**CU2203C71000**	1 486	1 346
CU2202P71000	1 784	548	**CU2203P71000**	2 446	1 814

表 3-1-64 各策略损益比较表 5

代号	策略	组合	权利金成本（最大损失）	损益
5-1-1	买入看涨	买入 2 月 70000C	1 256	−786
5-1-2	买入看涨	买入 2 月 71000C	824	−822
5-1-3	买入看跌	买入 2 月 70000P	1 190	−1 188
5-1-4	买入看跌	买入 2 月 69000P	780	−778
5-2-1	买入看涨日历价差	卖出 2 月 69000C＋买入 3 月 69000C	678	+290
5-2-2	买入看涨日历价差	卖出 2 月 70000C＋买入 3 月 70000C	684	+634
5-2-3	买入看涨日历价差	卖出 2 月 71000C＋买入 3 月 71000C	662	+682
5-2-4	买入看跌日历价差	卖出 2 月 69000P＋买入 3 月 69000P	650	+216
5-2-5	买入看跌日历价差	卖出 2 月 70000P＋买入 3 月 70000P	710	+556
5-2-6	买入看跌日历价差	卖出 2 月 71000P＋买入 3 月 71000P	662	+604
5-3-1	看涨牛市价差	买入 2 月 69000C＋卖出 2 月 70000C	548	+406
5-3-2	看涨牛市价差	买入 2 月 70000C＋卖出 2 月 71000C	432	+36
5-3-3	看涨熊市价差	买入 2 月 69000C＋卖出 2 月 70000C	452	−406
5-3-4	看涨熊市价差	买入 2 月 70000C＋卖出 2 月 71000C	568	−36
5-3-5	看跌牛市价差	买入 2 月 69000P＋卖出 2 月 70000P	590	+410

代号	策略	组合	权利金成本（最大损失）	损益
5-3-6	看跌牛市价差	买入 2 月 70000P＋卖出 2 月 71000P	406	＋48
5-3-7	看跌熊市价差	买入 2 月 69000P＋卖出 2 月 70000P	410	－410
5-3-8	看跌熊市价差	买入 2 月 70000P＋卖出 2 月 71000P	594	－48

由表 3-1-64 可知，在结算出场时，假如标的物价格变动不大，那么单买方肯定损失最大，而买入日历价差在距离出场时的价平点位有一点距离时，仍都能保持获利，并且获利情形较平值附近的垂直价差更好，相较之下是上表中三种策略里表现最佳者。

2. 结算时波动较大的情形

范例 6：2022 年 2 月 24 日，CU2204 收在 70 970；2022 年 3 月 25 日，铜期权结算，CU2204 收在 73 630，其间上涨 3.75％，相关期权行情如下表：

表 3-1-65　日历价差范例价格 6

商品	2022/2/24	2022/3/25	商品	2022/2/24	2022/3/25
CU2204	70 970	73 630	**CU2204**	70 970	73 630
CU2204G70000	1 784	3 620	**CU2205C70000**	2 530	3 846
CU2204P70000	860	2	**CU2205P70000**	1 590	308
CU2204C71000	1 292	2 610	**CU2205C71000**	2 032	3 056
CU2204P71000	1 326	2	**CU2205P71000**	2 022	486
CU2204C72000	906	1 640	**CU2205C72000**	1 598	2 332
CU2204P72000	1 942	2	**CU2205P72000**	2 604	752

表 3-1-66　各策略损益比较表 6

代号	策略	组合	权利金成本（最大损失）	损益
6-1-1	买入看涨	买入 4 月 71000C	1 292	+1 318
6-1-2	买入看涨	买入 4 月 72000C	906	+734
6-1-3	买入看跌	买入 4 月 71000P	1 326	−1 324
6-1-4	买入看跌	买入 4 月 70000P	860	−858
6-2-1	买入看涨日历价差	卖出 4 月 70000C＋买入 5 月 70000C	746	−520
6-2-2	买入看涨日历价差	卖出 4 月 71000C＋买入 5 月 71000C	740	−294
6-2-3	买入看涨日历价差	卖出 4 月 72000C＋买入 5 月 72000C	692	+0
6-2-4	买入看跌日历价差	卖出 4 月 70000P＋买入 5 月 70000P	730	−424
6-2-5	买入看跌日历价差	卖出 4 月 71000P＋买入 5 月 71000P	696	−212
6-2-6	买入看跌日历价差	卖出 4 月 72000P＋买入 5 月 72000P	662	+88
6-3-1	看涨牛市价差	买入 4 月 70000C＋卖出 4 月 71000C	492	+518
6-3-2	看涨牛市价差	买入 4 月 71000C＋卖出 4 月 72000C	386	+584
6-3-3	看涨熊市价差	买入 4 月 70000C＋卖出 4 月 71000C	508	−518
6-3-4	看涨熊市价差	买入 4 月 71000C＋卖出 4 月 72000C	614	−584
6-3-5	看跌牛市价差	买入 4 月 70000P＋卖出 4 月 71000P	534	+466

代号	策略	组合	权利金成本 （最大损失）	损益
6-3-6	看跌牛市价差	买入4月71000P＋ 卖出4月72000P	384	＋616
6-3-7	看跌熊市价差	买入4月70000P＋ 卖出4月71000P	466	－466
6-3-8	看跌熊市价差	买入4月71000P＋ 卖出4月72000P	616	－616

由表3-1-66可知,在结算出场时,假如标的物价格变动较大,单买方看对方向,确实是获利最大者,但看错方向,损失也是三者中最大的。买入日历价差的最大损失和垂直价差相仿,但不是每个行权价都有这样的损失,在原本进场时最平值的行权价(71 000),损失就只有同样点位的垂直价差的一半左右,损失情形还是较小的;当然看对方向的部位,垂直价差的获利有时还是要高于买入日历价差的。整体来看,买入日历价差还是能具有损失有限、不怕标的大幅波动的特性。

总之,买入日历价差策略与之前的垂直价差策略和反向比率价差策略一样具有最大损失有限的特点,而在抗衡标的物大幅波动的风险上,买入日历价差策略还有着更强的抵抗行情波动的能力,可以相当好地降低整体部位风险。

另一方面,买入日历价差能有较佳获利的情形是出场时距离平值不远,因此可以搭配垂直价差策略和反向比率价差策略一起使用。不论行情大幅波动、小幅震荡,还是交易者对盘势有确切的看法,都有相对应的策略可用,把这些策略组合在一起时,能更好地发挥稳定部位净值的作用。

七、期权时间策略:对角价差策略

期权买方可能翻倍的收益率,在一些交易者的眼中,是一个很好的交易商品,不过期权时间价值的每日减损,以及权利金的成本,也是期权买方需要特别注意的问题。在此情形下,许多交易者就会选择再卖出另一个期权,来补贴买入的成本,以及减少时间价值的损失:比如说买入一个较低行权价的看涨期权,再卖出一个较高行权价(认为不会涨到的点位)的看涨期权,就可以用卖出部位的权利金收入来补贴买入部位的权利金支出,这也就是垂直价差的来源。垂直价差的两个部位是相同的合约月份,如果我们把两个部位放在不同的月份,那么会是什么情形呢? 这就是下面介绍的对角价差。

(一)对角价差组合分析

对角价差和垂直价差相似,都是一个买方部位一个卖方部位,不同之处在于对角价差的两个部位是放在不同的两个月份,这样有两种组成方式:卖近月 ＋ 买远月,以及买近月 ＋ 卖远月,这两种组成方式各自有什么作用呢?

1. 卖近月 ＋ 买远月

又称作正向对角价差,就是卖出近月的期权,再加上买入远月的相同类型期权。做法是当交易者认为远月有可能出现较大行情时,买入远月的看涨期权(或看跌期权),但由于买入远月期权的成本较高,且交易者认为近月行情不大,因此卖出近月的看涨期权(或看跌期权),用卖出近月期权的权利金收入来降低买入远月期权的权利金支出。除了权利金外,由于近月期权的时间价值流失速度较快,因此卖出近月期权部位的时间价值收益也正好可以降低买入远月期权部位的时间价值损失。而在近月期权部位到期时,又有两种情形:

(1)近月期权卖出权利金有收益:这种情形就可直接当作买入远月期权的成本减少,可有效降低买入成本。

(2)近月期权卖出部位出现亏损:此时远月期权的买入部位应会获利(因为两个部位的类型相同且方向相反),因此在损益情形相抵之下,损失也是有限的,不会出现超额损失。

这就是正向对角价差的原理和特性。

2. 买近月 ＋ 卖远月

又称作反向对角价差，就是卖出远月的期权，再加上买入近月的相同类型期权。做法和正向对角价差一样，是用卖出期权的收入来补贴买入期权的成本，但不同之处是买入的是近月期权，成本较买入远月期权为低，而卖出远月期权的权利金收入又较卖出近月期权要高，因此期初的资金流更低，也更有可能出现资金净收益的情形；另外由于买入近月期权部位的时间价值下降较快，因此若没有在短时间内出现较大行情，则买入部位出现损失的概率较大，这些都是需要注意的部分。而在近月期权部位到期时，只剩下远月的单纯卖出部位，此时同样有两种情形：

（1）不论近月买入部位有无收益，都把远月卖出部位平仓出场：因为当近月买入部位到期后，此时只留下一个卖出部位，明显风险较高，因此鉴于风险考量，交易者可能会把卖出部位也平仓出场，也就是把部位全部出场后再重新进场，不过由于远月卖出部位尚未到期，所以权利金收入会比原本预期的低一点。

（2）远月卖出部位继续持有：交易者认为后续盘势可能波动程度较低，持续持有卖出部位，但由于单卖出部位风险较高，因此建议此时可以买入更远月的期权，组成正向对角价差、日历价差，或转为垂直价差。

我们再把几种组成方式列出下表：

表 3-1-67　对角价差几种组合方式比较

种类	合约组成	权利金收支
牛市正向看涨期权 对角价差	买入远月 C_1＋ 卖出近月 C_2	净支出
牛市正向看跌期权 对角价差	买入远月 P_1＋ 卖出近月 P_2	净收入 － 净支出
熊市正向看涨期权 对角价差	买入远月 C_2＋ 卖出近月 C_1	净收入 － 净支出
熊市正向看跌期权 对角价差	买入远月 P_2＋ 卖出近月 P_1	净支出

续　表

种类	合约组成	权利金收支
牛市反向看涨期权对角价差	买入近月 C_1 ＋ 卖出远月 C_2	净收入 － 净支出
牛市反向看跌期权对角价差	买入近月 P_1 ＋ 卖出远月 P_2	净收入
熊市反向看涨期权对角价差	买入近月 C_2 ＋ 卖出远月 C_1	净收入
熊市反向看跌期权对角价差	买入近月 P_2 ＋ 卖出远月 P_1	净收入 － 净支出

注：C_1 为低行权价看涨期权，C_2 为高行权价看涨期权，P_1 为低行权价看跌期权，P_2 为高行权价看跌期权

从上表可看出，有些组合的期初权利金净收支是确定的净收入或净支出，但有些组合的期初权利金净收支有可能是净收入，也有可能是净支出，这就要看进场当时的远近月价差情形而定。不过既然有可能是净收入，也有可能是净支出，那就代表其实净收支的绝对值都不大，整体来说对角价差和垂直价差的期初权利金净收支都不算很大，期初不需要支出太多的权利金成本。

（二）对角价差与垂直价差比较

对角价差和垂直价差的组合方式相似，只是两个部位是在不同的两个合约月份，那么两种组合方式具体有什么不同呢？

1. 正向对角价差和垂直价差的差异

垂直价差的两个行权价是同时到期的，而正向对角价差由于近月卖出部位先到期，如果近月卖出部位获利，则可以贴补远月买入部位的成本，让远月部位成为低成本的单买部位，有机会出现"以小搏大"的情形；如果近月卖出部位没有获利，也不会出现额外损失。所以，可能出现的一个额外延伸策略的机会，这就是正向对角价差的优点所在。

2. 反向对角价差和垂直价差的差异

反向对角价差的买入部位和近月垂直价差相同，结算日期较早，而卖出部位是远月份，权利金收入较高，能更加有效地降低初始买入部位的成本，在期初的权利金净收支情形较佳。此外，在临近近月合约到期时，两个部位如果都是深度虚值（行情走反向趋势），则垂直价差的损失几乎没有好转的可能，但是反向对角价差因为卖出的是远月合约，权利金没那么快归零，因此还可以跟随趋势增加一些获利的可能，这也是反向对角价差的优点所在。

（三）对角价差范例比较

接下来我们直接用范例说明对角价差的特性：

1. 范例1：标的物价格波动幅度较大

背景：2023年4月24日—5月25日，CU2306下跌4710元/吨，以下为行情相关数据：

表3-1-68　对角价差范例价格1

月份	类型	行权价	2023/4/24 收盘价	2023/4/24 保证金	2023/5/25 结算价
CU2306	期货	—	68 250	34 125	63 540
CU2306	看涨期权	68 000	1 486	40 770	2
CU2306	看涨期权	69 000	980	36 870	2
CU2306	看跌期权	68 000	1 232	37 770	3 840
CU2306	看跌期权	69 000	1 700	41 360	4 840
CU2307	看涨期权	68 000	2 076	42 980.5	496
CU2307	看涨期权	69 000	1 620	38 855.5	340
CU2307	看跌期权	68 000	1 840	40 815.5	4 542
CU2307	看跌期权	69 000	2 350	44 180.5	5 384

从上面行情数据中,可以算出各策略损益。

表 3-1-69　对角价差策略损益比较 1

编号	策略名称	部位组合	损益	收益率
1-1	牛市看涨价差	B-CU2306-C-68000＋ S-CU2306-C-69000	−506	−5.71％
1-2	牛市看跌价差	B-CU2306-P-68000＋ S-CU2306-P-69000	−532	−5.60％
1-3	牛市看涨价差 （次月）	B-CU2307-C-68000＋ S-CU2307-C-69000	−300	−3.05％
1-4	牛市看跌价差 （次月）	B-CU2307-P-68000＋ S-CU2307-P-69000	−332	−3.11％
2-1	熊市看涨价差	B-CU2306-C-69000＋ S-CU2306-C-68000	506	5.54％
2-2	熊市看跌价差	B-CU2306-P-69000＋ S-CU2306-P-68000	532	5.75％
2-3	熊市看涨价差 （次月）	B-CU2307-C-69000＋ S-CU2307-C-68000	300	2.94％
2-4	熊市看跌价差 （次月）	B-CU2307-P-69000＋ S-CU2307-P-68000	332	3.16％
3-1	正向看涨牛市对角 价差	B-CU2307-C-68000＋ S-CU2306-C-69000	−602	−6.37％
3-2	正向看跌牛市对角 价差	B-CU2307-P-68000＋ S-CU2306-P-69000	−438	−4.33％
4-1	正向看涨熊市对角 价差	B-CU2307-C-69000＋ S-CU2306-C-68000	204	2.09％
4-2	正向看跌熊市对角 价差	B-CU2307-P-69000＋ S-CU2306-P-68000	426	4.30％

编号	策略名称	部位组合	损益	收益率
5-1	反向看涨牛市对角价差	B-CU2306-C-68000＋S-CU2307-C-69000	−204	−2.20％
5-2	反向看跌牛市对角价差	B-CU2306-P-68000＋S-CU2307-P-69000	−426	−4.23％
6-1	反向看涨熊市对角价差	B-CU2306-C-69000＋S-CU2307-C-68000	602	6.29％
6-2	反向看跌熊市对角价差	B-CU2306-P-69000＋S-CU2307-P-68000	438	4.44％

从表3-1-69中可发现,由于行情大跌,因此牛市价差(1-1至1-4)全数亏损,近月牛市价差损失程度超过5％,次月牛市价差损失超过3％,而熊市价差(2-1至2-4)则是全部获利,近月熊市价差获利程度超过5％,次月熊市价差获利超过3％,次月的损益情形都要小于近月,原因是次月虚值期权权利金尚未归零。

而在对角价差(3-1至6-2)部分,牛市对角价差(3-1至3-2、5-1至5-2)全数亏损,其中反向牛市对角价差(5-1至5-2)的损失情形低于正向牛市对角价差(3-1至3-2),不过整体看来仍和垂直价差一样具有损失有限的优点;熊市对角价差(4-1至4-2、6-1至6-2)全部获利,其中反向熊市对角价差(6-1至6-2)的获利情形又高于正向熊市对角价差(4-1至4-2),整体看来反向对角价差的损益情形略优于正向对角价差。

在标的物行情出现较大波动之时(单月下跌4710元/吨,以4月25日价格计算为7％),对角价差拥有和垂直价差一样最大损失有限的优点,交易者不需担心出现额外损失,并且如果交易者对盘势方向的预期正确,对角价差一样能给交易者带来一定程度的收益。除此之外,正向对角价差拥有一个额外的选择权,就是在近月的卖出部位获利出场之后,还可以贴补远月的买入部位,例如策略编号4-1至4-2,由于已经有获利在手,等同于降低远月买入部位的成本,因此可以把部位留下,等待第二个月的行情,这就是正向对角价差的另一个特点。当然反向对角价差也可以这么做,如策略组合 6-1 至 6-2,第一个月的策略组合获利,可以当成远月卖出部位的抗风险能力增强,不过在策略组合只剩下远月卖出部位的情形下,就需要更加注意风险管控。

牛市价差损益情形(绝对值):正向牛市对角价差≈牛市价差 > 反向牛市对角价差 > 牛市价差(次月)。

熊市价差损益情形(绝对值):反向熊市对角价差≈熊市价差 > 正向熊市对角价差 > 熊市价差(次月)。

2. 范例 2:标的物价格波动幅度不大

背景:2023 年 10 月 25 日—11 月 24 日,CU2312 上涨 1 260 元 / 吨,以下为行情相关数据:

表 3-1-70　对角价差范例价格 2

月份	类型	行权价	2023/10/25 收盘价	2023/10/25 保证金	2023/11/24 结算价
CU2312	期货	—	66 920	33 460	68 180
CU2312	看涨期权	67 000	1 414	34 412	2 180
CU2312	看涨期权	68 000	810	31 297	1 180
CU2312	看跌期权	67 000	510	28 197	2
CU2312	看跌期权	68 000	872	32 572	2
CU2401	看涨期权	67 000	1 732	36 786	2 310
CU2401	看涨期权	68 000	1 174	33 586	1 602
CU2401	看跌期权	67 000	912	31 246	332
CU2401	看跌期权	68 000	1 336	35 536	624

从上面行情数据中，我们可以算出各策略损益：

表 3-1-71　对角价差策略损益比较 2

编号	策略名称	部位组合	损益	收益率
7-1	牛市看涨价差	买入 -CU2312-C-67000＋ 卖出 -CU2312-C-68000	396	5.16%
7-2	牛市看跌价差	买入 -CU2312-P-67000＋ 卖出 -CU2312-P-68000	362	5.15%
7-3	牛市看涨价差 （次月）	买入 -CU2401-C-67000＋ 卖出 -CU2401-C-68000	150	1.78%
7-4	牛市看跌价差 （次月）	买入 -CU2401-P-67000＋ 卖出 -CU2401-P-68000	132	1.65%
8-1	熊市看涨价差	买入 -CU2312-C-68000＋ 卖出 -CU2312-C-67000	-396	-5.15%
8-2	熊市看跌价差	买入 -CU2312-P-68000＋ 卖出 -CU2312-P-67000	-362	-5.56%
8-3	熊市看涨价差 （次月）	买入 -CU2401-C-68000＋ 卖出 -CU2401-C-67000	-150	-1.76%
8-4	熊市看跌价差 （次月）	买入 -CU2401-P-68000＋ 卖出 -CU2401-P-67000	-132	-1.74%
9-1	正向看涨牛市对角 价差	买入 -CU2401-C-67000＋ 卖出 -CU2312-C-68000	208	2.60%
9-2	正向看跌牛市对角 价差	买入 -CU2401-P-67000＋ 卖出 -CU2312-P-68000	290	3.90%
10-1	正向看涨熊市对角 价差	买入 -CU2401-C-68000＋ 卖出 -CU2312-C-67000	-338	-4.20%
10-2	正向看跌熊市对角 价差	买入 -CU2401-P-68000＋ 卖出 -CU2312-P-67000	-204	-2.92%
11-1	反向看涨牛市对角 价差	买入 -CU2312-C-67000＋ 卖出 -CU2401-C-68000	338	4.16%

编号	策略名称	部位组合	损益	收益率
11-2	反向看跌牛市对角价差	买入 -CU2312-P-67000+ 卖出 -CU2401-P-68000	204	2.68%
12-1	反向看涨熊市对角价差	买入 -CU2312-C-68000+ 卖出 -CU2401-C-67000	−208	−2.55%
12-2	反向看跌熊市对角价差	买入 -CU2312-P-68000+ 卖出 -CU2401-P-67000	−290	−4.07%

从上表中可发现,在行情小涨的情形下,牛市价差(7-1至7-4)全数获利,近月牛市价差获利程度超过5%,不过次月牛市价差获利就只剩下约1%了,而熊市价差(8-1至8-4)则是全部亏损,近月熊市价差获利程度超过5%,次月熊市价差损失也较小,只有不到2%,次月的损益情形都小于近月,并且较范例1更小,原因也是次月虚值期权权利金尚未归零,并且标的物波动不大,因此权利金损益情形更小。

而在对角价差(9-1至12-2)部分,牛市对角价差(9-1至9-2、11-1至11-2)全数获利,不过反向牛市对角价差(11-1至12-2)的获利情形和正向牛市对角价差(9-1至9-2)差异不大,同样也是标的波动不大所致。熊市对角价差(10-1至10-2、12-1至12-2)则是全部亏损,并且反向熊市对角价(12-1至12-2)的获利情形和正向熊市对角价差(10-1至10-2)也是相差不大,整体看来和垂直价差一样具有损失有限的优点,并且损失情形较近月垂直价差略小一点。

在标的物行情出现较小波动时(单月上涨1 260元/吨,以10月25日价格计算还不到2%),对角价差的损益情形较垂直价差略小,交易者同样无须担心出现额外损失,看对方向时也仍然有一定程度的获利。而在正向对角价差的额外选择权部分,也是同样可以进行的。因此除了损益程度较行情波动大(范例1)时略小外,其他部分的优点仍是没有改变,可以说对角价差确实是可适用在多数环境之下的一种策略。

牛市价差损益情形(绝对值):牛市价差 > 反向牛市对角价差 ≈ 正向

牛市对角价差 > 牛市价差(次月)。

熊市价差损益情形(绝对值):熊市价差 > 反向熊市对角价差 ≈ 正向熊市对角价差 > 熊市价差(次月)。

(四)对角价差的其他应用

由于深度实值期权的 Delta 值趋近于 1,再加上杠杆性,因此有些交易者会选择买入深度实值期权来代替直接持有标的物。由于买入深度实值期权(Delta 值刚刚趋近于 1,最接近平值的行权价)的成本比买入标的物更低,因此可以实现在较低的买入成本之下,取得近似于直接持有标的物的收益,其收益率会比原本的直接持有标的物更好。为了减少近月份时间价值减损较快的情形,我们可以选择买入远月份的实值期权,但这样成本也会增加,所以此时我们就可以再卖出近月份同样类型的虚值期权,以形成一个正向对角价差。

再深入思考一下,买入标的物,再卖出和标的物同方向的期权,这不就是备兑策略吗? 所以对角价差其实也可以当成是备兑策略来使用,这是对角价差的另一种应用方式。

其实这样一买加一卖的组合,也就是垂直价差、合成期货、日历价差以及对角价差这些组合。假如卖出部位和买入部位是同一类型的期权,那就是垂直价差;假如是不同类型的期权,那就是合成期货;假如是相同类型、相同行权价,但不同月份,那就是日历价差;假如是相同类型、不同行权价、不同月份,那就是对角价差。上面这几种策略中,卖出部位的功能主要都是在降低初始权利金支出、降低时间价值对买方的不利影响,以及降低隐含波动率较高的问题;虽然都是一买加一卖的组合,但可以应用在这么多的场景中,也证明了期权商品的灵活与泛用性。

表 3-1-72　价差策略比较

期权类型	行权价	合约月份	策略组合
相同	不同	相同	垂直价差
不同	相同	相同	合成期货

续　表

期权类型	行权价	合约月份	策略组合
不同	不同	相同	变形合成期货
相同	相同	不同	日历价差
相同	不同	不同	对角价差

总之,对角价差也是一个应用广泛的双期权组合,当交易者想要等待远月的行情机会,又想降低买入成本时,就可以再卖出近月同类型期权,组成正向对角价差;同理,假如交易者买入了近月的期权,又想降低成本时,除了卖出同月的同类型期权外,也可以选择卖出远月的同类型期权,组成反向对角价差。另外,正向对角价差就是在近月份的期权到期之后,还有一个是否保留远月部位的额外选择权的策略,这让交易者能有更多样的选择。

第二节　期权多部位套保策略

期权的应用非常广泛,除各种交易策略组合之外,应用在套保上也是很常见的情形,本节介绍两个进阶套保策略:领式套保策略和海鸥套保策略。

一、三阶段套保策略介绍

(一)买入期权套保策略(买入一个期权)

领式套保策略和海鸥套保策略其实也是从单纯的买入套保开始的,我们先复习一下单买期权套保策略。单买期权套保就是产业厂商根据对行情的风险点,买入看涨期权或看跌期权,得到一个对现货不利行情的保障,并且在价格对现货有利时还能参与现货的获利。

举个例子,厂商担心产品价格下跌,给公司带来亏损,于是买入看跌期权,这时如果价格下跌了,那么期权部位的获利就可以减少现货部位的损失；如果价格上涨了，期权部位就是损失权利金，但厂商仍能享受到售价上涨的好处，这就是买入期权套保的特点。

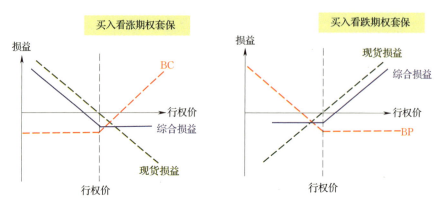

图 3-2-1　买入看涨与买入看跌套保策略损益

（二）领式套保策略（买入一个期权 ＋ 卖出一个期权）

领式套保策略是买入期权套保策略的进阶应用，由两个期权部位组合而成：一个是买方部位（就是刚刚提到的买入期权套保策略），是主要的套保部位；另一个是卖方部位，用来降低套保成本。

举个例子，假设厂商担心原料成本上涨会导致进货成本增加，于是买入看涨期权做套保，同时由于该厂商并不担心原料价格的下跌（原料成本下降可降低进货成本），因此又卖出了虚值的看跌期权，来收取权利金以减少套保成本支出，这样的期权一买一卖，加上现货部位的一个套保组合，就叫作领式套保策略。

根据套保方向不同，领式套保可以分为领式看涨套保策略和领式看跌套保策略。领式看涨套保策略就像刚刚范例提到的，是为了对冲价格上涨的风险所作的套保组合。而领式看跌套保策略则是为了对冲价格下跌风险所作的套保组合，比如说，厂商手上有一批存货，担心后续市场价格下跌会带来存货跌价损失，因此买入看跌期权为存货价格做套保，同时厂商并不担心存货价格的上涨（因为能带来更好的销货收入），因此在上方卖出虚值的看涨期权，以权利金收入来降低套保成本。

　　领式套保策略的损益结构和垂直价差相似,是一个最大损失和最大收益都有限的策略组合,其特点就在于既可以规避部分价格向不利方向变动的风险,又能够保留部分价格向有利方向变动的潜在收益,因此在套期保值策略中应用广泛。此外,领式套保策略组合由于有着卖出期权的权利金收入,因此还能够降低套保者的权利金成本。

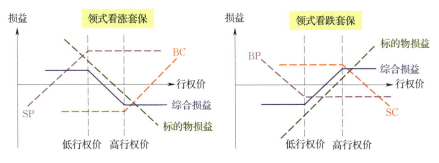

图 3-2-2　领式看涨与领式看跌套保策略损益

表 3-2-1　领式看涨套保策略与领式看跌套保策略比较

类别		领式看涨套保策略	领式看跌套保策略
适用对象		现货买家(担心价格上涨)	现货卖家(担心价格下跌)
套保目的		对冲现货价格上涨风险,降低现货买入成本	对冲现货价格下跌风险,提高现货售出收益
期权组合	看涨期权	买入看涨期权	卖出虚值看涨期权
	看跌期权	卖出虚值看跌期权	买入看跌期权
假设现货价格大涨		买入看涨期权的收益可弥补现货买入成本上涨的损失	现货售价上涨的收益可弥补买入看跌期权权利金减损的损失
假设现货价格大跌		现货进价成本下跌的收益可以弥补买入看涨期权权利金减损的损失	买入看跌期权的收益可弥补现货售价下跌的损失

(三)海鸥套保策略(买入一个期权 + 卖出两个期权)

海鸥套保策略就是在领式套保策略的基础上再加卖一个期权。还用上面范例说明。厂商担心原料成本上涨会导致进货成本增加,因此买入看涨期权对冲价格上涨的风险,同时卖出虚值看跌期权收取权利金,但厂商又认为上方上涨空间有限,因此在上方卖出虚值看涨期权来收取权利金,这样一个包含一个买入期权和两个卖出期权的组合,就称作海鸥套保策略。该策略得名于其损益结构图形像是展翅飞翔的海鸥。

根据套保方向不同,海鸥套保可以分为海鸥看涨套保策略和海鸥看跌套保策略。海鸥看涨套保策略是为了对冲价格上涨的风险所作的套保组合,而海鸥看跌套保策略则是为了对冲价格下跌风险所作的套保组合。下面再简单说明一下海鸥看跌套保策略的应用方式:厂商因为担心存货跌价,买入看跌期权为存货价格做套保,同时厂商也有预期的价格区间,因此又在上方卖出虚值看涨期权以及下方卖出虚值看跌期权以收取权利金。

海鸥套保策略的损益结构,其实就是在领式套保策略的损益结构基础上,再加一个卖出期权,并且由于是在原本的买方部位的更虚值点位卖出的,所以一旦行情突破这个点位,那么买方套保部位的效果就会被抵消,无法发挥套保的功能,此时就必须作出调整,或是新增买方部位来套保。不过海鸥套保策略也因为多卖出一个期权,权利金收入更高,整体来看甚至有可能做到权利金净收入的情形,这是海鸥套保策略的优点所在。

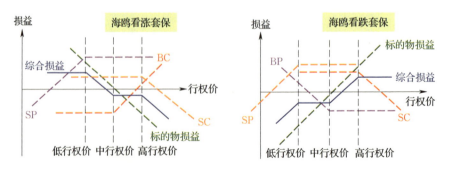

图 3-2-3　海鸥看涨与海鸥看跌套保策略损益

表 3-2-2　海鸥看涨套保策略与海鸥看跌套保策略比较

类别		海鸥看涨套保策略	海鸥看跌套保策略
适用对象		现货买家（担心价格上涨）	现货卖家（担心价格下跌）
套保目的		对冲现货价格上涨风险,降低现货买入成本	对冲现货价格下跌风险,提高现货售出收益
期权组合	看涨期权	买入看涨期权	卖出虚值看涨期权
		卖出虚值看涨期权	
	看跌期权	卖出虚值看跌期权	买入看跌期权
			卖出虚值看跌期权
假设现货价格大涨		买入看涨期权的收益可弥补现货买入成本上涨的损失	现货售价上涨的收益可弥补买入看跌期权权利金减损的损失
假设现货价格大跌		现货进价成本下跌的收益可以弥补买入看涨期权权利金减损的损失	买入看跌期权的收益可弥补现货售价下跌的损失

二、三种套保策略情形对比

（一）买家（对冲价格上涨风险）

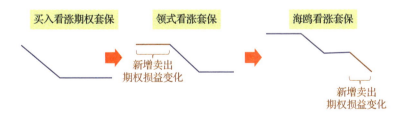

图 3-2-4　买家套保策略变化

上图中可见,领式看涨期权套保新增卖出看跌期权,使得损益情形的一端出现变化,而海鸥看涨套保策略又增卖出一个看涨期权,使得损益情形的另一端又出现改变。

（二）卖家（对冲价格下跌风险）

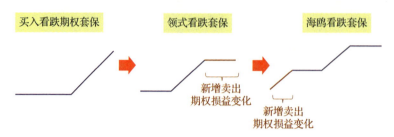

图 3-2-5　卖家套保策略变化

上图中可见，领式看跌期权套保新增卖出看涨期权，使得损益情形的一端出现变化，而海鸥看跌套保策略又增卖出一个看涨期权，使得损益情形的另一端也出现改变。

我们对比一下各种套保的方式。

1. 无套保情形

现货损益皆由交易者自行承担。

2. 买入期权套保策略

最大获利为（现货获利 － 权利金支出），虽然减少了获利程度，但也把损失控制在所付出的权利金之内。

3. 领式套保策略

与买入期权套保相比，领式套保虽然压缩了获利价格区间，最大获利有限，但套保权利金成本较低，并且削弱了时间价值衰减对套保者的影响，是一种稳健的套保策略。

4. 海鸥套保策略

与买入期权套保相比，海鸥套保虽然也压缩了获利价格区间，但套保权利金成本更低，而且时间价值衰减对套保者的影响最小，也是稳健的套保策略。

5. 海鸥套保策略与领式套保策略比较

海鸥套保策略是在领式套保策略的基础上多卖出一个虚值期权，权利金收入增多，故最大收益增加，但同时最大损失随之变大，保证金也跟着增多。

表 3-2-3　无套保、买入套保与领式套保的比较

类别	无套保	买入期权套保	领式套保	海鸥套保
最大获利	理论上无限	现货获利 －权利金支出（理论上无限）	现货获利 ＋期权损益 －权利金支出（有限）	现货获利 ＋期权损益 －权利金支出（有限）
最大亏损	理论上无限	权利金支出（有限）	现货亏损 ＋期权损益 －权利金支出（有限）	现货亏损 ＋期权损益 －权利金支出（理论上无限）
现货行情有利时仍可获利	—	可以	部分可以	部分可以
是否需要追缴保证金	—	不需要	需要	需要
套保资金成本	—	权利金	权利金 ＋保证金	权利金 ＋双边保证金
行情波幅较小时的时间价值成本	—	时间价值减少对买方不利	时间价值减少对买方不利，对卖方有利，两种作用相互冲抵，故领式套保者的时间价值成本较小	时间价值减少对买方不利，对卖方有利，且卖方有两个部位,在冲抵之后时间价值成本更小

三、三种套保组合应用实例

（一）背景

2023 年 5 月 25 日,沪铜结算价为 63 260 元／吨。此前,厂商 A 签订了一项合同,将在一个月后以合同约定的售价提供铜现货给某公司。厂商 A 预期沪铜在近期的大跌过后,后续价格可能会出现反弹,因此担心未来买入铜现货的成本过高会压缩进销差价利润,为了维持买入铜现货的成本在一定范围内,厂商 A 使用期权进行套保。

（二）套保方式

比较一下厂商 A 分别使用三种不同方式套保的情形：

1. 买入看涨期权套保策略

厂商 A 直接买入虚值一档看涨期权 CU2307C64000 做套保。

2. 领式看涨套保策略

厂商 A 除了买入虚值一档看涨期权 CU2307C64000 做套保外，再加上卖出下方虚值看跌期权 CU2307P60000 收取权利金。

3. 海鸥看涨套保策略

厂商 A 在买入虚值一档看涨期权 CU2307C64000 做套保，以及卖出下方虚值看跌期权 CU2307P60000 之外，再加上卖出上方虚值看涨期权 CU2307C66000，收取双边权利金。

（三）各种套保策略成本比较

2023 年 5 月 25 日期权价格如下表：

表 3-2-4　套保范例价格

看涨期权 权利金	看涨期权 保证金	行权价	看跌期权 权利金	看跌期权 保证金
3 936	48 147	60 000	680	23 717
3 232	44 627	61 000	974	27 687
2 602	41 477	62 000	1 342	32 027
2 056	38 747	63 000	1 798	36 807
1 588	34 557	64 000	2 328	40 107
1 208	30 157	65 000	2 946	43 197
894	26 087	66 000	3 630	46 617

从表 3-2-4 中可以算出三种策略的权利金支出情形。

表 3-2-5　套保范例权利金支出比较

套保方式	买入 C64000	卖出 P60000	卖出 C66000	权利金净收支	保证金支出
买入看涨期权	−1 588	—	—	−1 588	—
领式看涨套保策略	−1 588	680	—	−908	−23 717
海鸥看涨套保策略	−1 588	680	894	−14	−49 804

从上表中可看出,单买策略的权利金支出最高,领式套保策略有一个卖出部位,就可以降低部分权利金支出,而海鸥套保策略由于有两个卖出部位,可以把权利金支出降低更多,甚至有机会达到权利金零支出的情形。当然因为卖出期权需要缴纳保证金,因此海鸥套保策略需要准备最多的保证金,领式套保策略也需要准备保证金,但因为保证金在部位平仓之后是会返还的,不属于完全的支出项目,因此和权利金的性质还是不一样的。

（四）各种套保策略效果比较（到期损益表）

表 3-2-6　三种套保策略范例比较

损益情形	现货损益	买入 64000C	卖出 60000P	卖出 66000C	买入看涨总损益	领式套保总损益	海鸥套保总损益
编号	1	2	3	4	3	6	10
57000	6 260	−1 588	−2 320	894	4 672	2 352	3 246
58000	5 260	−1 588	−1 320	894	3 672	2 352	3 246
59000	4 260	−1 588	−320	894	2 672	2 352	3 246
60000	3 260	−1 588	680	894	1 672	2 352	3 246
61000	2 260	−1 588	680	894	672	1 352	2 246

损益情形	现货损益	买入64000C	卖出60000P	卖出66000C	买入看涨总损益	领式套保总损益	海鸥套保总损益
62000	1 260	−1 588	680	894	−328	352	1 246
63000	260	−1 588	680	894	−1 328	−648	246
64000	−740	−1 588	680	894	−2 328	−1 648	−754
65000	−1 740	−588	680	894	−2 328	−1 648	−754
66000	−2 740	412	680	894	−2 328	−1 648	−754
67000	−3 740	1 412	680	−106	−2 328	−1 648	−1 754
68000	−4 740	2 412	680	−1 106	−2 328	−1 648	−2 754
69000	−5 740	3 412	680	−2 106	−2 328	−1 648	−3 754

1. 买入看涨期权套保策略

买入看涨期权套保策略是最基础但也很常用的套保策略。

厂商 A 买入了 CU2307C64000 的看涨期权,可以对冲铜价格上涨到 64 000 元 / 吨以上的风险,虽然必须付出一笔权利金支出,但好处是后续不论铜价如何上涨,损失都能控制在一定范围内,厂商 A 无须担心价格风险,并且假如铜价不涨反跌,厂商 A 还能完全享受到进价降低的效益。

2. 领式看涨套保策略

厂商 A 买入了 CU2307C64000 的看涨期权,因此规避了铜价上涨突破 64 000 元 / 吨的风险,同时又卖出了 CU2307P60000 的看跌期权,也等于放弃了铜价格跌破 60 000 元 / 吨的现货进价降低的收益;不过在铜价格下跌,但尚未跌破 60 000 元 / 吨时,厂商 A 仍然可以享受到铜价下跌带来的进价降低的效益。简单来说,厂商 A 无须担心铜价大涨的风险,并且下方还有 3 260 元 / 吨 (63 260−60 000) 的可能获利空间,等于放弃了极端行情的收益,但收到了权利金的补贴,可以减少一开始的权利金支出,套保成本更低。可见,领式看涨套保策略也是一个好用的套保策略。

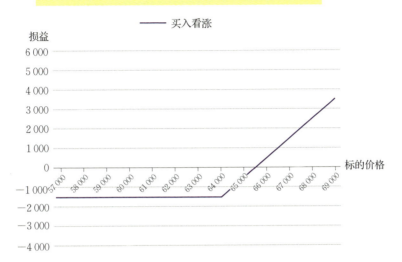

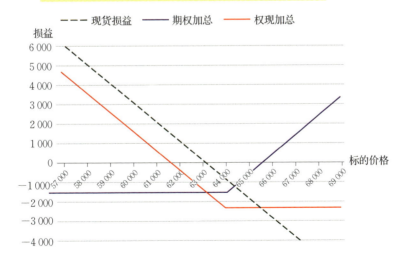

图 3-2-6　买入套保策略损益

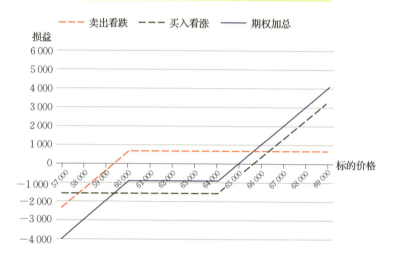

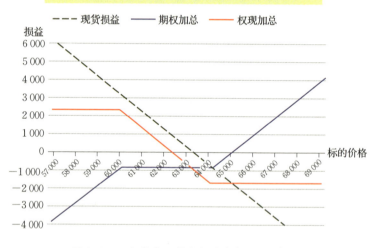

图 3-2-7　领式套保策略损益（单位：元／吨）

3. 海鸥看涨套保策略

厂商 A 在领式看涨套保策略的基础上，在上方加卖一个 CU2307C66000 看涨期权，因此对铜价的保护仅到 66 000 元／吨，距离目前价格仍然有着 2 740 元／吨（66 000－63 260）的安全垫，还是有一定的保护幅度，并且下方同样还有 3 260 元 / 吨（63 260－60 000）的可能获利空间。可见，海鸥看涨套保策略也是放弃了极端大涨大跌情形的收益和保护，以两个卖出部位的权利金收益来降低保证金支出，甚至可能达到零成本的套保，因此也是一个优秀的套保策略。其最大的风险来自一旦行情出现大涨突破 66 000 元 / 吨，不过这时厂商 A 只要选择再加买一个看涨期权来套保，或是提早进货以降低成本上涨的额外支出，就可以重新控制风险情形。

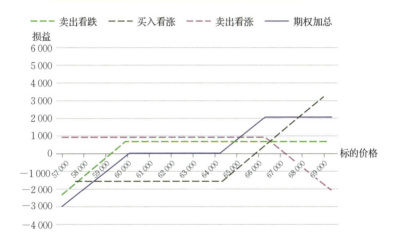

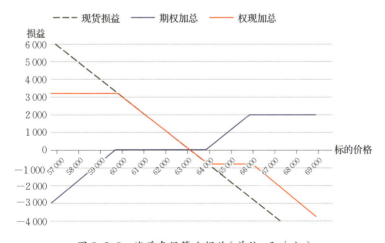

图 3-2-8　海鸥套保策略损益（单位:元 / 吨 ）

4. 三种套保策略比较

综上，三种套保策略损益情形如下：

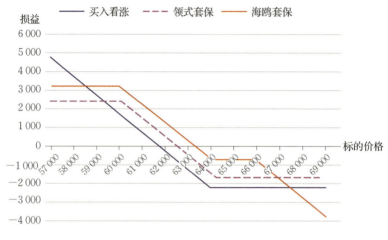

图 3-2-9　三种套保策略损益比较（单位：元／吨）

（1）当铜价格在 60 000～67 000 元／吨的点位时，单纯买入看涨期权套保的损益情形是三者中最低的，主要是因为单纯买入看涨期权套保的权利金支出是最高的，因此降低了损益情形。

（2）当铜价格在 60 000～67 000 元／吨的点位时，海鸥看涨套保策略的损益情形是三者中最高的，这是由于该策略有两个卖出部位来收取权利金，因此在未出现极端行情时，海鸥看涨套保策略都能取得最好的损益情形。

（3）当铜价突破 67 000 元／吨左右时，海鸥看涨套保策略的损失情形就会开始增加，成为三者中损失最大的，此时就需要通过部位调整来重新控制风险。

（4）当铜价跌破 58 000 元／吨左右时，买入看涨期权套保就会成为损益情形最佳者，是极端下跌行情中的较佳策略，但需要行情大跌才会实现，概率不高。

（5）当铜价在 60 000 元／吨 ～67 000 元／吨的点位时，领式看涨套保策略的损益情形都是第二位，介于其他两者之间；只有当极端大跌行情出现,铜价跌破 59 000 元／吨左右时,损益情形才会不如买入看涨期权套保,并且领式看涨套保策略和买入看涨期权套保一样无须担心跳空大涨,显示了领式看涨套保策略的稳健特性。

比较了三种套保策略之后,可以得出以下结论:

1. 买入看涨期权套保策略由于没有卖出部位的权利金收入,因此套保成本最高,虽然买入套保之后就可以不用担心铜价大涨的风险,并且还可以参与铜价下跌的效益,但需要等到极端大跌行情,其损益情形才会优于其他两种套保策略,是一种较为基础的套保策略。

2. 领式看涨套保策略同样不用担心铜价大涨的风险,并且也可参与部分的铜价下跌效益,是一个较为稳健的套保策略。

3. 海鸥看涨套保策略在行情波动不大时,损益情形是三者中最佳的,只是应注意铜价往不利方向波动太大时,还是需要做些调整,以免损失扩大。

总之,期权是一种相当灵活的金融产品,应用在套保之上也非常有效,前面只介绍了买家(对冲价格上涨风险)的部分,不过卖家(对冲价格下跌风险)的套保原理也是一样的。

领式套保策略在行情往套保方向(现货不利)发展时,可以有效降低损失;在行情往套保反方向(现货有利)发展时,又可以保留部分现货获利,是一个非常好的套保策略。

海鸥套保策略由于涉及两个期权卖出操作,因此保证金需求较高,但海鸥套保能够有效降低初始成本,甚至获得净权利金收入。此外,灵活操作,以及仍可参与部分的现货收益,都是海鸥期权组合的优势所在。

因此,套保交易者需要综合考虑成本、风险、后市操作空间、潜在收益等多种因素,来决定使用哪种套保策略进行操作。

第三节　期权＋期货套保策略

每家企业有不同的实际需求,因此采用的套保方式也会有所不同,有许多企业因为对期权商品比较不熟悉,因此主要采用的都还是单纯用期货的套保方式。

使用期货的套保，在基差变化不大的情形下，期现组合的损益情形会较为稳定，不过如果能同时加上期权来套保，则可以有额外的好处。因为期权是非常灵活的商品，所以期货＋期权的套保方式，相较于传统的单期货套期保值来说会更加灵活，同时也能更好地避免保证金剧烈波动带来的潜在补保资金需求。

接下来介绍期货＋期权的套保方式，即企业以期货套保维持的期现损益平衡为主，再加上部分期权部位来辅助套保，大致可分为两种组合。

一、1个期货＋1个期权的组合

（一）保护性套保策略

企业买入期货（或卖出期货）之后，假如行情往期货不利方向大幅前进，此时虽然期货不利等于现货有利，整体损益情形由于期现货互相抵消，还不致有大幅波动，但期货亏损较大时将会出现一种后果，就是需要补缴保证金的情形，为避免此种情形出现，企业可以先买入与期货方向相反的期权。当期货行情不利时，买入期权的收益可以抵减期货需要增加的保证金部分，从而使得整体资金需求不会增加太多。

1. 买家：担心现货价格上涨，买入期货 ＋ 买入看跌期权

买家因为后续需要买入现货标的，因此风险点在现货价格上涨。此时企业可以在期货市场上买入相应数量的期货合约，同时买入看跌期权。如果后续标的价格上涨，则期货合约的盈利可以抵消现货成本的增加，买入看跌期权由于最大损失有限，因此对整体部位组合的影响还不会太大；如果后续标的价格下跌，则期货部位的损失可以由现货部位下降的采购成本来抵消，而看跌期权的收益就可以弥补期货合约需要补缴的保证金。最终损益情形会如同下图左所示，呈现类似买入看跌期权的损益结构。

2. 卖家：担心现货价格下跌，卖出期货 ＋ 买入看涨期权

卖家目前持有现货或预期未来将出售标的商品，因此担心价格下跌。此时企业可以在期货市场上卖出相应数量的期货合约，同时买入看涨期权。如果后续标的价格下跌,则期货合约的盈利可以抵消现货售价减少的损失,买入看涨期权由于最大损失有限,因此对整体部位组合的影响同样不会太大;如果后续标的价格上涨,则期货部位的损失可以由现货部位增加的卖出收益来抵消,而看涨期权的收益就可以弥补期货合约需要补缴的保证金。最终损益情形会如同下图右所示,呈现类似买入看涨期权的损益结构。

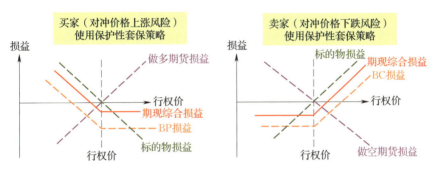

图 3-3-1　买家、卖家使用保护性套保策略比较

(二)抵补性套保策略

1. 买家:担心现货价格上涨,买入期货 ＋ 卖出看跌期权

买家后续需要买入现货标的,风险点同样来自现货价格上涨,不过企业对于降低套保成本的需求更大,因此在买入期货合约的同时卖出虚值看跌期权,希望通过卖出期权降低持仓成本。如果后续标的价格上涨,则买入期货的部分将有获利,可抵消现货采购价上涨的损失,并且卖出看跌期权的部分也有收益,可增加整体组合的收益情形。如果后续现货价格下跌,则期货合约将出现亏损,不过现货部位进货成本的减少可以弥补这些损失,在还没跌破卖出看跌期权的行权价时,卖出期权仍是有盈利可以增加整体组合的收益;但在行情大跌跌破卖出看跌期权的行权价时,就会出现亏损放大的情形,此时就需要对卖出部位做出调整。最终损益情形会如同下页图左所示,呈现类似卖出看跌期权的损益结构。

2. 卖家:担心现货价格下跌,卖出期货 ＋ 卖出看涨期权

卖家目前持有现货或预期未来将出售标的商品,风险点来自现货价

格下跌,不过企业对于降低套保成本的需求更大,因此在卖出期货合约的同时卖出虚值看涨期权,希望通过卖出期权降低持仓成本。如果后续标的价格下跌,则卖出期货的部分将有获利,可抵消现货库存价格或售价下跌的损失,并且卖出看涨期权的收益也可增加整体组合的收益情形。如果后续现货价格上涨,卖出期货合约将出现亏损,不过现货部位库存价格或售价的上涨可以弥补这些损失,在还没涨破卖出看涨期权的行权价时,卖出期权仍是有盈利的,可以增加整体组合的收益;但在行情大涨涨破卖出看涨期权的行权价时,就会出现亏损放大的情形,此时就需要对卖出部位做出调整。最终损益情形会如同下图右所示,呈现类似卖出看涨期权的损益结构。

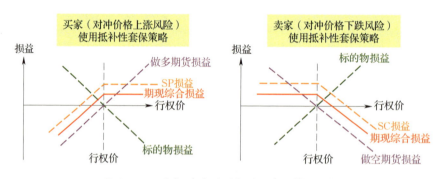

图 3-3-2 买家、卖家使用抵补性套保策略比较

二、1 个期货 +2 个期权的组合

期权商品的灵活之处,就是可以把各种部位组合起来,取各个部位的优点来形成策略组合,前面提到的都是 1 个期权部位的组合,只有单纯 1 个买入部位或 1 个卖出部位,同样可以把 1 个买入部位加上 1 个卖出部位,组成更多样的套保策略。

期权套保策略,从最基础的单买期权策略(比如说买看涨),加上一个和买入期权方向相反的另一类型期权卖方部位(比如说买看涨 + 卖看跌),成为领式套保策略;更进一步加上一个与买入期权相同方向和相同期权类型的卖方部位,成为海鸥套保策略(比如说买看涨 + 卖看跌 + 卖看涨）；这样一层一层加上去的过程，就和1个期货＋2个期权的套保方式很相似。

买入期货是主要套保部位，功能和买入期权套保类似。买入期货虽然能把期现货的合并损益维持在一个比较平稳的水位，但一旦行情往期货不利的方向发展，就会出现需要追加保证金的情形，此时我们可以买入一个和期货方向相反的期权，这样当期货行情不利时，期权部位的获利就可以减轻期货的追保成本；另外，为了降低买入期权的成本，也可以在期货部位的相同方向卖出虚值期权，用权利金的收入来降低买入期权的成本，这就是1个期货＋2个期权的组合方式。

表 3-3-1　买卖家使用 1 个期货 ＋2 个期权的套保组合说明

需求	风险	组合	特点	注意
采购现货（买家）	价格上涨	买入期货（主要套保部位）＋买入看跌期权（获利可抵减期货追保）＋卖出看涨期权（收入抵减权利金支出）	1. 最大损失有限，无须担心跳空，不会有额外损失。 2. 盘面资金占用可控，整体套保成本较低。	现货采购或是卖出尚未完成时，若价格大幅波动，需对期权头寸进行实时调整（此时风险部位为卖出期权）
卖出现货（卖家）	价格下跌	卖出期货（主要套保部位）＋买入看涨期权（获利可抵减期货追保）＋卖出看跌期权（收入抵减权利金支出）		

范例：2024 年 2 月上旬，某碳酸锂企业订单超预期增长，考虑到现有库存偏低，公司决定对库存进行补充。为防范后续碳酸锂价格超预期上涨，公司决定在期货盘面进行套期保值。公司除了希望套期保值能有效果之外，也有其他需求：

（1）套期保值期货账户亏损额度可控，不能因为账户大幅亏损使补充保证金影响公司正常现金流；

（2）套期保值成本可控，不能因为套期保值本身带来的成本过多影响公司现金流。

2月7日，LC2404收盘价为97 100元／吨。最终公司订出如下套期保值方案：

在盘面买入期货，同时在下方93 000元／吨买入虚值看跌期权（LC2404-P-93000），在上方100 000元／吨卖出看涨期权（LC2404-C-100000），买卖数量相等。

价格小于97 000元／吨：持续买入现货，期货不动；

价格大于100 000元／吨：持续买入现货，卖出看涨期权同步移仓，期货不动。

通过期货＋期权的组合方式，公司可以在控制总资金占用的情况下完成对库存的补充工作。

下表是当日的期权价格表，根据表中价格，可以计算出实际损益情形。

表 3-3-2　套保组合范例权利金及保证金

看涨期权 C		97100	看跌期权 P	
权利金	保证金	行权价	权利金	保证金
5 940	21 846	93 000	1 680	15 706
5 260	21 226	94 000	2 590	16 576
4 630	20 646	95 000	2 420	17 496
4 060	20 096	96 000	2 850	18 456
3 520	19 596	97 000	3 200	19 446
3 020	18 686	98 000	3 900	20 036
2 640	17 756	99 000	4 320	20 606
2 380	16 876	100 000	5 040	21 226

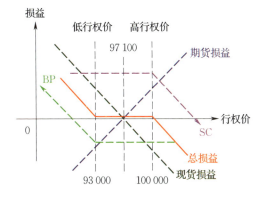

图 3-3-3　套保组合范例损益

表 3-3-3　套保组合范例最终损益情形

	1	2	3	4	1+2	1+2+3+4
	现货损益	买入期货	买入93000P	卖出100000C	期货＋现货	总损益
90000	7 100	−7 100	1 320	2 380	0	3 700
91000	6 100	−6 100	320	2 380	0	2 700
92000	5 100	−5 100	−680	2 380	0	1 700
93000	4 100	−4 100	−1 680	2 380	0	700
94000	3 100	−3 100	−1 680	2 380	0	700
95000	2 100	−2 100	−1 680	2 380	0	700
96000	1 100	−1 100	−1 680	2 380	0	700
97000	100	−100	−1 680	2 380	0	700
98000	−900	900	−1 680	2 380	0	700
99000	−1 900	1 900	−1 680	2 380	0	700
100000	−2 900	2 900	−1 680	2 380	0	700
101000	−3 900	3 900	−1 680	1 380	0	−300
102000	−4 900	4 900	−1 680	380	0	−1 300

表 3-3-3 中可以看到,碳酸锂价格在 100 700 元 / 吨以下时,整体组合的损益情形是持平的。当价格向上突破卖出看涨期权的行权价时,开始调整卖出看涨期权的部位。当价格持续下跌时,买入看跌期权的部位将会获利,此时也可弥补期货多头部位的亏损。

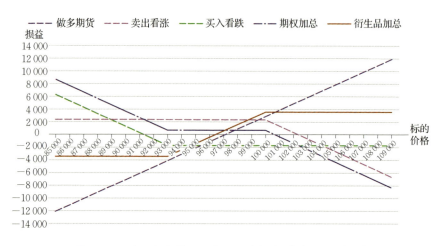

图 3-3-4 套保组合范例衍生品加总损益1(单位:元 / 吨)

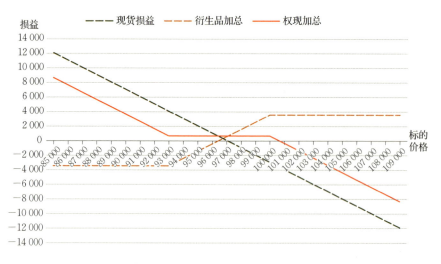

图 3-3-5 套保组合范例权现加总损益1(单位:元 / 吨)

三、期权取代部分期货套保策略

有些公司希望能节省一点套保成本,因此买入部分期权来代替期货(权利金支出较保证金便宜),当然如果客户还需要弥补买期权的资金,也可以在期货的反方向加卖期权,用卖出期权的收益来弥补买入期权的开支。以上一个范例来看,买入期货 LC2404 的成本是 15 536 元(保证金率16％),而买入平值看涨期权 LC2404-C-97000 的成本是 3 520 元,不到买入期货的四分之一,因此原本是以期货为主要套保方式的客户,可以把部分套保部位换成买入期权,以降低一些成本。

底下两张图是以期货占七成、期权占三成的方式组成策略的损益图,可以看到图中的损益线从原本全部期货的直线,变成其中一端稍微向上折的情形,这就是因为买入了部分期权,最大损失有限,加上可以跟随现货有利的情形。这也是采用部分买入期权来取代期货套保的好处,可以参考搭配。

总之,期权是一个非常灵活的商品,不论是作为单纯的交易策略,还是使用在套保之上,都有非常好的效果。如果企业原本使用的是期货套保,则可以适当地使用一些期权做成组合策略,进而保护期货部位,或是增加整体收益;也可以使用期权代替部分的期货部位,进而降低整体套保成本,有套保需求的企业可以尝试看看。

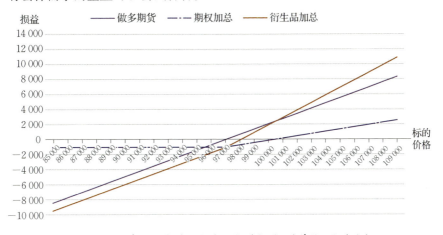

图 3-3-6　套保组合范例衍生品加总损益 2(单位:元 / 吨)

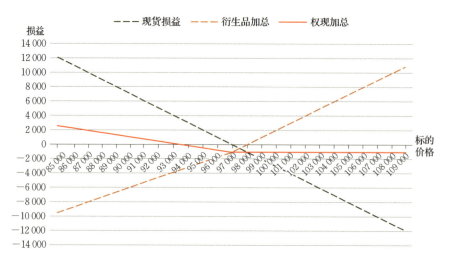

图 3-3-7　套保组合范例权现加总损益 2（单位：元 / 吨）

第四节　期权策略组合说明

一、套保组合的主要和次要部位

前文提到了许多不同的套保策略，有些看起来比较复杂，比如说期货＋期权套保、海鸥套保等策略，看起来部位好像很多，不过请大家记住，其实所有的期权策略都是由这四个部位组成的：买入看涨、买入看跌、卖出看涨、卖出看跌；所以只要我们记住各种部位的不同功能，再根据实际需求把部位组合起来就行了，并没有那么复杂。下表再次梳理了期权各个部位的特性与功能。

表 3-4-1　期权四大基础策略比较

	买入看涨期权（BC）	卖出看涨期权（SC）	买入看跌期权（BP）	卖出看跌期权（SP）
权利义务	有买入的权利	有卖出的义务	有卖出的权利	有买入的义务
方向	看涨	看不涨	看跌	看不跌

续　表

		买入看涨期权（BC）	卖出看涨期权（SC）	买入看跌期权（BP）	卖出看跌期权（SP）
投机	部位	不持有标的资产	不持有标的资产	不持有标的资产	不持有标的资产
	想法	预计标的资产将要上涨	预计标的资产不会大涨	预计标的资产将要下跌	预计标的资产不会大跌
	做法	买入看涨期权赚取收益	卖出看涨期权赚取收益	买入看跌期权赚取收益	卖出看跌期权赚取收益
套保增益	部位	1. 持有标的资产空头部位 2. 准备买入标的资产	1. 持有标的资产多头部位 2. 准备卖出标的资产	1. 持有标的资产多头部位 2. 准备卖出标的资产	1. 持有标的资产空头部位 2. 准备买入标的资产
	想法	不希望承担标的资产上涨的损失	认为标的资产不易大涨	不希望承担标的资产下跌的损失	认为标的价格不易大跌
	做法	买入看涨期权收益可抵消标的资产上涨的损失	卖出看涨期权赚取权利金以增加收益	买入看跌期权收益可抵消标的资产下跌的损失	卖出看跌期权赚取权利金以增加收益
最大盈利		没有上限	收取权利金	行权价格－权利金	收取权利金
最大亏损		付出权利金	没有下限	付出权利金	行权价格－权利金
盈亏平衡点		行权价＋权利金	行权价＋权利金	行权价－权利金	行权价－权利金

　　刚刚提到期权策略有四个基本部位,现在我们再把期权策略的四个部位简化为两种操作方式:买方与卖方。

　　买方部位是期权策略的重要部位,因为获利可以跟随行情持续增加的

特点,承担起了主要套保的功能,而卖方部位则由于有权利金收入,承担起了降低成本的功能。详细情形如下表所示:

表 3-4-2　期权买卖方策略比较

	买方	卖方
权利金	支出	收入
策略功能	获利有机会放大	固定获利
套保功能	获利可抵消现货不利的影响	稳定获利可降低策略成本
风险	没有额外风险	行情不利时有额外风险

简单来说,买方功能就是用一些权利金支出来换取可能的获利放大机会,获利可对冲现货的不利情形。而卖方功能就是把一些行情可能到不了的地方换成权利金收入,以降低成本或使收益增强,但需注意风险扩大的情形。

我们需要做的,就是衡量成本、风险、收益和预期,制订合理的策略,把不同部位加以组合,并时常检视,必要时做出调整。

除买方部位和卖方部位的分类之外,我们也可以用另一种分类方式来对部位进行说明:主要套保部位和次要套保部位。

主要套保部位,就是能够跟随行情,冲抵套保标的不利影响的部位。而次要(补充)套保部位,就是能够降低套保成本,或是增加收益的部位。

那么在期权 ＋ 期货套保策略和海鸥套保策略中,哪些是主要套保部位,哪些是次要套保部位?

从图 3-4-1 中可发现,在期权 ＋ 期货看涨的套保策略中,主要部位就是买入期货和买入看跌期权,而次要部位就是卖出看涨期权;在海鸥看涨套保策略中,主要部位就是买入看涨期权,而次要部位就是卖出看跌期权和卖出看涨期权。

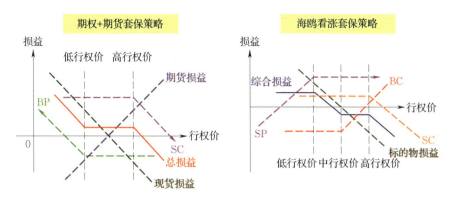

图 3-4-1　期权＋期货套保策略与海鸥套保策略比较

二、期权套保策略的实际问题

前文中举过一些范例,为了方便说明,有时我们会把范例简化,不过真实情形总是会有各种不同的状况,主要问题有几个:

1. 合约月份如何选择?

2. 套保数量应该多少?

3. 行权价如何选择?

4. 后续部位如何调整?

（一）期权套保策略合约月份选择

在选择期权套保月份的时候,我们常常会遇到一个问题,就是现货的进出货时间与期权的到期日不一致的问题,如下图所示。由于期权商品不是每个品种每个月都有合约,并且就算每个月都有合约,一个月也只会有一次到期日,这时我们该怎么选择合约月份呢?

1. 考虑现货进出货日与 Delta 值

期权的特性是越接近到期日,Delta 的绝对值越趋向于 0~1,其中实值期权的 Delta 值会趋近于 ±1,虚值期权的 Delta 值会趋近于 0。而距离到期日越远,Delta 的绝对值就越趋向于 0.5,除非是深度实值的行权价,其 Delta 的绝对值才会趋向 1,因此选择期权合约月份时,距离到期日时间就是非常重要的因素。

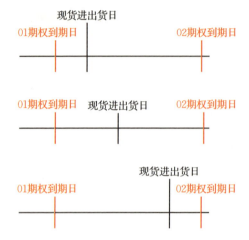

图 3-4-2　现货进出货日与期权到期日关系示意 1

（1）假设期权到期日在现货进出货日之前

由于期权已经到期结算,因此期权进场日到期权到期日之间的买入部位价格风险可完全对冲。后续就是把 01 期权到期日到现货进出货日之间的风险对冲掉：假如剩下时间已经不多,并且价格朝着现货有利的方向前进,一般厂商可能就会选择不再对冲；假如仍有一段时间,或是价格仍朝着现货不利的方向前进,此时厂商就会选择再度进场对冲风险。

（2）假设期权到期日在现货进出货日之后

实值期权 Delta 值 >0.5,但因为尚未到期,可能要较深实值才会趋近于 ±1,因此假如部位不是 1 : 1,则不能完全覆盖现货损失,这时厂商可以选择多加几手期权部位,或是加进一部分期货来增加对冲风险的能力。

2. 考虑合约流动性

除了考虑期权到期日时间外,期权进场时也须考虑合约的流动性,由于某些商品的非主力合约成交量较低,此时就不容易满足进出场的需求,因此应优先考虑流动性较好的合约,以降低交易成本和提高交易效率。

3. 考虑产业客户对行情预期

如果厂商预期未来一段时间内市场价格将保持稳定,可以选择现货进出货后到期的合约；如果厂商预期市场价格将出现大幅波动,应选择现货进出货前到期的合约以锁定价格风险。

（二）期权套保策略套保数量选择

在决定合约月份之后,接下来就是部位的问题了,是应该根据期权和现货按 1∶1 的比例,还是根据 Delta 值来调整部位数量呢?

其实套保数量和刚刚提到的合约月份有着密切的关联性。在图例中,如果选择 01 期权,因为期权到期日现货尚未进出货,所以可以持有至到期,此时套保部位数量选择 1∶1 即可。假如期权合约到期时间在现货进出货之后,则距离现货出货时间越近,越不需要调整;距离现货进出货时间越远,越需要调整,因为越接近到期日,期权实值的 Delta 值会越趋近于 ±1。

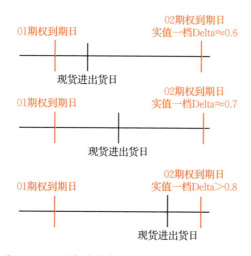

图 3-4-3　现货进出货日与期权到期日关系示意 2

从上图中可以看到,随着期权临近到期日,实值(或是浅实值)期权的 Delta 值从 0.6 一路趋向于 1,所以现货出货日越接近于期权到期日,部位就越可以趋向于 1∶1。

顺带一提,当策略组成有买入部位也有卖出部位时,买入部位∶卖出部位也可以不是 1∶1,如果厂商不愿承担较高风险,可以适当降低卖出部位的数量,以达到降低风险的目的,不过代价就是套保成本也会随之增加,就看厂商更注重哪个因素了。

（三）期权套保策略行权价选择

期权套保还有一个重要的特点，就是可以选择不同的行权价。如买方部位是主要套保部位，就是损失控制的点位；而卖方部位是收益点位，在此范围内能获利，超过就开始有损失了。也可以根据实际情形来决定要选择哪个行权价，一般来说，买入部位的行权价通常是选择平值（或是浅实值）到浅虚值之间，不宜太过虚值，这样就降低套保的能力了；而卖出部位就一定是虚值的了，不宜过于接近平值，否则风险程度也会随之增加。

表 3-4-3　期权买卖方部位行权价选择比较

部位	买方部位	卖方部位
意义	主要套保部位，就是损失控制的点位	获利的点位
选择更实值优点	最大损失点距离缩小	权利金收入更高
选择更实值缺点	权利金成本更高	保证金成本更高 收益上限（期权价格不利时）减少
选择更虚值优点	权利金成本降低	保证金成本降低 收益上限（期权价格不利时）增加
选择更虚值缺点	最大损失点距离增加	权利金收入降低

（四）期权套保策略后续部位如何调整

期权套保策略，也不是进场后就能完全放手不管，在进场之后，仍然需要多加注意，看看套保组合有没有发挥出预期的效果，并在必要时加以调整。

不过需要注意的是，需要调整的部位多半是卖出的部位，买入部位如前所述，一般不宜太过虚值，因此假如进入更实值，那 Delta 值就会更大，能更好地发挥套保效果；假如变成更虚值，那就代表着价格往现货有利的方向前进，此时也无须调整，因此需要调整的一般只有卖出部位。假如行情向着卖出部位的点位前进了,此时就需要注意是否要调整,甚至行情大幅往卖出部位的点位前进时,就需要立即调整部位,或是立即出场,或是出场后再于更远的行权价卖出,就看厂商对后市的预期来处理。

再用一个范例来说明。

背景说明:某厂商手中有现货要卖,担心现货价格下跌。

套保方式:厂商选择卖出看涨期权,用卖出的权利金补贴价格下跌的损失。

执行情形:期权进场后现货价格开始下跌,此时厂商该如何处理及调整?

情形1:现货价格下跌了,如果跌得还不多,那么卖出看涨期权权利金收益还可以补贴一些损失。

情形2:如果现货价格跌得多了,卖出看涨期权权利金收益就不够补贴损失了,此时又该如何调整?

方式1:加卖看涨期权在新的价位。

方式2:新买一点看跌期权。

方式3:卖出看涨期权 + 买入看跌期权,组成海鸥套保(但是买入看跌期权的部位可以调整,不一定是1∶1)。

方式4:把卖出的看涨期权获利入袋,然后再卖出期货来锁定现货价格。

总之,期权进场的策略组合有许多种,调整方式也有许多种,没有哪种方式是最好的,还是以厂商对行情的预期以及实际需求为主。

第四章
金融期权套保策略

第一节　投资组合套保与β值

在投资领域,β值(Beta)是一个重要的概念,对于投资组合的管理和资产配置具有显著的作用和指导意义。

一、β值的定义

β值是一种用于衡量资产或投资组合相对于市场整体波动的敏感性指标。简单来说,它反映了特定资产或投资组合的价格变动与市场平均变动之间的关系。

β>1,表示该资产或投资组合的波动幅度大于市场平均水平;

β<1,表示其波动幅度小于市场平均;

β=1,表示其波动与市场同步。

二、β中性对冲

β中性对冲策略是一种对冲基金常用的期权对冲策略,通过买入对应的看跌期权卖出对应的看涨期权,来对冲持有资产标的(正股)的风险。

β中性对冲原理:期权平价关系(Call-Put Parity)。

期权平价关系指资产标的相同、行权价相同(K)、到期日相同(T)的看涨期权与看跌期权(欧式),其当下价格之间存在的基本关系。如果忽略利率带来的折现,该关系可以清晰地表述为:

$$C+K\exp(-rt)=P+S$$

其中,C 为看涨期权现价,P 为看跌期权现价,K 为行权价,S 为一单位标的资产当下的价格,r 为无风险利率,t 为当前时间点。

等式左侧是一份信用买权:以现价 C 买入一份看涨期权,并且为了保证如果标的资产的价格在到期日高于行权价($S_T>K$),我们能够行权(以行权价 K 买入一单位资产标的),从现在开始就预留现金 K 并持有至到期日。因此,这样一份信用买权当下的价格为:$C+K$。

等式右侧是一个保护性看跌期权:以现价 P 买入一份看跌期权,并且为了保证如果标的资产的价格在到期日低于行权价($S_T<K$),能够行权(以行权价 K 卖出一单位资产标的),以标的现价 S 买入一单位的标的资产并持有至到期日。因此,这样一份保护性看跌期权当下的价格为:$P+S$。

两侧的投资组合在到期日的价值都是:$\max(S_T,K)$。

当标的资产价格高于行权价 $S_T>K$ 时,左侧行权买入标的,右侧不行权,保持持有标的价值为 S_T。

当标的资产价格低于行权价 $S_T<K$ 时,左侧不行权,保持持有现金 K;右侧行权,卖出持有的标的,得到现金 K。

根据无套利原则,两侧的投资组合在初始时刻也应当价值相同。

三、β 中性策略操作

把期权平价公式 $C+K\exp(-rt)=P+S$ 改为:$S+P-C=K\exp(-rt)$,即持有 1 单位的标的资产 + 买入 1 单位行权价 K 的看跌期权 + 卖出 1 单位行权价 K 的看涨期权 = 持有 K 值的现金(无风险)。

四、β 中性案例:上证 50ETF 期权

10 月 24 日盘中现货上证 50ETF 为 2.794,其余期权参数如下表,在当前日间点能取得 0.21% 的单月收益率,因此存在年化 2.49% 收益的无风险套利机会。

表4-1-1 范例价格

行权价	CALL	PUT	S+P-C	Kexp (-rt)	spread	cash_cost	put_cost	call_cost	total_cost	单月收益率（%）	年化收益率（%）
2.30	0.494 5	0.001 4	2.300 9	2.294 3	0.006 6	27 940	14	8 320	36 274	0.18	2.20
2.35	0.446 0	0.001 7	2.349 7	2.344 1	0.005 6	27 940	17	7 853	35 810	0.16	1.87
2.40	0.395 4	0.002 6	2.401 2	2.394 0	0.007 2	27 940	26	7 330	35 296	0.20	2.45
2.45	0.348 5	0.003 5	2.449 0	2.443 9	0.005 1	27 940	35	6 865	34 840	0.15	1.76
2.50	0.302 7	0.005 2	2.496 5	2.493 8	0.002 7	27 940	52	6 382	34 374	0.08	0.96
2.55	0.253 9	0.008 8	2.548 9	2.543 6	0.005 3	27 940	88	5 920	33 948	0.16	1.86
2.60	0.210 7	0.014 6	2.597 9	2.593 5	0.004 4	27 940	146	5 411	33 497	0.13	1.57
2.65	0.170 0	0.022 6	2.646 6	2.643 4	0.003 2	27 940	226	5 062	33 228	0.10	1.16
2.70	0.133 3	0.036 3	2.697 0	2.693 3	0.003 7	27 940	363	4 671	32 974	0.11	1.36
2.75	0.102 6	0.055 8	2.747 2	2.743 1	0.004 1	27 940	558	4 379	32 877	0.12	1.48

续 表

行权价	CALL	PUT	S+P−C	Kexp (−rt)	spread	cash_cost	put_cost	call_cost	total_cost	单月收益率（%）	年化收益率（%）
2.80	0.076 7	0.081 5	2.798 8	2.793 0	0.005 8	27 940	815	4 062	32 817	0.18	2.12
2.85	0.058 9	0.112 2	2.847 3	2.842 9	0.004 4	27 940	1 122	3 387	32 449	0.14	1.63
2.90	0.043 9	0.147 5	2.897 6	2.892 8	0.004 8	27 940	1 475	2 761	32 176	0.15	1.81
2.95	0.032 1	0.187 4	2.949 3	2.942 6	0.006 7	27 940	1 874	2 343	32 157	0.21	2.49
3.00	0.025 0	0.228 6	2.997 6	2.992 5	0.005 1	27 940	2 286	2 263	32 489	0.16	1.88
3.10	0.015 2	0.319 8	3.098 6	3.092 3	0.006 3	27 940	3 198	2 176	33 314	0.19	2.28
3.20	0.011 2	0.412 5	3.195 3	3.192 0	0.003 3	27 940	4 125	2 115	34 180	0.10	1.16
3.30	0.008 4	0.511 0	3.296 6	3.291 8	0.004 8	27 940	5 110	2 079	35 129	0.14	1.65
3.40	0.006 9	0.608 5	3.395 6	3.391 5	0.004 1	27 940	6 085	2 058	36 083	0.11	1.36

从公式来看,当 $C+K\exp(-rt)>P+S$,将出现正向套利机会;$C+K\exp(-rt)$。

接下来测算一下收益,做一手正向套利组合的话,以行权价 $K=2.95$ 为例,假设最终 S 为 3.00,通过卖出认购期权 C 被行权将损失 500 元,期初能获取期权费 321 元,即卖出认购期权亏损 $500-321=179$ 元。买入行权价为 2.95 的认沽期权付出权利金 1 874 元,最终 S 高于行权价,行权获得收益 500 元,买入认沽期权亏损 $1\ 874-500=1\ 374$ 元。买入 10 000 份现货上证 50ETF,从 2.794 涨至 3.00,盈利 2 060 元。

综合来看该策略总盈利为:$-179-1\ 374+2\ 060=507$ 元,因此,在交易者发现套利机会并实施该策略投资时,已精准锁定利润。

第二节　买入对冲与备兑策略

一、备兑策略的定义

期权备兑开仓策略是指交易者在已经拥有标的证券或者买入标的证券的同时,卖出相应数量的认购期权。

备兑开仓策略是指持有现货,预期未来上涨可能性不大,就可以卖出认购期权构成备兑组合,以增强收益。用卖出认沽期权锁定买入价是指准备买入股票,但认为现有股价过高或预期未来可能下跌,就可以卖出认沽期权以锁定买入价格,并通过收取期权费来降低建仓成本。

持有现货多头 ＋ 卖出看涨期权 ＝ 弥补性套保策略

当预期未来标的证券会处于不涨或小涨时,交易者可以通过备兑开仓策略来增强收益、降低成本。那备兑开仓策略究竟如何操作呢?

其实就是在持有标的证券的同时,卖出相应数量的认购期权,获得权利金收入。尽管也是卖出认购期权,但由于备兑开仓策略使用全额标的证券做担保,因此 ETF 期权的备兑开仓无须额外缴纳现金作为保证金。再加上目前上交所、深交所的 ETF 期权卖出开仓免手续费,等于 ETF 期权备兑开仓是免手续费和免保证金的,因此对于 ETF 的持有人来说,备兑开仓可说是几乎没有交易成本的。

二、备兑策略的作用

1. 增强持股收益,降低持仓成本;

2. 锁定心理目标价位,作为"高抛现货"的一种替代。

三、备兑策略的适用环境

预期标的价格未来一段时间不涨或者小幅上涨,即未来大涨的可能性不大时,可以构建备兑开仓策略增强收益,降低成本。

四、备兑策略损益

损益平衡点:标的现货买入成本 — 权利金

最大收益:权利金 ＋ 认购期权行权价 — 标的现货买入成本价

最大亏损:现货价格跌至 0

五、备兑策略案例:上证 300ETF 期权

交易者 A 以 4.040 元／份的价格买入 10 000 份上证 300ETF（510300）,经过一段时间的观察,认为短期内上证 300ETF 将会小幅上涨,但涨幅不会很大,于是他决定运用上证 300ETF 期权操作构建备兑开仓策略。如果上证 300ETF 上涨到 4.50 元／份,即达到他的心理,卖出价位,因此他以 0.033 3 元／份的价格卖出了 1 张 11 月到期行权价为 4.50 元的认购期权（上证 300ETF 合约单位为 10 000 份／张）。

表 4-2-1 范例损益结构

上证 300ETF 价格	4.040 元以下	4.040–4.500	4.500 元以上
现货损益	亏损:(P—4.04）× 10 000	盈利:(P—4.04）× 10 000	盈利加速

续　表

上证300ETF 价格	4.040 元以下	4.040–4.500	4.500 元以上
期权损益	获取权利金： 0.033 3×10 000 ＝333	获取权利金： 0.033 3×10 000 ＝333	333＋ 盘面亏损
合计损益	现货亏损减少	盈利增加 333	盈利 333

策略案例分析：备兑策略在上证 300ETF 价格增加了收益 333 元。当上证 300ETF 价格跌破 4.040 元时，现货出现亏损，备兑卖出认购期权获取权利金，降低亏损，只要不跌破 4.006 7 元（4.040－0.033 3），该策略不会出现亏损。当上证 300ETF 在 4.040～4.50 波动时，现货盈利的同时增加了期权权利金的收益，丰厚了策略的收益。当上证 300ETF 价格向上突破 4.500 元时，已达到卖出的心理价格位置，期权端将面临亏损，这时候配合现货平仓即可，现货获取收益的同时增加了期权的收益。

六、备兑策略的优缺点

（一）备兑策略的优点

1. 定期（如每月）获得权利金收入；

2. 因权利金收入可适度降低盈亏平衡点，比直接拥有标的证券风险更低；

3. 该策略使用现券担保，不须额外缴纳现金保证金，因此通常情况下无须每日盯市，无强平风险。

（二）备兑策略的缺点

1. 股价持续上涨时，该策略向上收益具有上限；

2. 股价持续下跌时，该策略仍须承担价格下行风险。

七、备兑策略注意事项

（一）合约的选择

合约的选择最好是平值或者轻度虚值期权。

深度实值的期权,到期时被行权的可能性大,期权的时间价值相对较小,备兑投资的收益也相对较小;深度虚值期权的权利金则较小。因而最好选择平值或轻度虚值的合约。在到期时间选择上,由于近月合约的时间价值流逝最快,因而卖出近月合约的收益也相对较高。期权合约的流动性也是需考虑的因素。一般而言,近月的平值或轻度虚值的合约流动性也相对较好。

(二)心理预期

交易者要做好标的价格上涨被行权的预期以及面临价格下跌带来的风险。

交易者需要积极看待"被行权"这件事。在备兑开仓时,交易者将行权价选在心理卖出价格附近,这样即使到期时标的证券价格超过行权价,交易者被指派到行权也能够按照心理目标价位把标的证券卖出。备兑开仓策略无法防范标的价格持续下跌的风险,如果标的价格一直下跌,那么整个备兑组合会因为现货端的亏损而整体面临亏损。

第三节 动态套保策略:Delta 中性对冲

Delta 中性策略就是构造一个含有期权头寸的组合,使其不受标的价格小幅变动的影响。也就是说,无论标的价格是涨还是跌,组合的市值始终保持不变。在期权交易中,有时这也被称为 Delta 中性对冲。

一、Delta 中性对冲原理

Delta 主要用于描述标的资产价格变动时,期权价格的变化量。Delta=期权价格变化值 ÷ 标的资产价格变化值。

表 4-3-1 持仓部位与 Delta 关系

投资组合所包含的头寸	持仓头寸的 Delta 值	Delta 的交易性质
买入标的资产	+	Long Delta
卖空标的资产	−	Short Delta

投资组合所包含的头寸	持仓头寸的 Delta 值	Delta 的交易性质
买入的认购期权合约	＋	Long Delta
卖出的认购期权合约	－	Short Delta
买入的认沽期权合约	－	Short Delta
卖出的认沽期权合约	＋	Long Delta

二、Delta 中性对冲定义

Delta 中性对冲策略是指交易者在持有期权头寸的情况下，增加或减少标的资产的头寸，使得整个组合的 Delta 为 0 或近似为 0。Delta 中性策略就是构造一个含有期权头寸的组合，使其不受标的价格小幅变动的影响。也就是说，无论标的价格是涨还是跌，组合的市值始终保持不变。

表 4-3-2　Delta 中性投资组合所包含的头寸

Delta 中性投资组合所包含的头寸	整个组合 Delta
买入的认购期权合约 ＋ 卖空标的资产	0
卖空的认购期权合约 ＋ 买入标的资产	0
买入的认沽期权合约 ＋ 买入标的资产	0
卖空的认沽期权合约 ＋ 卖空标的资产	0

Delta 中性交易或 Delta 中性对冲是期权交易的重要交易策略，既可以规避价格波动风险，降低成本，又可以增加收益，持有头寸稳定。

三、Delta 中性对冲策略类型

按照期权持仓过程中，对标的资产调仓分类。Delta 中性对冲类型可以分为静态 Delta 中性对冲和动态 Delta 中性对冲。

表 4-3-3 静态 Delta 中性对冲与动态 Delta 中性对冲比较

	静态 Delta 中性对冲策略	动态 Delta 中性对冲策略
操作区别	对冲策略建立到平仓过程中标的资产头寸不进行调整	当组合偏离 Delta 中性状态时，通过动态买卖标的资产实现总持仓 Delta 保持为 0
适用人群	普通期权交易者	流动性服务提供商、专业机构交易者

按照对冲时涉及的品种分类，Delta 中性对冲类型可以分为两腿 Delta 中性对冲和多腿 Delta 中性对冲。

表 4-3-4 两腿 Delta 中性对冲与多腿 Delta 中性对冲比较

	两腿持仓的 Delta 中性对冲策略	多腿持仓的 Delta 中性对冲策略
操作区别	一个组合涉及两个不同的头寸	一个组合涉及三个或以上不同的头寸
持有品种	认购期权与标的资产组合，或者认沽期权与标的资产组合	多个认购期权，多个认沽期权和标的资产

四、静态 Delta 对冲范例：上证 50ETF 期权

2024 年 10 月 21 日，上证 50ETF 价格为 2.790 元 / 份时，交易者以 0.079 5 元 / 份的价格卖出了 10 张行权价为 2.80 的上证 50ETF 认购期权合约，每张合约的 Delta 值为 0.509 7。此时，交易者应当如何操作以保持组合 Delta 中性？

表 4-3-5 静态 Delta 对冲范例价格

	价格（元 / 份）	数量	Delta	组合 Delta
认购期权	0.079 5	−10	0.509 7	$0.509\ 7 \times 10\ 000 \times (-10) = -50\ 970$
上证 50ETF	2.790	x	1	$1 \times x = x$

组合 Delta 中性，即组合 Delta 值为零。

令 $-50\,970+x=0$，解得 $x=50\,970\approx51\,000$，故需要买入 51 000 份上证 50ETF 以保持组合 Delta 中性。

表 4-3-6　两腿 Delta 中性对冲策略组合头寸

持仓头寸	期权头寸	上证 50ETF 头寸
开仓	卖出开仓 10 张认购期权	买入 51 000 份 ETF
平仓（上证 50ETF 价格上涨）	买入平仓 10 张认购期权	卖出 51 000 份 ETF
平仓（上证 50ETF 价格下跌）	买入平仓 10 张认购期权	卖出 51 000 份 ETF

组合 Delta 分析：

假设上证 50ETF 价格上涨 0.02 元，在其他条件不变的情况下，认购期权价格上涨为：$0.079\,5+0.509\,7\times0.02=0.089\,7$ 元；

假设上证 50ETF 价格下跌 0.02 元，在其他条件不变的情况下，认购期权价格下跌为：$0.079\,5-0.509\,7\times0.02=0.069\,3$ 元。

表 4-3-7　Delta 中性策略损益分析

持仓头寸	期权收支（元）	ETF 收支（元）	组合市值变化（元）
开仓	$0.079\,5\times10\times10\,000=+7\,950$	$-2.790\times51\,000=-142\,290$	$-134\,340$
平仓（ETF 上涨 0.02）	$-0.089\,7\times10\times10\,000=-8\,970$	$+2.81\times51\,000=+143\,310$	$+134\,340$
平仓（ETF 下跌 0.02）	$-0.069\,3\times10\times10\,000=-6.930$	$+2.77\times51\,000=+141.270$	$+134\,340$

从以上 Delta 中性对冲损益分析来看，若持仓期间，Delta 不变，则对冲后组合盈亏损益趋于 0。

五、三腿 Delta 中性对冲策略组合范例：上证 50ETF 期权

10 月 21 日，上证 50ETF 价格为 2.790 元 / 份时，交易者以价格 0.080 0 元 / 份卖出了 10 张行权价为 2.80 的上证 50ETF 认购期权合约，每张合约的 Delta 值为 0.51；同时以价格 0.049 0 元 / 份卖出 10 张行权价为 2.70 的上证 50ETF 认沽期权合约，每张合约的 Delta 值为 −0.32。

表 4-3-8　三腿 Delta 对冲范例价格

	价格（元 / 份）	数量	Delta	组合 Delta
认购期权	0.080 0	−10	0.51	$0.51 \times 10\,000 \times (-10) = -51\,000$
认沽期权	0.049 0	−10	−0.32	$-0.32 \times 10\,000 \times (-10) = +32\,000$
上证 50ETF	2.790	x	1	$1 \times x = x$

Delta 中性策略，则组合 Delta 为零，即

$$-51\,000 + 32\,000 + x = 0，解得 x = 19\,000$$

因此，要保持组合头寸的 Delta 中性，就需要买入 19 000 份上证 50ETF。

图 4-3-1　三腿 Delta 中性对冲策略组合持仓分析

表 4-3-9　三腿 Delta 对冲范例头寸

	认购期权头寸	认沽期权头寸	标的资产头寸
开仓	卖出开仓 10 张认购期权	卖出开仓 10 张认沽期权	买入 19 000 份 ETF
平仓（ETF 上涨）	买入平仓 10 张认购期权	买入平仓 10 张认沽期权	卖出 19 000 份 ETF
平仓（ETF 下跌）	买入平仓 10 张认购期权	买入平仓 10 张认沽期权	卖出 19 000 份 ETF

假设上证 50ETF 价格上涨 0.02 元，在其他条件不变情况下，认购期权价格上涨为：0.080＋0.02×0.51＝0.090 2（元）；认沽期权价格下跌为：0.049－0.02×0.32＝0.042 6（元）

假设上证 50ETF 价格下跌 0.02 元，在其他条件不变情况下，认购期权价格下跌为：0.080－0.02×0.51＝0.069 8（元）；认沽期权价格上涨为：0.049＋0.02×0.32＝0.055 4（元）

表 4-3-10　Delta 中性策略损益分析

	认购期权收支（元）	认沽期权收支（元）	ETF 收支（元）	组合总市值变化（元）
开仓	0.080 0 × 10 × 10 000＝＋8 000	0.049 0 × 10 × 10 000＝＋4 900	−2.790 × 19 000＝−53 010	−40 110
平仓（ETF 上涨 0.02）	−0.090 2 × 10 × 10 000＝−9 020	−0.042 6 × 10 × 10 000＝−4 260	＋2.81 × 19 000＝＋53 390	＋40 110
平仓（ETF 下跌 0.02）	−0.069 8 × 10 × 10 000＝−6 980	−0.055 4 × 10 × 10 000＝−5 540	＋2.77 × 1 9 000＝＋52 630	＋40 110

从以上 Delta 中性对冲损益分析来看，若持仓期间，Delta 不变，则对冲后组合盈亏损益趋于 0。

六、动态 Delta 中性对冲

前面假设从开仓到平仓过程中，期权的 Delta 是不变的，使得总盈亏为 0。在实际交易中，随着期权市场价格的变化，期权的 Delta 是时刻变化的。因此，专业机构交易者就需要时刻动态调整 Delta 对冲的头寸，以保持 Delta 中性，这被称为动态 Delta 对冲。

动态 Delta 中性对冲策略主要包括三个步骤。

1. 开仓时建立一个 Delta 中性组合；

2. 设定组合 Delta 阈值,当标的资产的价格发生变化使得组合的 Delta 偏离阈值时,交易员根据事先确定的标准进行标的资产头寸的调仓,使得组合头寸保持 Delta 中性；

3. 同时平仓所有头寸了结。

Delta 调仓方法,Delta 调节头寸,既可以用 Delta 值偏离的方式,也可以用固定时间周期调节,还可以用行权价合约调节头寸。

七、动态 Delta 中性对冲范例一：上证 50ETF 期权

对冲情景分析：由于认购期权的 Delta 为正值,介于 0 到 1 之间；平值期权的 Delta 约等于 0.5。因此卖出认购期权进行风险对冲时,可以按照 Delta 值操作。

2024 年 10 月 10 日上证 50ETF 收盘价为 2.852 元,以权利金 0.144 2 元 / 份卖出 10 张行权价为 2.85 的 10 月份认购期权,期权合约的 Delta 为 0.534 8。

表 4-3-11　动态 Delta 对冲范例价格

日期	收盘价 （元）	期权价格 （元 / 份）	认购期权 **Delta**	应持股数 （份）	股数变化
10/10	2.852	0.086 0	0.508 1	50 800	
10/11	2.794	0.059 1	0.402 3	40 200	−10 600
10/15	2.827	0.045 8	0.453 2	45 300	+5 100
10/16	2.758	0.010 8	0.196 9	19 700	−25 600
10/17	2.754	0.010 0	0.182 1	18 200	−1 500
10/18	2.712	0.004 2	0.091 8	9 200	−9 000
10/21	2.795	0.025 8	0.323 0	32 300	+23 100

Delta 中性对冲盈亏分析（不计交易费）：

D1：卖出 10 张行权价为 2.85 的认购期权,获取权利金 0.144 2 元。同

时以价格 2.852 元／份买入上证 50ETF50 800 份，此时现货持仓均价为 2.852 元／份。

D2：为了保持组合策略中性，动态地调节持仓头寸。以价格 2.794 元／份卖出 10 600 份上证 50ETF，交易盈亏为 −615 元。此时现货持仓均价为 2.852 元／份，持仓数量为 50 800−10 600＝40 200 份。

D3：以价格 2.827 元／份买入 5 100 份上证 50ETF，此时现货持仓均价为 2.849 元／份，持仓数量为 40 200＋5 100＝45 300 份。

……

D7：全部平仓了结头寸。

以上就是简单的期权动态 Delta 中性组合策略，通过动态调节现货的方式使得持仓保持中性。

Delta 中性策略的组合价值仍然受到波动率影响，因此，构建 Delta 中性对冲策略时，在期权合约临近到期日前需要移仓或者平仓了结，重新建立下月合约的 Delta 中性策略。

Delta 中性策略，除了受到波动性的影响外，还受到对冲频率和交易手续费的影响，为了解决这个问题，建议设定一定的 Delta 阈值范围，避免过度对冲交易。

八、动态 Delta 中性对冲案例二：创业板 ETF 期权

此案例主要是创业板 ETF 期权应用期权卖方为主构建的 Delta 中性策略，根据市场行情的变化调整持仓 Delta，使得持仓近似于保持中性。此案例采用的是简单的期权两腿卖方，在实际应用中可根据需要同时采用多行权价、买方和卖方结合的方式灵活构建期权中性策略，获取时间价值和调整持仓的收益。对于持仓合约 Delta 的调整，此案例应用一个合约进行调整，而实际可以用多个合约同时调整。

1 张创业板 ETF 期权对应 10 000 份创业板 ETF，而 ETF 的 Delta 为 1，则 1 张创业板 ETF 期权对应标的 ETF 的 Delta 值为 10 000。期权标的换算成 Delta 值时需要乘以标的价格，因此，一张 ETF 期权对应标的的

Delta 值为创业板 ETF 价格 ×10 000。为了方便测算,以下均采用当天的收盘价和收盘时的 Delta,而在实际操作中,盘中出现 Delta 值超出阈值,即可进行头寸 Delta 的调整。

2024 年 10 月 23 日,创业板 ETF 收盘价为 2.162 元 / 份,此时,构建期权中性组合策略:卖出 100 张行权价为 2.05 的创业板 ETF 认沽期权(159915P2411M002050),同时卖出 68 张行权价为 2.20 的创业板 ETF 认购期权(159915C2411M002200),两期权合约的收盘价为 0.063 2、0.104 6,两期权合约的 Delta 分别为 −0.321 0、0.475 6。

持仓总 Delta 值为:

$[-0.321\,0 \times (-100) + 0.475\,6 \times (-68)] \times 10\,000 \times 2.162 = 5\,206$,而 50 张期权对应的标的 Delta 值为 $50 \times 2.162 \times 10\,000 = 1\,080\,000$,因此,5 206 相较于 108 万可以看作是趋于 0。

表 4-3-12　动态 Delta 对冲范例 Delta 值

	创业板 ETF（元 / 份）	2.05P 数量	2.05P Delta	2.20C 数量	2.20C Delta	持仓 Delta 值
10 月 23 日	2.162	−100	−0.321 0	−68	0.475 6	5 206

接下来几天,根据市场行情的变化,动态地调整持仓 Delta,使得持仓趋于中性。

10 月 24 日,创业板 ETF 收盘价为 2.132 元 / 份,下跌了 0.030 元 / 份。认购期权的 Delta 值下降,而认沽期权的 Delta 值上升。为了使持仓头寸保持中性,可通过买入平仓认沽期权的方式或者加仓卖出认购期权的方式来调整头寸。此案例采用加仓的方式,即加仓卖出 12 手认购期权,使得持仓保持中性。

10 月 25 日,创业板 ETF 收盘价为 2.196 元 / 份,上涨了 0.064 元 / 份。认购期权的 Delta 值上升,而认沽期权的 Delta 值下降。为了使得持仓保持

Delta 中性，买入平仓 30 手认购期权。

10 月 28 日，创业板 ETF 收盘价为 2.188 元 / 份，下跌了 0.008 元 / 份。认购期权的 Delta 值下降，而认沽期权的 Delta 值上升。为了使得持仓保持 Delta 中性，卖出加仓 2 手认购期权。

10 月 29 日，创业板 ETF 收盘价为 2.135 元 / 份，下跌了 0.053 元 / 份。认购期权的 Delta 值下降，而认沽期权的 Delta 值上升。为了使得持仓保持 Delta 中性，卖出加仓 26 手认购期权。

以上一系列的操作如下，根据标的市场行情的变化，动态地调整持仓 Delta，使得总持仓 Delta 值保持中性，以下是上述操作的头寸调整表和损益表。

表 4-3-13　动态 Delta 中性对冲范例持仓

日期	创业板 ETF（元 / 份）	2.05P 数量	2.05P Delta	2.20C 数量	加减仓	2.05P Delta	总 Delta 值
10 月 23 日	2.162	−100	−0.321 0	−68	0	0.475 6	−5 206
10 月 24 日	2.132	−100	−0.344 0	−80	−12	0.427 0	5 117
10 月 25 日	2.196	−100	−0.254 8	−50	30	0.516 8	−7 906
10 月 28 日	2.188	−100	−0.262 7	−52	−2	0.507 6	−2 739
10 月 29 日	2.135	−100	−0.338 3	−78	−26	0.435 5	−2 968

表 4-3-14 动态 Delta 中性对冲范例损益

日期	创业板ETF（元/份）	2.05P数量	2.05P收盘价	2.20C数量	加减仓	2.20C收盘价	平仓盈亏	持仓盈亏	合计盈亏
10月23日	2.162	−100	0.063 2	−68	0	0.104 6	0	0	0
10月24日	2.132	−100	0.060 8	−80	−12	0.078 4	0	20 216	20 216
10月25日	2.196	−100	0.040 3	−50	30	0.108 5	9 030	16 585	25 615
10月28日	2.188	−100	0.041 5	−52	−2	0.107 9	0	−4 365	4 365
10月29日	2.135	−100	0.059 3	−78	−26	0.082 8	0	−8 381	−8 381
合计									**33 085**

通过卖出期权的方式构建创业板 ETF 期权中性策略，根据标的市场行情变化动态地调整持仓头寸，可使持仓 Delta 保持中性，规避了市场大幅波动的影响，还可以赚取收益。因此，期权的中性策略既可以应用现货和期权的方式，也可以运用纯期权的方式构建组合策略，调整头寸时，既可以采用加仓的方式，也可以采用减仓的方式，目的都是规避标的市场价格波动的风险获取稳定的收益，以达到收益风险比最大化的效果。

第五章
场外期权与奇异期权应用

第一节　场外期权

一、场外期权的介绍

场外期权（Over the Counter Options，一般简称为 OTC Options 或"柜台式期权"），指的是在非集中性的交易场所进行的非标准化的期权合约交易。场外期权根据一方提出的要求定制个性化的金融工具，通过拆解权利和义务，帮助企业实现个性化投资和套保。

场外期权和场内期权最主要的区别表现在期权合约是否标准化。

二、选择场外期权的理由

1. 组合价格有优势；

2. 结构丰富多样，通过奇异期权以及组合期权构造的期权组合丰富多样化；

3. 更为精准地表达交易方向，实现交易目标；

4. 期限选择更加灵活，配合企业生产经营周期进行采购销售套保。

三、场外期权的特点

（一）标的多样化

期权的标的可以为个股、指数、交易所的期货合约、现货等。

（二）类型多样化

场外期权可分为欧式期权、美式期权、亚式期权、增强亚式期权、二元期权、障碍期权及价差期权等。

1. 欧式期权：指期权的买方（权利方）必须在期权到期日当天才能行使权利的期权。

2. 美式期权：指期权的买方（权利方）在期权到期日前的任何交易日都可以行使权利的期权。

3. 亚式期权：也被称为"均值型期权"，是指期权持有人有权在合约到期日之前的一段时间内，随时行使权利的一种期权。在这种情况下，期权的价值取决于标的资产在这段时期内的平均价格。因此，亚式期权的价值受市场波动的影响较小，相对更加稳定。它是当前金融衍生品市场上交易最为活跃的奇异期权之一。

4. 增强亚式期权：是在计算均值时，将每天的收盘价与一个约定的价格进行比较，取对期权买方更有利的价格来计算均值，可以提高期权的赔付。

5. 二元期权：又称数字期权、固定收益期权，是操作最简单的金融交易品种之一。二元期权在到期时只有两种可能结果，基于一种标的资产在规定时间内（例如未来的一小时、一天、一周等）收盘价格是低于还是高于执行价格的结果，决定是否获得收益。如果标的资产的走势满足预先确定的启动条件，二元期权交易者将获得固定金额的收益，反之则损失固定金额的部分投资，即固定收益和风险。

6. 障碍期权：指在其生效过程中受到一定限制的期权，目的是把交易者的收益或损失控制在一定范围之内。障碍期权一般分为两类，即敲出期权和敲入期权。敲入期权（Knock-in），是指当标的资产价格达到某个特定的触发价时，期权才会生效。换句话说，只有在标的资产价格达到或超过（对于看涨期权）或低于（对于看跌期权）这个触发价时，期权持有者才能行使该期权。敲出期权（Knock-out），是指当标的资产价格达到某个特定的触发价，期权将自动失效作废。也就是说，一旦价格触及这个触发价，期权就不再有效,持有者无法行使该期权。

7. 价差期权:指期权的买方以不同行权价同时买入并卖出相同种类的期权。价差期权是一种简单相关期权,这类期权的结算支付额是两种基础资产之间的差价。

四、场外期权的优势

1. 灵活性。可根据需求方提供个性化定制,量身打造期权合约,协商制定交易合约要素。

2. 便捷性。通过场外期权交易运作,签订 SAC 框架协议后可以随时交易,操作难度低,资金需求明确。

3. 持仓隐蔽。持仓不会出现在盘面上,而是隐蔽于场外市场。

五、场内期权和场外期权

投资标的:场内期权品种有限,而场外期权可以覆盖所有已上市的期货品种合约,甚至还可以指定现货。

名义金额:场内期权受交易所持仓限额要求,套保金额有限;场外期权金额较为灵活不受限制,只需要场外期权交易双方达成共识即可。

期权类型:场内期权只有香草期权[①],难以满足实体企业生产需求;场外期权类型多样,可以根据生产企业个性化灵活定制,满足企业套保的需求。

交割方式:场内期权交割方式是期货合约;场外期权交割方式多样,既可以现金交割也可以实物交割。

六、场外期权策略与实务

逢低采购:企业确定目标采购价,卖出虚值看跌期权(执行价≤采购价),收取权利金。若市场行情大幅下跌至行权价以下,则可按照目标采购

---

① 　香草期权是指那些结构简单、条款标准的期权合约。

价—收取的权利金进行采购。

逢高出货：企业期初确定销售价格，卖出虚值看涨期权（执行价≥预售价），收取权利金，大幅上涨则可按照预售价 + 收取的权利金出货。

增强收益和降低成本：结合现货的采购和销售，卖出虚值看涨（或看跌）期权，获取权利金增强收益，卖出虚值期权变为实值期权，则结合现货进行采购和销售，降低采购成本或者增强收益，以起到降本增效的作用。

规避风险：持有现货库存多头，买入看跌期权规避现货价格下跌的风险；企业未来需要采购原料，买入看涨期权以规避价格上涨带来的采购大幅增加的风险。

七、场外期权买方策略应用

1. 替代库存现货；

2. 替代期货转移风险，不放弃利润；

3. 保护现货库存，优化套保效果；

4. 规避风险。

八、场外期权卖方策略应用

1. 卖出看涨期权，提高销售价格，降低库存成本；

2. 卖出看跌期权，降低采购成本；

3. 卖出看涨和看跌期权组合，降低期权组合成本。

九、场内期权和场外期权对比

（一）场内期权
1. 在集中性的交易场所进行；
2. 标准化的期权合约交易。

（二）场外期权
1. 在非集中性的交易场所交易；
2. 根据场外双方洽谈或者中间商撮合；

3. 按照双方需求自行制定交易条件；

4. 非标准化的期权合约。

表 5-1-1　场内期权、场外期权比较

项目	场内期权	场外期权
到期日	固定	自订
行权价	固定	自订
合约规格	固定	自订
参与者	个人、机构交易者	机构交易者为主
结算方	交易所结算	期货商结算
优点	标准化 进出场相对容易	灵活客制化

　　简单来说,场外期权就是不在交易所交易的,由买卖双方议定的,可自订到期时间、行权价格、标的数量的客制化期权,优点是更加灵活,缺点则是非标准化合约,较不易把合约转移,只能和原本的对手方结清。因此进出场价格相较标准化场内期权可能较不佳。

第二节　奇异期权

一、奇异期权的定义

　　期货期权,是最常见的场外期权衍生品之一,包括普通期权和奇异期权。贸易中常见的奇异期权主要包括:亚式期权、累计期权、障碍期权等。

二、常见奇异期权介绍

（一）亚式期权

1. 亚式期权的定义

亚式期权:是指期权结算价或行权价取决于有效期内某一段时间观察

值的平均值,也称为平均值期权。

2. 亚式期权的特点

（1）路径依赖：亚式期权的收益不仅取决于到期时的市场价格,还取决于期权有效期内标的资产价格的变化路径。

（2）降低风险：由于采用平均价格,亚式期权能够降低标的资产价格波动带来的风险,因而可能更适合某些交易者的需求。

（3）类型多样：根据计算基础价格的不同,亚式期权可分为平均价格期权和平均执行价格期权,进一步可细分为几何平均和算术平均两种方式。

3. 亚式期权的类型

亚式期权结构主要由行权价、结算价和行权方式决定,常见的是固定行权价算术平均亚式期权。

表 5-2-1　亚式期权比较

亚式期权类型	固定行权价亚式（欧/美）	浮动行权价亚式（欧/美）
要素定义	行权价：固定值 结算价：标的资产平均值	行权价：标的资产平均值 结算价：标的资产期末价格
结算公式	看涨期权：$\max(0, S_{avg} - K)$ 看跌期权：$\max(0, K - S_{avg})$	看涨期权：$\max(0, S_t - S_{avg})$ 看跌期权：$\max(0, S_{avg} - S_t)$
因子含义	K：固定行权价 S_{avg}：标的资产平均价格,一般用几何平均或者算术平均 S_t：到期时标的资产价格 max：取最大值	

（二）累计期权

1. 累计期权的含义

累计期权：累计期权允许交易者在特定时间段内,根据合约条款以预定的价格（行权价）购买或出售一定数量的标的资产,主要分为累购期权和累沽期权。

累购期权,交易者通过这个产品逐步买入标的资产,适合看涨市场的环境。

累沽期权,交易者通过这个产品逐步卖出标的资产,适合看跌市场的环境。

2. 累计期权适用场景

（1）方向上,区间震荡,不看大跌,不看大涨;

（2）空间上,上有顶,下有底;

（3）时间上,一般是一个月及以上。

3. 累计期权应用的实际意义

（1）满足企业低价采购或高价套保的诉求,实现企业降本增效;

（2）判断价格涨不上去,上涨接近尾声,行情不看大涨;

（3）有相对明确的目标套保价格,愿意承担价格突破的风险;

（4）判断市场大概率高位震荡,判断错误,行情大涨,风险可控。

4. 累购期权（区间低价买货）

产品定义根据即期价格测算出上限价和下限价,在累购期权合约期限内,约定累购每个观察日为交易日或者若干特定交易日,标的资产价格在下限价和上限价之间,企业可以以下限价买入指定数量的标的资产,即获得赔付:（标的资产价格 － 下限价）× 数量。

产品也可以约定固定赔付 X 元 × 数量,当观察日标的资产价格高于上限价,累购企业可以以上限价买入指定数量资产,即获得赔付:（标的资产价格 － 上限价）× 数量;当观察日标的资产价格低于下限价时,企业须定时以下限价买入 2 倍的标的资产,即赔付:2×（下限价 － 标的资产价格）× 数量。

总损益为所有观察日的损益累计之和。

（1）累购期权策略

累购期权属于非普通类奇异期权,因带有敲出条款,触及敲出价后,期权自动作废。

到期结算：结算当日，当价格低于支撑价时，采购价格锁定在支撑价；当价格处于上下限区间时，价格以相对较低价格买货，实现较低成本；当价格高于敲出价时，期权作废。

（2）适用场景

适用于贸易商以及终端企业，并且企业判断未来行情底部有支撑且振荡偏涨的情况。对终端企业而言，于同行竞争中相对成本优势较为重要，只要执行期内标的资产价格不突破敲出价格，就可以持续以低于市场的价格买货，实现降低采购成本。

（3）到期损益图

累购期权（线性赔付敲出型）

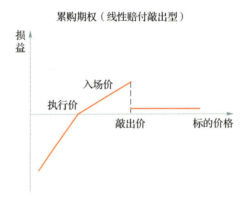

图 5-2-1　累购期权到期损益

（4）累购期权优缺点

累购期权优点：在敲出价格与支撑价格内持续获得赔付。对于终端企业而言，采购价格低于同行，实现相对成本优势；对于贸易商而言，获取较低的采购成本实现超额利润。

累购期权缺点：当标的资产价格低于支撑价时，只能以较高的价格采购；当标的资产价格高于敲出价时，期权作废。

5. 累沽期权（区间高价卖货）

产品定义：根据标的资产即期价格测算出上限价和下限价，在累沽期权合约内，约定累沽观察日为每个交易日或者若干特定交易日。

（1）累沽期权策略

累沽期权属于非普通类奇异期权,因带有敲出条款,触及敲出价后,期权自动作废。

当标的资产价格高于目标价时,采购销售价格为最高位目标价;当价格处于上下限区间时,以相对高价卖货,实现超额利润;当价格低于敲出价时,期权作废。

（2）适用场景

累沽期权适用于贸易量稳定、常年持有现货的贸易商,判断未来行情震荡偏空的情形。

（3）到期损益图

累沽期权（线性赔付敲出型）

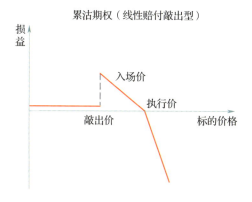

图 5-2-2 累沽期权到期损益

（4）累沽期权优缺点

累沽期权的优点:结算日当天生成高位空单,使客户高价卖货,扩大利润;该策略零成本费用。

累沽期权的缺点:当价格下跌时,对方不再收货,需要在期货上做空套保。

（三）障碍期权

障碍期权（Barrier Option）是指在其生效过程中受到一定限制的期权,其目的是把交易者的收益或损失控制在一定范围之内。障碍期权一般归为两类，即敲出期权和敲入期权。敲出期权是指当标的资产价格达到一个特定障碍水平时，该期权作废；敲入期权则只有当标的资产价格达到一个特定障碍水平时，该期权才有效。

第三节　含权贸易

一、含权贸易的定义

含权贸易是一种将期权或期权组合包含在现货贸易合同中的新型贸易模式。这种模式结合了场外期权业务和现货贸易，通过期权的灵活性来管理价格风险。含权贸易实质上是把期权的现金结算转化为现货价结算，即把期权的损益融入现货的采购价格。

$$含权贸易 = 现货购销 + 期权工具$$

二、含权贸易的意义

（一）规避基差风险

单一避险工具无法同时满足对冲基差风险和价格风险，企业需要更为综合的工具来达到此效果，含权贸易为了规避基差风险应运而生。

（二）降低套保难度

含权贸易降低了中小企业参与期货套期保值的门槛，降低了操作的难度。

（三）多样化管理模式

通过含权贸易进行套期保值避免了期货套保的单一性，覆盖更多层面的管理。

（四）降低保证金占用

期货套期保值需要占用企业大量保证金，在价格往不利的方向变动时，企业追保会有一定的资金压力，通过期权的方式大幅降低保证金的占用。

三、期权在贸易中的应用

期权在贸易中主要应用在套期保值和含权贸易两大模块上。

期权套期保值：规避现货库存价格下跌风险，规避原材料价格上涨风险，锁定采购、销售价格，合成期货头寸；常用的套保策略为领式策略、海鸥策略等。

含权贸易：对上游保底价采购，对下游封顶价销售，二次点价；常用的期权策略有亚式期权（均价结算），累购累沽期权等。

四、含权贸易与基差交易

表 5-3-1　含权贸易与基差交易比较

贸易类型	基差贸易	含权贸易
组合	现货 ＋ 期货	现货 ＋ 期权
作用	规避价格波动风险，平滑企业利润	进一步化解价格波动风险，增厚企业利润
风险	期货移仓升贴水	规避期货移仓换月升贴水风险

五、含权贸易的模式

（一）上游销售方案

1. 保底销售：锁定最低销售价格，大跌不降价。

2. 溢价销售：放弃超额销售利润，换取稳定销售补贴。

3. 高价销售：等待以高预期价销售，没等到有补贴，大涨不锁定销售价。

4. 累计销售：价格大涨多倍销售，换取期初销售价。

（二）下游采购方案

1. 封顶采购：锁定最高采购价，大涨不涨价。

2. 折价采购：放弃低成本采购可能，换取稳定采购补贴。

3. 低价采购：等待以低预期价采购，没等到有补贴，大跌不锁定采购价。

4. 累计采购：价格大跌多倍采购，换取低于期初价格。

5. 二次点价：点价采购后担心价格下跌，二次点价给予下跌补偿。

六、含权贸易应用案例

（一）上游保底销售

例如：上游锌企业存在大量库存，近期锌价持续上涨，企业希望继续获得锌价格上涨带来的收益，但又担心价格回调。

此时，企业可与五矿期货签订贸易合同，在定价条款中嵌入执行价为 24 800 元／吨的 ZN2412 看跌期权。

贸易合同约定：到期结算价＝ZN2412 收盘价＋基差 30－ 期权费 500。

到期时：

ZN2412 收盘价＞24 800 元／吨，则企业实际销售价为：ZN2412 收盘价＋30－500 元／吨；

ZN2412 收盘价≤24 800 元／吨，则企业实际销售价为：24 800＋30－500＝24 330 元／吨。

因此，在锌价格下跌时，企业最低保底销售价为 24 330 元／吨；在锌价格上涨时，企业销售价将跟随行情的上涨而上涨，利润逐渐提高。

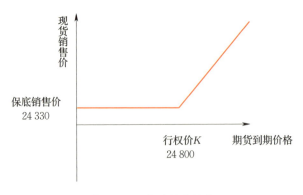

图 5-3-1　上游保底销售

（二）下游封顶采购

例如：下游锌企业有采购需求，在锌价上涨的情形下，企业希望锁定最高采购价格并保有锌价格下跌带来的成本降低的可能性。

此时，企业可与五矿期货签订贸易合同，在定价条款中嵌入执行价为 25 500 元／吨的 ZN2412 看涨期权。

贸易合同约定：到期结算价 ＝ZN2412 收盘价 ＋ 基差 30＋ 期权费 480。

到期时：

ZN2412 收盘价 ＜25 500 元／吨，则企业实际采购价为：ZN2412 收盘价 ＋30＋480 元／吨；

ZN2412 收盘价 ≥ 25 500 元／吨，则企业实际采购价为：25 500＋30＋480＝26 010 元／吨。

因此，在锌价格上涨时，企业最高封顶采购价为 26 010 元／吨；在锌价格下跌时，企业采购成本价逐渐下降，利润逐步提高。

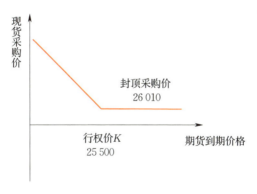

图 5-3-2　下游封顶采购

（三）上游销售固定补贴

例如：上游锌企业认为当前沪锌价格已经较高，未来将温和上涨，但幅度和速度放缓，希望在市场价格基础上提高销售价格，或者为可能的回调增加缓冲垫。

此时，企业与五矿期货签订贸易合同，在定价条款中嵌入执行价为 26 000 元／吨的 ZN2412 看涨期权。

贸易合同约定：到期结算价＝ZN2412 收盘价 ＋ 基差 30＋ 期权费 345。

到期时：

ZN2412 收盘价＜26 000 元／吨,则企业实际销售价为：ZN2412 收盘价 ＋30＋345 元／吨；

ZN2412 收盘价≥26 000 元／吨,则企业实际销售价为：26 000＋30＋345＝26 375 元／吨。

此时,企业在任何情况下都可获得 345 元／吨的销售价格补贴。在锌价格下跌时,企业可以获得比市场价高 345 元／吨的价格进行销售,只有当价格下跌超过 345 元时,才会使得利润实质减少。在锌价格上涨时,企业最高销售价为 26 375 元／吨,市场价格超过行权价时,企业无法获得市场价格上涨带来的好处,但已按照预期的价格进行了销售,获得较高的利润。

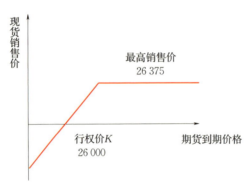

图 5-3-3 上游销售固定补贴

（四）下游采购固定补贴

例如：下游锌企业认为锌价格上涨尚未结束仍将持续,其间会有回调,但回调速度和幅度不会太大,希望在市场价格基础上降低采购成本,或者为可能的采购成本获得额外的补贴。

此时,企业可与五矿期货签订贸易合同,在定价条款中嵌入执行价为 24 600 元／吨的 ZN2412 看跌期权。

贸易合同约定：到期结算价＝ZN2412 收盘价 ＋ 基差 30－ 期权费 420。

到期时：

ZN2412 收盘价 ＞24 600 元／吨,则企业实际采购价为:ZN2412 收盘价 ＋30－420 元／吨;

ZN2412 收盘价 ≤ 24 600 元／吨,则企业实际采购价为:24 600＋30－420＝24 210 元／吨。

因此,企业在任何情况下均获得 420 元／吨的补贴。在锌价格上涨时,企业可以比市场价格降低 420 元的价格进行采购,只有当市场价格涨幅超过 420 元时,才会使利润实质减少。在锌价格下跌时,企业最低采购价为 24 410 元／吨,企业无法获得市场价格继续下跌带来的好处,但已按照预期的价格进行了采购,实现了较低的采购成本。

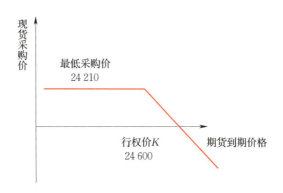

图 5-3-4 下游采购固定补贴

（五）上游零成本保底销售

例如:上游锌企业存在大量库存,近期锌价持续上涨,企业希望继续获得锌价格上涨带来的收益,但又担心价格回调。

此时,企业可与五矿期货签订贸易合同,在定价条款中嵌入看跌领口期权（买入行权价为 24 600 元／吨的 ZN2412 看跌期权,卖出行权价为 26 000 元／吨的 ZN2412 看涨期权）,期权价格分别为 345 元／吨和 345 元／吨。

贸易合同约定到期结算价:

ZN2412 收盘价 ≤ 24 600 元／吨,则企业实际销售价为:24 600＋30＝

24 630 元/吨；

　　24 600 元/吨＜ZN2412 收盘价≤26 000 元/吨，则企业实际销售价为：ZN2412 收盘价＋30 元/吨；

　　ZN2412 收盘价＞26 000 元/吨，则企业实际销售价为：26 000＋30＝26 030 元/吨。

　　如此，企业无须支付任何期权费，即可在锌价格下跌时锁定 24 630 元/吨的最低销售价；而锌价上涨时，企业销售价格随之上涨，利润同步提高。上涨至 26 000 元/吨时，企业最高销售价锁定在 26 030 元/吨。看跌领口期权费成本低但锁定了最高销售价，放弃了售价大幅上涨的收益空间。

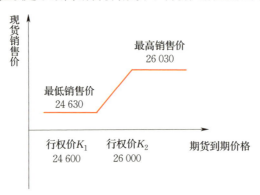

图 5-3-5　上游零成本保底销售

（六）下游零成本封顶采购

　　例如：在锌价上升情形下，下游锌企业因采购需求希望锁定最高采购价并保有锌价价格下跌带来成本降低的可能。

　　此时，企业可与五矿期货签订贸易合同，在定价条款中嵌入看涨领口期权（买入行权价为 26 500 元/吨的 ZN2412 看涨期权，卖出行权价为 24 500 元/吨的 ZN2412 看跌期权），期权价格分别为 345 元/吨和 345 元/吨。

　　贸易合同约定到期结算价：

　　ZN2412 收盘价≤24 500 元/吨，则企业实际采购价为：24 500＋30＝24 850 元/吨；

　　24 500 元/吨＜ZN2412 收盘价≤26 500 元/吨，则企业实际采购价

为:ZN2412 收盘价 +30 元 / 吨;

ZN2412 收盘价 >26 500 元 / 吨,则企业实际采购价为:26 500+30=
26 530 元 / 吨。

如此,企业无须支付任何期权费,在锌价格上涨时,锁定最高采购价
26 530 元 / 吨;而锌价下跌时,企业采购价格随之下降。锌价格下降至
24 500 元 / 吨时,企业最低采购价锁定在 24 850 元 / 吨。看涨领口期权费
成本低但锁定了最低采购价,放弃了市场价格大幅下跌的收益空间。

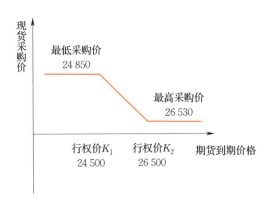

图 5-3-6 下游零成本封顶采购

第四节 场外与奇异期权应用

一、期权相关组合应用 1:雪球商品

某雪球商品的损益情形如下:

期初标的物价格:100%

敲出价格:103%

敲入价格:60%

利息:17.8%(年化)

损益情形:

期中未曾敲入,任何一个敲出观察日敲出 ⟹ 商品提前终止,按年化收益

	率算收益
期中曾经敲入,后续敲出	⇒商品提前终止,按年化收益 率算收益
期中未曾敲入,未曾敲出	⇒年收益率17.8%
期中曾经敲入,后续未曾敲出, 到期价格≥期初价格	⇒交易者总收益＝0%
期中曾经敲入,后续未曾敲出, 到期价格＜期初价格	⇒交易者亏损＝跌幅(非年化)

情形①

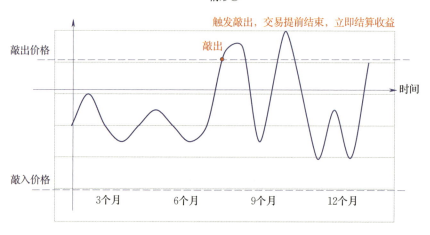

情形②

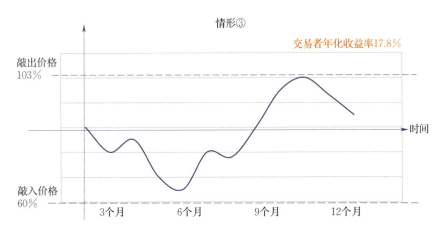

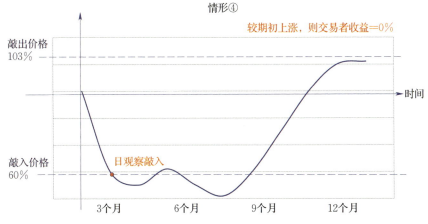

图 5-4-1　雪球范例损益

表 5-4-1　雪球范例损益

情形	敲出 （≥103%）	敲入 （≤60%）	到期价格	损益情形
①	○	×	—	商品提前终止，按年化 报酬率算收益
②	○	○	—	商品提前终止，按年化 报酬率算收益
③	×	×	60＜到期 价格＜103	交易者年报酬率17.8%
④	×	○	到期价格≥ 期初价格（100）	交易者总收益＝0%
⑤	×	○	到期价格＜ 期初价格（100）	交易者亏损＝ 跌幅（非年化）

（一）用障碍期权来说明雪球商品

上方敲出：其实就是标的物价格触及了向上敲出障碍期权，因此期权失效，商品交易结束。

下方敲入：其实就是标的物价格触及了向下敲入障碍期权，因此期权生效，交易者开始可能有损失。

（二）用传统的期权商品来说明雪球商品

1. 从敲出价格来看

任何一个敲出观察日，标的物价格触及敲出价格，商品交易立即终止（情形①②）。

交易者报酬为约定总收益的年化收益率。

分析：其实就是券商卖了一个行权价等于敲出价格的看涨期权，所以标的物价格一旦触及敲出价格，券商就会立即止损，并把收益结算给交易者。

交易者的收益来源,就是券商卖出看涨期权的权利金收益分成。

2. 从敲入价格来看

标的物价格触及敲入价格,就是交易者卖了一个行权价等于期初价格的看跌期权给券商。

假如曾经敲入,并且最后到期日标的价格低于期初价格,那么这就是交易者的亏损(情形⑤)。

假如曾经敲入,并且最后到期日标的的价格高于期初价格(但未曾触及敲出价格),那么券商买的看跌期权归0,券商卖出的看涨期权也归0,但交易者仍没收益(情形④)。

假如从不曾敲出敲入(情形③),那就等于券商卖出的看涨期权一直收取权利金,并且交易者也没有卖出看跌期权,所以最后交易者仍有收益,收益来源仍是券商卖出看涨期权的权利金收益分成。

3. 发行者损益解析

只要触及敲出价格(103%)(情形①②),券商立即止损,损失不会扩大,把之前卖出看涨期权收益分一些给交易者即可。

只要触及敲入价格(60%)(情形④⑤),券商就是多了一个买入看跌期权部位持仓,此后标的物怎么跌都没关系。

敲出敲入价格都没触及(情形③),券商卖出的看涨期权一直收取权利金,到期时再把之前卖出的看涨期权收益分一些给交易者即可。

4. 交易者损益解析

只要触及敲出价(103%)(情形①②),交易者立即获利,这是获利最快的方式。

其次就是虽不触及敲出价,但也不能触及敲入价(60%)(情形③),代表标的物价格不能大跌,至少还能获利。

一旦触及敲入价,但没有触及敲出价(情形④⑤),那交易者就没有获利的可能了(最高是0%)。

这就是一个场外期权的组合产品范例。

二、期权相关组合应用2：累购期权

用一个累购期权为例：

（一）条件

假设某股票A当时的股价是220元：

1. 交易者可以以折让价200元每日购入500股股票A。

2. 若股价跌破200元，交易者亦要以200元价格每日购入1 000股（即双份）的股票A。

3. 假若股票A价格升过250元的赎回价，合约便即时终止。

（二）商品结构解析

当股价在200～250元时，交易者相当于买入行权价为200元的一份认购期权；

当股价＜200元时，交易者相当于卖出行权价为200元的双份认沽期权给发行人；

当股价＞250元时，发行人结束整个合约。

（三）说明

交易者认为可以用低价买入股票A，但实际上最低价只到200元，假如股价跌破200元，交易者仍然必须以200元买入双倍数量，并且没有止损条件。

对发行人来说，止损价在250元，损失有限。

对交易者来说，其实交易累计期权风险不小，因此必须做好风险管控才行。

三、期权相关组合应用3-1：亚式期权

亚式期权优点：

1. 结算价格为标的资产价格平均值，在实际项目中可以满足客户对于风险平均保护的需求。

2. 期权费成本较美式欧式期权更便宜。

因此在"保险＋期货"项目中经常使用。

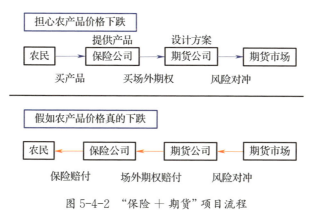

图 5-4-2　"保险＋期货"项目流程

操作"保险＋期货"之后,农民可保有最低收益,降低了收入减少的不确定性。

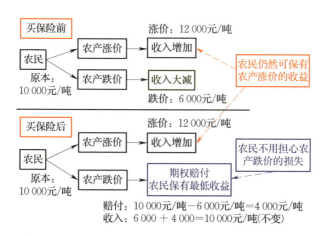

图 5-4-3　"保险＋期货"项目损益情形

四、期权相关组合应用 3-2：亚式期权

铁矿石现货企业客户在 2024 年 7 月初预期：贸易商近期有铁矿石持续的销售需求,担心价格下跌挤压利润空间。

下单要素：2024 年 7 月 5 日铁矿石期货 i2409 入场价格为 850 元／吨,贸易商以 20.5 元 / 吨的期权费,购买了行权价为 850 元 / 吨、到期日为 2024 年 8 月 2 日的亚式看跌期权。

结算价:2024 年 7 月 5 日至 8 月 2 日期间的每日收盘价的算术平均值。

损益分析:2024 年 8 月 2 日,i2409 收盘价为 795 元 / 吨,2024 年 7 月 5 日至 8 月 2 日期间,i2409 每日收盘价算术平均值为 801.3 元 / 吨。亚式期权到期,贸易商获利 =850－801.3－20.5＝28.2 元 / 吨。

相同要素的欧式看跌期权权利金为 31.5 元 / 吨,成本高于亚式期权。若客户在 2024 年 7 月 5 日买入欧式看跌期权,成本高于亚式期权(标的、入场价、起始日、到期日等一致)。

到期时期权收益为:850－795－31.5＝23.5 元 / 吨。

由于期权费高于亚式期权以及后期出现上涨,欧式期权的收益不如亚式期权。

表 5-4-2 欧式期权与亚式期权比较

标的合约	i2409	入场价格	850	入场价格
期权策略	看跌期权策略		亚式看跌期权策略	
2024 年 7 月 5 日	买入行权价为 850 的看跌期权	31.5	买入行权价为 850 的亚式期权	20.5
2024 年 8 月 2 日	i2409 收盘价为 795		i2409 期间收盘价 平均值为 801.3	
损益	850－795－31.5＝23.5		850－801.3－20.5＝28.2	

由上述范例可见,场外期权以及奇异期权的应用十分广泛,希望各位读者能更好地运用。

第六章
期权套保案例

第一节　期权基本套保案例

案例1-1　H公司玉米期权套保案例

一、项目背景

玉米是全球三大粮食作物之一,中国既是全球主要的玉米生产国,也是玉米消费大国,近年来玉米进口量逐年增加。在玉米的使用量上,国内玉米大多数是用在饲料,其次为食品,这两项用途就占全部玉米用量的85%~90%。

H公司是一家种植企业,成立于2014年,规模属于中小微企业,公司所在地是云南省,公司自成立以来主要经营农产品的种植、加工及销售等业务。

目前H公司在云南省多个村镇地区进行农副产品种植:

1. 西红柿种植园,占地约300亩,年产西红柿约700吨;

2. 云白菜、洋芋种植园,占地约500亩,年产白菜约450吨、洋芋约1 000吨;

3. 玉米种植园,占地约1 800亩,年产玉米约1 500吨;

4. 生姜种植园,占地约200亩,年产生姜约400吨。

H公司的农产品业务以自产自销为主,种植地区有丰富的销售渠道,主要销售客户群体包含个体菜贩、企业及单位食堂、贸易商等，公司具备物流车队，可根据客户需求配送至指定地点，同时也可在公司产品存放地自行提货。

玉米是 H 公司其中的一种农产品，经营模式主要是租用农地种植，收成后卖出。H 公司的玉米现货，主要销售给当地菜贩、企业食堂、贸易商等等，有多年合作经验，一般在种植之后，客户会来洽谈买卖数量，签订购销合同，等到玉米成熟之后，就可以出货并结算价金。

H 公司对于玉米经营的风险点就在于签订合同后到玉米成熟之间的跌价。因为农产品种植有成熟的周期性，而购销合同定价一般是以市场定价为基准，所以公司担心作物在成熟前就出现价格下跌情形。玉米种植期为 3~5 个月，通常在种植后不久就开始签订合同，而价格一般是以收成之时的当地市价为主，假如签合同之后到收成之前的玉米价格出现较大幅度的跌价，就将对公司带来较大的损失。因此为了规避价格风险，企业必须运用好期货、期权等衍生工具。

在当地产业特点部分，H 公司经营的玉米现货市场规模较小，并且近几年来供需情形没有出现较大的变化，环境较为稳定，故当地玉米现货价格波动通常小于期货市场，在期货市场波动大于现货市场的情形下，以期货作为套保工具，对公司来说反而会带来损益波动情形太大的状况，而且期货套保成本较高，对于资金运用较为不利，因此公司对于以期货做套保工具意愿较低。而场内期权由于套保成本较低，整体损益波动情形相较于使用期货做套保也较小，因此 H 公司最终选择使用场内期权作为套保工具。

二、项目情况

（一）项目策略及交易情况

截至 2022 年 5 月中旬，玉米价格基本维持上涨趋势，涨幅超过 10%，C2209 期货合约在 4 月 29 日达到 3 046 元/吨的新高价。此时对于玉米种植企业来说是难得的玉米销售时期，但当时距离玉米成熟收购季还有 2~3 个月。为防止玉米价格下跌带来收益下降甚至亏损的风险，买入 C2209 看跌期权合约进行套期保值。

图 6-1-1 案例 1-1 进出场时间标的价格走势

在基差部分：进场时 C2209 价格约为 3 000 元 / 吨，当地现货价为 2 700 元 / 吨，基差为 300 元 / 吨。出场时 C2209 价格约为 2 688 元 / 吨，当地现货价为 2 500 元 / 吨，基差为 188 元 / 吨。

当地现货价虽然波动幅度小于期货价，但价格变化仍为同一方向，因此可以买入期权规避部分价格风险。

5 月 17 日，H 公司认为玉米现货价格处于相对高位，若利用期权工具对冲部分下跌风险，仍可保有种植收益。

进场时 C2209 合约价格为 3 000 元 / 吨，考量风险承受能力以及套保成本，选择买入执行价格在 2 980 元 / 吨的浅虚值 C2209-P-2980 合约 100 手，进场价格 58.5 元 / 吨，Delta 值约为 −0.43，搭配玉米出货时间，计划到 8 月平仓出场，或直接持有至到期，持有时间在 2 个月以上。

表 6-1-1 项目交易逻辑

时间段	期权操作	期权操作逻辑	期权盈亏（元）	现货盈亏（元）	期现结合盈亏（元）
5 月 17 日 — 8 月 5 日	买看跌	担心玉米价格下跌，因此买入看跌期权套保	236 500	−200 000	36 500

该项目共进行 1 笔场内期权操作，管理项目规模 1 000 吨，项目期间共计 58 个交易日，期权日均持仓 100 手。

总体而言，现货损益 −200 000 元，期权产品损益 236 500 元，项目整体期现货结合损益 36 500 元。

（二）套保效果分析

表 6-1-2　套保情况比较

	保证金（元）	套保盈亏（元）	现货盈亏（元）	总体效果（元）
未套保	无	无	−200 000	−200 000
期货套保	387 400	312 000	−200 000	312 000−200 000＝112 000
期权套保	无	236 500	−200 000	236 500−200 000＝36 500

1. 假如未做套保，则现货损失将达到 −200 000 元。

现货损益：（2 500−2 700）×1 000＝−200 000 元

2. 假如使用期货套保，则期货端收益可以抵消现货端损失，甚至出现盈利。

现货损益：（2 500−2 700）×1 000＝−200 000 元

期货损益：（3 000−2 688）×100×10＝312 000 元

期现损益：312 000−200 000＝112 000 元

使用期货套保，虽然效果较期权为好，但需要较多的保证金（387 400元），相较之下买入期权只需要 58 500 元的权利金，并且在行情对套保方向不利的时候无须追保。

3. 假如使用期权套保，则期权端获利可抵消现货端损失，并且总和仍有获利。

现货损益：（2 500−2 700）×1 000＝−200 000 元

期权损益：（295−58.5）×100×10＝236 500 元

权现合计：−200 000＋236 500＝36 500 元

三、项目总结

H公司本次为第一次运用场内期权商品来对公司业务做套保,套保成本控制在公司可接受额度之内,最终的套保效果也相当不错,有效规避了现货价格下跌的风险,公司后续会持续运用场内期权商品来做套保。

买入期权在进入深实值的时候,由于成交量极少,非常不易成交。以本次交易的C2209-P-2980为例,在7月中旬之后几乎没有成交量,假如当时要平仓出场,就只能选择用较低的价格出场或将行权转为期货,幸好H公司的收成时间是8月初,因此最终选择持有至结算行权出场。

案例1-2　A公司玉米期权套保案例

一、项目背景

A公司是一家非上市民营农产品贸易型企业,所在地属于玉米种植大市,当地政府也相当重视玉米产业。2021年该企业玉米贸易量为9万吨,但并未参与过场内期权套保,此次也是企业首次参与大商所场内期权交易。

A公司主要采购内蒙古和东北的玉米,每年在当地的玉米收购大概2 500吨。

以2021年为例,企业玉米年贸易量9万吨,往往采购内蒙古、东北以及当地玉米,再把玉米销售至饲料加工厂。其中7万多吨先和下游客户商议好出售玉米后签订售货合同,之后再进行玉米采购,从签订合同到交货一般间隔为2~3个月。为防止签订协议后还没购入玉米,而价格大幅上涨,需要进行相应的套保。

A公司此次为首次参与场内期权套保,希望以小部分贸易量作为套保尝试。

二、项目经过

（一）项目策略及交易情况

1. 期现市场行情与风险管理需求

2022 年以来，玉米价格基本维持上涨趋势，C2209 期货合约在 4 月 29 日达到 3 046 元 / 吨的新高价。

以玉米现货价格走势来看，当地现货价格与期货走势并不同步，波幅明显小于期货价格，但对于玉米贸易企业来说，在担心后期玉米采购价格大幅上涨的情形下，还是需要以衍生品来做套保才行。

为避免玉米价格上涨带来采购成本增加和前期客户采购协议价格较低带来的亏损风险，A 公司选择买入 C2207 和 C2209 看跌期权合约进行套期保值，同时卖出 C2209 看跌期权，降低买入期权的投入成本。

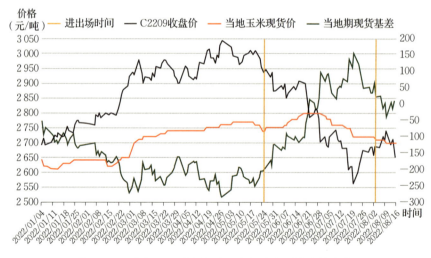

图 6-1-2　案例 1-3 进出场时间与标的期现货价格走势

2. 期权产品要素确定依据

5 月 26 日，A 公司认为玉米现货价格后期仍将有较大幅度上涨，选择利用期权工具对冲上涨风险，希望规避价格上涨带来的风险。

进场时 C2207 合约价格为 2 890/ 吨, 选择买入执行价格在 2 940 元 / 吨的浅虚值 C2207-C-2940 合约 150 手, Delta 值约在 0.17, 计划持有至期权到期, 以较低的价格规避短时间期货价格大幅波动的风险, 持有时间在 10 天左右, 到期后继续买入相应的上涨期权以规避玉米价格大幅上涨的风险。

6 月 13 日, 进场时 C2209 合约价格为 2 886 元 / 吨, 选择买入执行价格在 2 940 元 / 吨的浅虚值 C2209-C-2940 合约 20 手, Delta 值约在 0.33, 以及执行价格在 2 920 元 / 吨的浅虚值 C2209-C-2920 合约 30 手, Delta 值约在 0.39, 计划持仓 40 天左右, 以对冲玉米期货价格大幅上涨的风险。

6 月 20 日, 进场时 C2209 合约价格为 2 906 元 / 吨, 选择卖出执行价格在 2 800 元 / 吨的虚值 C2209-P-2800 合约 30 手, Delta 值约在 −0.19。企业综合各方面信息, 认为玉米还将继续大幅上涨, 因此卖出一部分看跌期权, 降低买入看涨期权的成本。

6 月 23 日, 由于玉米期货价格大幅下跌, C2209 合约价格为 2 834 元 / 吨, 选择将执行价格在 2 800 元 / 吨的虚值 C2209-P-2800 合约 30 手进行平仓, 同时卖出执行价格在 2 740 元 / 吨的虚值 C2209-P-2740 合约 60 手, Delta 值约在 −0.23, 后期随着玉米期货价格的继续大幅下跌, 7 月 4 日选择认亏出场。

7 月 15 日, 进场时 C2209 合约价格为 2 704 元 / 吨, 选择买入执行价格在 2 780 元 / 吨的浅虚值 C2209-P-2780 合约 50 手, Delta 值约在 0.23。由于玉米短期下跌幅度较大, 企业后期还是看好玉米的上涨行情, 买入玉米的看涨期权计划持仓至期权到期, 以对冲玉米期货价格短期大幅上涨的风险。

3. 交易逻辑

项目期间共进行 9 笔场内期权操作, 管理项目规模约 1 000 吨, 共计 50 个交易日, 期权日均持仓 88.2 手, 累计持仓量 4 410 手。总体而言, 现货盈利 34 500 元, 期权产品亏损 47 200 元, 项目整体期现货结合净亏 12 700 元。

表 6-1-3　项目交易逻辑

序号	时间段	期权操作	期权操作逻辑	期权盈亏（元）	现货盈亏（元）	期现结合盈亏（元）
1	5/26-6/7	买看涨	对冲价格上涨风险	−5 000	−5 000	−10 000
2	5/26-6/7	买看涨	对冲价格上涨风险	−2 250	−2 500	−4 750
3	6/13-8/4	买看涨	对冲价格上涨风险	−9 300	15 000	5 700
4	6/13-8/4	买看涨	对冲价格上涨风险	−5 100	10 000	4 900
5	6/20-6/23	卖看跌	认为价格不易深跌,卖出看跌降低成本	4 650	−3 000	1 650
6	6/23	平看跌	择机平仓止损	−7 200	0	−7 200
7	6/23-7/4	卖看跌	认为价格不易深跌,卖出看跌降低成本	12 000	0	12 000
8	7/4	平看跌	择机平仓止损	−30 000	0	−30 000
9	7/15-8/5	买看涨	对冲价格上涨风险	−5 000	20 000	15 000

（二）套保效果分析

A 公司 9 笔场内期权交易根据实际情况一起讨论,其中期货套保损益采用实际期权对应合约结算价计算,保证金按照 12% 的比例计算。

第一、第二笔交易:

1. 假如未做套保,则现货采购成本增加 7 500 元。

现货损益:（2 740−2 745）×1 500＝−7 500 元

表 6-1-4 套保结果

	保证金（元）	套保盈亏（元）	现货盈亏（元）	总体效果（元）
第一、第二笔				
未套保	—	—	−7 500	−7 500
期货套保	520 200	−76 500	−7 500	−84 000
期权套保	无	−7 250	−7 500	−14 750
第三、第四笔				
未套保	—	—	25 000	25 000
期货套保	173 160	−104 500	25 000	−79 500
期权套保	—	−14 400	25 000	10 600
第五、第六笔				
未套保	—	—	−3 000	−3 000
期货套保	104 616	−21 600	−3 000	−24 600
期权套保	101 634	−7 200	−3 000	−10 200
第七、第八笔				
未套保	—	—	0	−3 000
期货套保	541 400	−76 200	0	−76 200
期权套保	241 842	−30 000	0	−30 000
第九笔				
未套保	—	—	20 000	20 000
期货套保	162 240	−13 500	20 000	6 500
期权套保	—	−5 000	20 000	15 000
合计				
未套保			34 500	34 500
期货套保		−292 300	34 500	−257 800
期权套保		−63 850	34 500	−29 350

注：表中期权操作未含前表中的卖出期权降低成本部分。

2. 假如使用期货套保,则期货端将产生较大亏损,最终整体损失84 000元,同时要占用大笔保证金。

现货损益:(2 740－2 745)×1 500＝－7 500 元

期货损益:(2 839－2 890)×150×10＝－76 500 元

期现损益:－7 500－76 500＝－84 000 元

3. 本次期权交易中,期权套保亏损了所有权利金 7 250 元,整体损失14 750元,亏损有限。

现货损益:(2 740－2 745)×1 500＝－7 500 元

期权损益:－5×100×10－4.5×50×10＝ －7 250 元

整体损益:－7 500－7 250＝ －14 750 元。

第三、第四笔交易:

1. 假如未做套保,则现货采购成本减少 25 000 元。

现货损益:(2 770－2 720)×50×10＝ 25 000 元

2. 假如使用期货套保,则期货端将产生较大亏损,最终整体损失79 500元,同时要占用大笔保证金。

现货损益:(2 770－2 720)×50×10＝ 25 000 元

期货损益:(2 677－2 886)×50×10＝ －104 500 元

期现损益:25 000－104 500＝ －79 500 元

3. 本次期权交易中,期权套保亏损了所有权利金 14 400 元,整体上相当于减少采购成本 10 600 元。

现货损益:(2 770－2 720)×50×10＝ 25 000 元

期权损益:－31×30×10－25.5×20×10＝ －14 400 元

整体损益:25 000－14 400＝ 10 600 元。

第五、第六笔交易:

1. 假如未做套保,则现货采购成本增加了 3 000 元。

现货损益:(2 790－2 800)×300＝ －3 000 元

2. 假如使用期货套保,则期货端将产生一定亏损,最终整体损失24 600元。

现货损益：(2 790－2 800)×300＝－3 000 元

期货损益：(2 834－2 906)×30×10＝－21 600

整体损益：－3 000－21 600＝－24 600 元

3. 本次期权交易中,企业采用卖出期权套保,赚取了权利金,但亏损了保证金,期现整体亏损 10 200 元。

现货损益：(2 790－2 800)×300＝－3 000 元

期权损益：(15.5－39.5)×30×10＝－7 200 元

整体损益：－3 000－7 200＝－10 200 元

第七、第八笔交易：

1. 假如未做套保,则现货采购成本不变。

现货损益：(2 800－2 800)×60×10＝0 元

2. 假如使用期货套保,则期货端将产生一定亏损,最终整体损失 76 200 元。

现货损益：(2 800－2 800)×60×10＝0 元

期货损益：(2 707－2 834)×60×10＝－76 200

期现损益：0－7 620＝－76 200 元

3. 本次期权交易中,企业同样采用卖出期权套保,赚取了权利金,但亏损了大量保证金,同时占用保证金较多,最终整体亏损 30 000 元。

现货损益：(2 800－2 800)×60×10＝0 元

期权损益：(20－70)×60×10＝－30 000 元

整体损益：0－30 000＝－30 000 元

第九笔交易：

1. 假如未做套保,则现货采购成本减少 20 000 元。

现货损益：(2 760－2 720)×50×10＝20 000 元

2. 假如使用期货套保,则期货端将产生一定亏损,最终整体盈利 6 500 元,同时要占用一定保证金。

现货损益：(2 760－2 720)×50×10＝20 000 元

期货损益：(2 704－2 677)×50×10＝－13 500 元

期现损益:20 000－13 500＝6 500 元

3. 本次期权交易中,期权套保持有到期亏损了所有权利金 5 000 元,整体上相当于减少采购成本 15 000 元。

现货损益:(2 760－2 720)×50×10＝20 000 元

期权损益:－10×50×10＝－5 000 元

整体损益:20 000－5 000＝15 000 元

合计:

现货损益:34 500 元

期货套保损益:－257 800 元

期现套保损益:－29 350 元

三、项目总结

整体来看,A 公司套保效果并不理想,主要原因在于当地现货价格与期货价格走势不匹配,因此面临较大的基差风险。

一方面,套保期间玉米期货价格大幅下跌带动看涨期权价格下跌,同时看跌期权上涨,企业买入看涨期权基本都蒙受亏损。另一方面,现货价格跌幅较小,并不能够完全覆盖权利金减少。此外,企业还采用卖出看跌期权的方式增加收益,但玉米价格大幅下跌,带来了大量亏损。最终导致期现整体亏损巨大。

A 公司对和客户签订的玉米合约进行了相应的套保,除了用到了单纯买入看涨期权的交易策略,还用到了买入看涨期权同时卖出看跌期权的组合套利策略,降低了投入的期权保证金。

但 A 公司对基差风险的处理经验不足,对卖出看跌期权的运用还没有十分熟悉,忽视了卖出看跌期权带来的重大损失风险。在今后的操作中,应加强风险把控意识,更好地把期权运用到企业的经营管理上。

案例 1-3　C 公司棉花期货期权套保案例

一、项目背景

（一）宏观经济与产业背景

棉花是世界上主要的农作物之一，具有坚牢耐磨、吸湿透气等优良特性，是各类衣服、家具布和工业用布等织物的原材料。棉花需求量大，生产量也大。我国是世界上棉花供应量最大的国家，2014—2023 年年均产量约 578 万包，占全球棉花产量的 24% 左右，进口依存度较低。我国的棉花产地主要集中在新疆、黄河流域与长江流域；江苏、浙江、广东、福建等东部沿海地区纺织工业发达，对棉花的需求量大，这些地区靠近海港、交通便利，有利于棉花的进口和出口。

近年来棉花价格波动剧烈，棉花期货主力合约收盘价在 2022 年的最高价为 22 855 元 / 吨，后市最低价为 12 485 元 / 吨，两者差额超 10 000 元 / 吨，占最高价的 45% 左右。价格的剧烈波动增加了纺织企业所面临的市场风险，尤其是行业占比较小的中小微企业。中小微企业往往不具备像大型企业那样的规模经济和风险管理能力，对棉花价格波动的抵御能力较弱。棉花价格的波动可能会对企业的成本产生直接影响，从而给企业的盈利能力和稳健经营带来压力。

为了减少市场风险，除了政策支持、行业协作等外部帮助，企业还可以尝试主动参加期货与期权衍生品市场交易。期货和期权等衍生品在对冲风险方面具有灵活性高、杠杆效应强、定制化风险管理、降低资金成本、提高资本效率和市场透明度高等优势。这些优势使得衍生品成为金融市场和企业风险管理中不可或缺的工具。因此，越来越多的企业投身到期货和期权市场，以求更好地应对市场挑战，提高竞争力和稳健性。

图 6-1-3　我国棉花价格走势及波动

(二)服务对象的需求

C 公司是一家纺织产品生产企业,采购棉花、涤纶及其他新型纺织纤维等纺织原料,交由合作的纺纱厂加工成纺织产品,如棉纱、坯布及染色成品布等,再将纺织产品销售给下游企业。通过"采购-加工-销售"一体化的商业模式,能够稳定产品质量和数量,使得 C 公司成立仅一年便形成了较强的市场竞争力。棉花是 C 公司主要的原材料之一,需求量大。在日常经营中,C 公司根据预期订单量储备棉花库存,常备库存在 200~500 吨。

在 2022 年企业初创时,C 公司就遭遇了棉花价格的大跳水,由于当时业务规模较小,棉花价格的大幅下跌给公司经营带来了严重的不利影响,同时也使 C 公司意识到风险管理的重要性。

五矿期货一直致力于服务实体经济,重视产业客户的套期保值需求。在了解到 C 公司对棉花库存具有套期保值的风险管理需求后,五矿期货积极与 C 公司展开项目合作,利用棉花衍生品对冲风险,并为 C 公司定制了期货套期保值策略与期权套期保值策略。在策略实施过程中,五矿期货提供了全程指导和监督,确保套期保值工作的顺利进行。通过双方的合作,C

公司得以有效应对市场风险,稳定经营。

二、项目内容

棉花是 C 公司主营产品的原材料之一,因此棉花的购入价是主要成本之一。我国纺织业市场竞争较为充分,在其他条件不变的情况下,若在库时棉花市场价格下跌,则会导致产成品市场价格下跌,致使 C 公司营业利润降低。

因此,为应对棉花库存价值下跌的风险,C 公司与五矿期货交流讨论后,决定使用棉花期货和棉花期权进行风险对冲。2023 年,C 公司全年持有主力月份棉花期货合约空头头寸,并在 9 月底尝试买入棉花 2311 看跌期权以对冲棉花现货价格大幅下跌的极端风险。

(一)期货对冲

期货对冲风险的原理主要是通过建立与现货相反方向的期货合约交易来抵消或降低因商品价格波动带来的风险。C 公司在棉花现货上处于多头,因此应卖出棉花期货,进入棉花期货的空头。正常情况下,当商品价格变动时,现货头寸和期货头寸总会出现一方盈利另一方亏损的情况,两者的盈亏会在一定程度上相互抵消,进而实现稳健经营。

下表列示了 C 公司分别持有 2305、2309、2401 期货合约的三个阶段的套期保值结果及其总体结果。

第一阶段:2023 年 3 月 1 日至 2023 年 4 月 27 日,C 公司持有 2305 期货合约空头对 200 吨棉花库存套期保值,期货单位亏损 590 元/吨,现货单位盈利 600 元/吨,期现组合实现单位净盈利 10 元/吨,总盈利 2 050 元。

第二阶段:2023 年 4 月 28 日至 2023 年 8 月 23 日,C 公司持有 2309 期货合约空头对 200 吨棉花库存套期保值,期货单位亏损 1 934 元/吨,现货单位盈利 1 840 元/吨,期现组合实现单位净亏损 94 元/吨,总亏损 18 874 元。

表 6-1-5　期货对冲结果

合约月份	资产类型	套保数量（吨）	进场			出场		部分损益		组合损益	
			日期	头寸	价格（元/吨）	日期	价格（元/吨）	单位损益（元/吨）	总损益（元）	单位损益（元/吨）	总损益（元）
2305	期货	200	03/01	空头	14 465	04/27	15 055	−590	−117 950	10	2 050
	现货		03/01	多头	15 430	04/27	16 030	600	120 000		
2309	期货	200	04/28	空头	15 311	08/23	17 245	−1 934	−386 874	−94	−18 874
	现货		04/28	多头	16 060	08/23	17 900	1 840	368 000		
2401	期货	310	08/24	空头	17 057	12/29	15 390	1 667	516 649	187	57 849
	现货		08/24	多头	18 080	12/29	16 600	−1 480	−458 800		
套保加总	期货	710	—					17	11 825	58	41 025
	现货							41	29 200		

注：套保加总中的单位损益为套保数量加权平均数。

　　第三阶段:2023 年 8 月 24 日至 2023 年 12 月 29 日,订单增加,棉花累库,C 公司持有 2401 期货合约空头对 310 吨棉花库存套期保值,期货单位盈利 1 667 元／吨,现货单位亏损 1 480 元／吨,期现组合实现单位净盈利 187 元／吨,总盈利 57 849 元。

　　经过一年连续三次换月的期货空头套期保值后,C 公司累计对 710 吨棉花库存保值,实现期货端单位平均盈利 17 元／吨,现货端单位平均盈利 41 元／吨,期现组合单位平均盈利 58 元／吨,总盈利 41 025 元,不仅完全对冲了棉花库存的价格风险,还给 C 公司带来了额外收益。

　　值得注意的是,持有 2305、2309、2401 期货空头的对冲效果是不同的,使用 2305 合约和 2401 合约对冲后,期现组合出现净盈利,而使用 2309 合约对冲后,期现组合出现净亏损,这主要是因为现货与期货之间的价差的变化不同,即期货对冲风险的效果取决于现货与期货之间的价差——基差(基差 ＝ 现货价格 － 期货价格)的变化。

　　基差具有均值回归的性质,当基差偏离历史平均水平时,会趋向于回归到其均值位置。基于此,在较长时间内连续调换主力月份期货合约持仓时(正如 C 公司所做),理论上能够消除价格波动的影响。

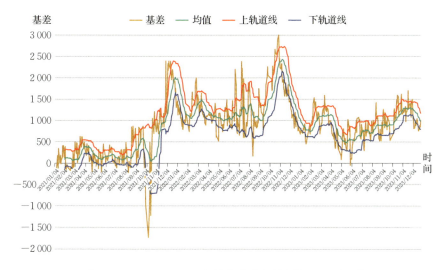

图 6-1-4　2021—2023 年棉花基差走势(单位:元／吨)

（二）期权对冲

除了卖出期货外，C公司还尝试买入棉花2311看跌期权以对冲棉花现货价格大幅下跌的极端风险。在入场前，2023年棉花现货的最低价为15 120元／吨，C公司选择买入行权价为15 000元／吨和15 800元／吨的2311看跌期权合约，在对棉花库存套期保值的同时，尝试比较期货套保与期权套保成本与效果的差异。

图6-1-5　浙江地区棉花现货均价走势及波动

2023年9月22日，C公司入场，买入行权价为15 000元／吨和15 800元／吨的2311看跌期权合约，对185吨棉花库存套期保值。由于期权处于深度虚值状态，因此期权费较少，即使后市期权价值归0，期权端也不会产生较大的亏损，达到对冲风险的同时将可能损失控制在较小范围内的目的。至到期日前一天，即2023年10月10日，其间棉花现货价格一直上涨，受到涨跌幅的限制，标的期货价格无法在一天之内跌至15 800元／吨，因此C公司平仓虚值程度相对较大的2311P15000期权合约，并在到期日当天平仓2311P15800期权合约。在期权持仓期间，权现组合实现单位平均盈利82元／吨，总盈利403 179元。

表 6-1-6 买入 2311 看跌期权的对冲结果

资产类型		套保数量（吨）	进场			出场		部位损益	
			日期	头寸	价格（元/吨）	日期	价格（元/吨）	单位损益（元/吨）	总损益（元）
期权	2311-P-15000	130	9/22	多头	6	10/10	1	−5	−124
	2311-P-15800	55			16	10/11	0	−16	−176
现货		185	9/22	多头	18 170	10/11	18 260	90	411 750
权现加总			—					82	403 179

注：权现加总中的单位损益为套保数量加权平均数。

三、项目成效

2023 年,C 公司利用主力月期货合约换月套保,并使用虚值期权对冲极端风险,整个套保过程,共为 895 吨棉花库存保价保值,实现总盈利 444 204 元。

表 6-1-7 期货套保和期权套保汇总

套保组合	头寸			套保数量（吨）	单位损益（元/吨）			总损益（吨）		
	现货	衍生品	标的资产		现货	衍生品	组合	现货	衍生品	组合
期货套保	多头	空头	空头	710	41	17	58	29 200	11 825	41 025
看跌期权套保	多头	多头	空头	185	90	−8	82	411 750	−300	403 179
套保加总	—			895	51	12	63	440 950	11 525	444 204

注：套保加总中的单位损益为套保数量加权平均数。

通过期货和期权对冲操作,五矿期货成功帮助 C 公司实现了对棉花库存套期保值的预期目标。作为中小微企业,C 公司风险抵御能力较弱。通过此番对冲,C 公司不仅对冲了棉花库存的价格风险,还了解了大宗商品衍生品的理论知识,并实操了期货、期权的交易,增强了 C 公司风险管理的能力,为 C 公司的持续稳健经营上了道"保险栓",有利于 C 公司后续的高质量发展。

案例 1-4　W 公司菜粕期权套保案例

一、项目背景

（一）宏观经济与产业背景

菜粕是油菜籽榨油后的副产物,其价格变动与油料作物关系密切。2023 年夏季,厄尔尼诺现象等多重因素给油脂油料作物产量带来非常大的不确定性,造成行情剧烈波动,给油脂油料产业企业带来了风险和机遇。

经营相关贸易的中小微企业,由于资本规模小,在贸易链条中几乎没有话语权,经营模式经常受到上下游供销企业的限制,风险抵御能力弱。而在大宗商品价格大幅波动的市场条件下,中小微企业往往因没有采取套期保值措施而产生经营亏损,对公司的稳健经营产生了很大的不利影响,使得公司展业越来越困难,因此对产品现货进行套期保值的愿望越来越强烈。

（二）服务对象的需求

W 公司是一家中小微企业,主要经营油脂油料类农产品的进出口贸易、现货贸易以及批发零售,自 2013 年起,油脂年贸易量 50 万 ～60 万吨,菜粕年贸易量 5 万 ～8 万吨。

五矿期货日常为 W 公司提供套保咨询、设计套保方案的服务,在了解到 W 公司一直都对菜粕有套期保值的需求后,五矿期货结合 W 公司具体经营情况与套保需求,选择使用菜粕期权为菜粕现货套期保值。

2023 年 5 月底,冬油菜收割,W 公司于 6 月初收购大量菜粕现货,此时菜粕盘面价格延续宽幅震荡行情,因担心 8 月份现货库存出清前会遭受跌价损失,迫切需要使用套期保值工具对菜粕库存保价稳价。在五矿期货的指导下,W 公司启动上述菜粕期权项目,于 2023 年 6 月上旬进入期权市场交易 RM2309 看跌期权合约。

（三）期权套保损益分析

RM2309 期货合约于 2022 年 9 月 16 日上市。2023 年 6 月上旬,菜粕期货盘面价格延续自上市以来的宽幅区间震荡行情。在后续套期保值时间段内,若标的资产价格上涨,则买入的看跌期权价值下跌,期权端产生亏损,不过这时现货端产生收益,当标的资产价格突破期权的损益平衡点上行时,期权亏损不再增大,但现货持续产生更多收益,权现组合亏损更少或盈利更多;若标的资产价格下跌,则现货端产生亏损,期权端产生收益,期权收益能够抵补部分现货损失,有效降低现货的市场风险。

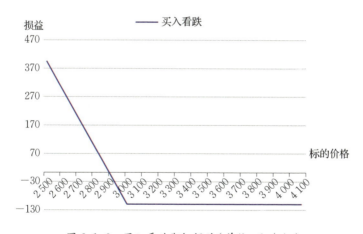

图 6-1-6　买入看跌期权损益（单位:元/吨）

二、项目方案与服务过程

（一）项目的衍生品标的

根据 W 公司的经营状况和风险管理需求,本次项目的标的是菜粕场内期权,具体合约为行权价 3 000 元/吨、到期月份 2309 的菜粕看涨期权,合约代码为 RM-2309-P-3000。

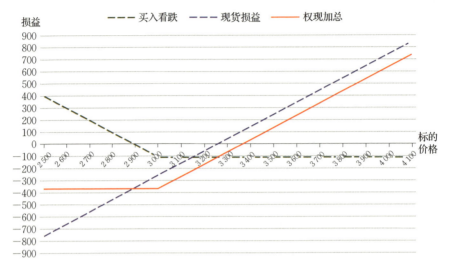

图 6-1-7　买入看跌期权套保损益（单位：元／吨）

（二）项目的具体模式

W 公司在五矿期货的指导下，进入期权市场进行菜粕场内期权的交易。项目开始前，五矿期货综合分析了 W 公司的经营状况和风险承受能力，为 W 公司提供风险管理咨询、专项培训等风险管理顾问服务，并为 W 公司制定了菜粕场内期权套期保值方案。

项目进行中，五矿期货为 W 公司提供行情分析和进出场时机建议等交易咨询服务。W 公司作为套保需求方，参考五矿期货给出的套保方案和指导建议，自主做出决定和发出交易指令。

（三）项目的具体操作与执行过程

W 公司结合自身的经营状况与套保需求，以及五矿期货给出的方案建议，决定买入菜粕看跌期权。

看跌期权的行权价为菜粕库存的成本价加上仓储成本，即 3 000 元／吨；合约的最后交易月份与库存出清月份相同，为 2023 年 8 月份，故选择到期月份为 2309 的期权合约；需要套保的现货数量为 2 000 吨，故买入 200 手期权。

当标的期货合约的市场价格上涨,高于看跌期权的执行价格时,期权变为虚值期权,权利金低于其他要素相同的平值期权和实值期权。权利金随着标的合约价格上涨而下跌。

W 公司判断标的期货价格上涨达到一定程度,期权的权利金数额相对于菜粕的仓储成本和预期的风险管理成本处于可接受范围,即下达交易指令,达成相关的期权交易。

入场时,W 公司在五矿期货的指导下,实现了以较低的权利金成本买入看跌期权。

持有看跌期权过程中,五矿期货为 W 公司提供行情分析服务与出场时机建议。2023 年 6 月下旬,菜粕期货盘面价格结束前期半年的宽幅震荡后缓慢上行,到 8 月初,买入的看跌期权已过于虚值。W 公司选择继续保留期权持仓,一是因为在还没结算之前,留着期权部位,虽然价值很低,但仍然具有一定程度的保护作用;二是因为距离结算日太近,期权合约过于虚值,市场不活跃,难以将头寸平掉;因此与其卖掉期权回笼少量资金,不如保留期权持仓,让其继续发挥保护作用。

在整个项目期间,共发生一次看跌期权买入交易,共计 200 手,买入的期权持有到期结算。

图 6-1-8　RM2309 行情走势

三、项目总结

(一)项目的执行效果情况

入场时,期权权利金均价为108.44元/吨,现货买价为3260元/吨;出场时,期权价值归零,现货卖价为3970元/吨。期权亏损总计216880元,现货盈利总计1420000元,权现组合盈利总计1203120元。该期权套保项目有效降低了菜粕库存的市场风险,满足了W公司的风险管理需求。

表6-1-8 菜粕期权项目结果

	现货	期权	权+现
入场价格(元/吨)	3 260	108.44	—
出场价格(元/吨)	3 970	0	—
套保数量(吨)	2 000	2 000	—
套保手数(手)	200	200	—
单位盈亏(元/吨)	810	−108.44	601.56
总盈亏(元)	1 420 000	−216 880	1 203 120

(二)项目的主要经验与作用

作为利用场内期权为菜粕现货套期保值的交易咨询服务提供方,五矿期货通过深入了解W公司经营情况、套保需求与风险承受能力,协助W公司顺利完成了菜粕套保项目。通过这一项目,五矿期货一方面了解了中小微产业企业对利用衍生品进行风险管理的需求,有助于后续更精准地定位客户的风险管理需求,协助客户降低经营风险;另一方面也了解了场内期权对于中小微企业的合适应用场景以及中小微企业在期权交易上的非专业程度,积累了服务产业客户的经验,有助于明确指导方向、完善服务过程、提高服务质量。

W公司意识到在运用衍生品对冲现货风险时得到专业人员指导的重要性,这有助于提升我国产业企业风险管理的安全意识,也有助于提高产业企业风险管理水平。

（三）项目的亮点和特色

使用期权为现货套期保值，不仅能对冲现货不利时的亏损，还能参与现货有利的部分，降低现货的市场风险。

运用期权套期保值，具有操作方便、成本低、风险可控、效果明显的优点，可移植性强。同时，通过不同月份、不同行权价、不同买卖方向的组合，能够构建出多种多样的期权策略，满足企业的个性化需求。

案例 1-5　K 钢材贸易商黑色商品套保案例

一、项目背景

（一）宏观经济与产业背景

2023 年第四季度，在增加名义赤字率等逆周期政策驱动带引下市场预期普遍回暖，黑色商品价格逐渐企稳。其中，年底中央经济工作会议政策基调更加积极，强调"以进促稳、先立后破""巩固和增强经济回升向好态势""适度加力、提质增效"，市场对此解读较为乐观，对 2024 年积极财政政策基调促进经济改善的作用给予较高期望，黑色产业链商品价格持续反弹。但政策也并非大水漫灌，目的是实现质的有效提升和量的合理增长，反弹阶段现货表现弱于市场预期，市场逐渐对未来预期出现争议，钢材价格进入震荡阶段。

随着《重点省份分类加强政府投资项目管理办法（试行）》的发布，要求"砸锅卖铁"全力化解地方债务风险，在地方债务风险降低至中低水平之前，严控新建政府投资项目，其中，天津、内蒙古、辽宁、吉林、黑龙江、广西、重庆、贵州、云南、甘肃、青海、宁夏 12 个省区债务风险较高的地方，严控新建政府投资项目，严格清理规范在建政府投资项目。市场对于基建的逆周期调节作用产生怀疑，预期差带动黑色商品价格陆续下跌。

（二）服务对象的需求

国内钢铁产业链企业在此环境下大多选择审慎经营，但因冬储定价周期等问题也普遍存在一定的敞口库存和定价风险。如何通过投研准确把握市场脉搏和节奏、辨识潜在风险因子变化,通过优质的风险管理策略进一步有效管控经营风险,是保障钢铁产业链企业平稳经营的基础之一。

（三）服务模式分析

服务模式为事前、事中、事后的全天候风险管理服务,其中包括宏观与产业定性分析、风险因子识别与跟踪、商品价格研判、套保方案优化、期权衍生品的产业应用、为上下游客户提供综合服务及促进合作达成。

二、项目方案与服务过程

（一）项目的衍生品标的

根据钢材经营主体的风险管理需求,确定本次项目标的为螺纹钢期货与场外期权,对应上期所螺纹钢 2405 合约。

（二）项目的具体模式

2023 年底至 2024 年初持续揭示一季度国内黑色产业链商品价格存在下行风险,并据此为产业链上中下游客户提供综合的风险管理服务。

（三）项目的具体操作与执行过程

1. 价格下跌前的风险预警

2023 年 12 月至 2024 年 1 月期间通过常态化投研会议、日常交流等方式,持续提示国内 K 钢材贸易商、钢厂、下游终端客户加大套保比例。该钢贸商、钢厂、下游终端客户均为大型国有企业。在此研判基础上,1 月 4 日,五矿期货针对不同区域热卷现货与基差变化,建议钢材贸易商加大对热卷期货的套期保值力度,热卷上海现货市场价格 4 110 元 / 吨、HC2405 空单建仓价格 4 150 元 / 吨,基差 −40 元 / 吨。2 月 20 日,建议对期货进行平仓同时将现货销售给下游客户,当日热卷上海现货市场价格为 3 970 元 / 吨、期货平仓价格为 3 890 元 / 吨,基差 80 元 / 吨。基差走扩 120 元 / 吨,期货完全对冲现货下跌风险,并利用基差有利契机优化套期保值效果。1 月 11 日,对下游某汽车制造业客户进行专项路演,会议过程中明确提出加大对钢材库存敞口的套期保值力度。上述案例,通过提前研判和及时预警,协助钢铁产业链不同环节企业选择了保守的经营策略或加大套期保值比例,达到了事前风控目的。

表 6-1-9　热卷套保结果

	热卷现货 （元 / 吨）	HC2405 （元 / 吨）	期 + 现 （元 / 吨）
2024/01/04	4 110	−4 150	—
2024/02/20	3 970	3 890	—
损益	−140	+260	+120

2. 价格下跌期间的风险管理

2024 年 2 月至 3 月,黑色商品价格处于下跌趋势中,验证了前期的市场判断并针对 K 钢材贸易商和钢厂风险敞口设计期货区间套保策略,同时,针对钢材定价不对称和敞口库存等潜在风险,进一步利用期权工具对不同业务部门进行定制化风险管理服务。例如,五矿期货判断 RB2405 的价格存在继续下跌的可能性,某钢贸商与某钢厂的冬储资源存在潜在风险,建议使用期权工具来防范小概率下跌风险,同时不放弃价格反弹后现货价格上涨带来的潜在收益。考虑短周期内使用 RB2405 标的、价格为 3 700 元 / 吨的买入看跌期权工具,买入"破位险"为经营保驾护航,达到了事中积极处理风险和优化风险管理业务的目的。

3. 价格下跌后进入震荡期的风险管理服务

针对 K 钢材贸易商与下游建筑业终端客户的"保供锁价"合作,设计相应的保供稳价方案实现共赢。例如,五矿期货判断 RB2405 的价格可能短期会出现触底反弹,建议向有锁价需求的下游客户进行推广和交流。其中,3 月 18 日 RB2405 多单建仓价格 3 420 元 / 吨、建仓时螺纹钢现货市场价 3 610 元 / 吨、基差 190 元 / 吨;3 月 22 日,RB2405 多单平仓价格 3 630 元 / 吨、螺纹现货 3 660 元 / 吨、基差 30 元 / 吨。客户锁价后现货价格如期上涨,同时螺纹钢基差也朝着有利方向波动,达到了事后积极捕捉业务契机,促进上下游合作,业务取得双赢的效果。

表 6-1-10 螺纹钢套保结果

	螺纹现货 (元/吨)	RB2405 (元/吨)	期+现 (元/吨)
2024/03/18	3 610	3 420	—
2024/03/22	3 660	3 630	—
损益	—50	+210	+160

再从期权观点来对照一下,假如客户选择使用期权商品(实值一档、虚值一档)来套保,则成本及损益情形如下表所示:

表 6-1-11 螺纹钢期货与期权套保结果比较

	螺纹现货 (元/吨)	RB2405 (元/吨)	RB2405-C-3400 (元/吨)	RB2405-C-3450 (元/吨)
2024/03/18	3 610	3 420	116	87.5
2024/03/22	3 660	3 630	239.5	192.5
损益	—50	+210	+123.5	+105
成本		3 420	1 160	875
报酬率		61.4%	106.47%	120.0%

可看到假如客户使用期权商品套保,不论是实值一档或是虚值一档,都能取得比期货套保更好的效果,并且在螺纹钢价格下跌之时,还能取得进货成本下降的好处,也是一个值得考虑的选择。

三、项目总结

(一)项目的执行效果情况

当年一季度,五矿期货为集团内外有色、黑色、新能源等相关产业单位提供了多个风险管理策略服务并得到市场验证。其中,明确提出了一季度国内黑色产业链商品价格存在下行风险,并据此为集团内外上下游客户提供了对应的策略服务,包括价格下跌前的预警提示,提示客户加大对库存敞口套期保值力度；价格下跌期间的风险管理服务，为产业客户风险敞口设计期货区间套保策略，并进一步利用期权工具对不同业务部门进行定制化风险管理服务；价格下跌后进入震荡期的风险管理服务，针对钢材贸易商与下游客户的"保供锁价"合作，设计相应的保供稳价方案实现共赢。

（二）项目作用

五矿期货聚焦服务集团主责主业、服务国家产业，深耕大宗商品专业研究，努力打造一流商品投行风险管理能力，不断加大投研成果与定制化策略的输出力度。其中，当年一季度根据大宗商品投研一体化体系监测和动态演绎预警，为集团内外黑色产业链客户提示价格波动风险并设计风险管理方案，有效规避价格不利波动对经营带来的风险。

（三）项目的主要经验

五矿期货在集团产业背景的大力支持下，持续融入黑色产业链，能够深入理解产业客户经营业态和参与风险管理业务的难点痛点，并据此提供切合实际经营场景的一揽子风险管理服务。上述策略已经得到市场验证与产业客户的认可，高效发挥了风险预警功能，并通过定制化策略服务助力黑色产业链客户实现平稳经营。

（四）项目的亮点和特色

通过建立全天候风险管理服务模式，在一轮下跌行情中，针对不同阶段、不同企业类型、不同风险偏好，B公司均有个性化的风险管理策略与之相匹配。

案例1-6　F公司硅锰期货套保案例

一、背景情况

F公司为锰硅合金生产厂家，年产能接近10万吨，年平均产量接近7万吨，在稳定生产的同时，需要面对钢铁行业上下游各品种价格波动带来的成本及利润挑战。鉴于此，其参与期货市场对冲风险并顺应市场调整销售价格显得尤为重要。

　　五矿期货公司多年来一直为黑色产业上下游企业提供全方位的风险管理服务,对锰硅合金企业的上游品种锰矿保持积极跟踪,并最大化辐射合金生产企业及贸易商。同时对接钢厂生产及贸易商,产业链服务经验较丰富,对行业的周期发展有较好的认知。

　　自2021年开始,经过双方多次线上线下交流以及期货基础知识培训,F公司逐步认识到期货工具对于生产企业经营的重要性,开始适度参与硅锰期货套期保值及交割业务,并积极参加郑商所稳企安农项目,取得良好效果。在2024年这非比寻常的市场运行中,双方再次通力合作,期现业务实现高质量转型。

二、项目经过

　　2024年1月—9月,锰硅期货价格经历了3个主要阶段,F公司的期货套保操作也经历了3个重要阶段的考验。

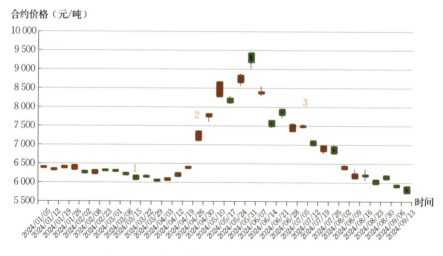

图 6-1-8　硅锰期货加权合约 2024 年价格走势

第一阶段,价格低位震荡。

　　1月—3月,锰硅价格延续2023年的下跌走势,期货价格从7 000~

7 500 元 / 吨的区间一路震荡下行至 6 000 元 / 吨附近,企业生产利润面临巨大考验,且锰矿价格低迷,锰矿进口量开始减少。2024 年初锰硅因生产利润不佳减产,锰矿端出现了不安定因素,锰矿端的供需双双收缩。

3 月份以来,全球第二大锰矿企业南 32 公司(South32)宣布受飓风影响,澳大利亚锰矿发货受阻。3 月中旬至 3 月底,在黑色系整体仍持续走低的情形下,锰硅价格不但没有受 South32 事件影响发生反弹,反而继续向下探出新低。

第二阶段,价格一飞冲天。

4 月~5 月,锰硅期货加权合约价格从 6 058 元 / 吨最高涨至 9 154 元 / 吨,其价格急涨主因在锰矿。South32 季报显示发货受阻的影响将持续至 2025 年第一季度,影响约 1/3 高品位矿的供给,影响 1/10 锰矿的供给,市场预计后续锰矿到港量持续减少,锰矿库存回落,锰矿价格大幅上涨,抬升锰硅成本。期货盘面的走势领先锰矿,资金首先发现了机会,给予较高的盘面价格。

受此前锰硅价格下跌的影响,行业内对锰矿价格大幅上涨的预期仍处于偏理性和悲观状态。在刚刚经历过单吨亏损近 200 元的产业客户视角里,6 800~7 000 元 / 吨的价格已经符合套保入场的价格。由于缺乏对本轮上涨行情的想象,F 公司在硅锰期货 09 合约 6 800~7 000 元 / 吨的位置逐步开始对锰硅现货进行套保操作。对此,凭借多年来对期货市场风险的认知及资金风控管理经验,五矿期货积极与客户沟通,建议客户在矿端扰动影响不确定的情况下,套保仓位应先尽量保守,这一建议后来看相当重要。

在此后一周,即 4 月 20 日至 5 月 1 日前后,盘面迅速拉高近 700 点,面对 F 公司期货账户资金承受的浮动亏损,五矿期货与 F 公司主动进行"盘前—盘中—盘后"研讨及复盘,经充分沟通,进一步优化了资金管理与风险管理策略,对硅锰这一波市场趋势进行了重新界定。F 公司领导及决策层也果断做出转变,在 5 月 7 日至 5 月 23 日这段行情极端的上涨过程中，严格保持自己的交易节奏，采取了"按兵不动"的原则，在8 000～9 000元/吨的盘面价格波动中保持原持仓数不变。账户虽然仍需面临浮亏压力，但是现货在行情的持续向好中保持高价去库存，资金流转保持良性循环。前期严格控制较低仓位，为后期更好的套保位置留出了空间。

第三阶段，价格大幅下跌。

6月—9月，锰硅期货价格大幅下跌，价格基本回归原点。前期伴随着资金涌入锰硅期货市场，价格涨势较快，为此期货交易所采取了一系列的调控措施，包括限仓、调整手续费及提升交割库容等，锰硅期货价格随之转为下跌。进入8月份以后，钢材减产，对锰硅的需求减少，锰硅厂开始减产，减少对锰矿的需求。锰矿山康密劳远期报价为9美元/吨度，后两次报价调整至6美元/吨度，锰矿价格塌陷，锰硅近月合约价格跌出新低。

基于公司锰硅合金研究员对锰硅合金的基本面梳理，五矿期货与F公司积极关注硅锰开工率以及库存数据信息，并结合盘面技术指标，对锰硅合金09以及其他后续合约的高压力位进行观察。到6月初，钢联口径周度硅锰供应继续回升，在开工率没有达峰的情况下，日产已超过除2023年以外的历年同期。同时结合持仓量大幅下降的技术信号，F公司开始执行第二轮套保操作，价格区间为9 200～9 500元/吨，并依据产能及产量在硅锰期货2410、2411、2501合约上合理进行二次仓位布局。五矿期货营业部对内与公司总部交割工作人员密切沟通，对外积极联系各期货交割库负责人，对硅锰期货交割库容及交割流程进行梳理，密切关注郑商所各项政策，为F公司做好交割服务准备。

本轮操作，F公司及时在高位对现有库存及部分远期订单锁定了销售价格，期货账户在7月至8月的下跌区间中也快速扭亏为盈，实现大幅盈利。

假如当时使用的是期权套保，会是什么情形呢？把当时的价格及部位代入，重新计算，可得出下列两表：

表 6-1-12 期货套保损益

第一阶段	SM409	SM409P6900
4 月下旬进场价(元 / 吨)	6 900	280
5 月中旬出场价(元 / 吨)	9 000	40
损益(元 / 吨)	−2 100	−240
手数(手)	2 000	2 000
吨数(吨)	10 000	10 000
总损益(元)	−21 000 000	−2 400 000
成本(元)	8 280 000	2 800 000

表 6-1-13 期货与期权套保损益比较

第二阶段	SM410、SM411、SM501	SM410P9300	SM411P9300	SM501P9300
5 月下旬进场价(元 / 吨)	9 250	725	780	860
9 月上旬出场价(元 / 吨)	6 000	3 300	3 100	3 100
损益(元 / 吨)	3 250	2 575	2 320	2 240
手数(手)	2 100	700	700	700
吨数(吨)	10 500	3 500	3 500	3 500
总损益(元)	34 125 000	9.012 500	8 120 000	7 840 000
成本(元)	11 655 000	2 537 500	2 730 000	3 010 000

可以看出,假如当时客户使用的是买入期权套保策略,则可以节约更多成本,并且效益也可以更好,因此期权确实是客户可以考虑的套保方式。

三、项目总结

2024 年 4 月以来锰硅合金期货自低点 6 058 元 / 吨大幅涨至最高 9 990 元 / 吨,又从 6 月初见顶逐步回落至 9 月初的 6 000 元附近,历时

75个交易日。在此过程中,F公司的套保头寸从最低几百手逐步增加到几千手至更高,持仓时间穿越了本轮整个行情的牛熊周期,账户从浮亏8位数的"低谷"回归到了获利区间。经此一役,五矿期货与F公司均深刻认知到,**对于企业自身而言,只有穿越牛熊,在一轮完整的市场周期中不断历练,运用期货市场带来的思考,去优化生产经营方式,才能做好风控体系建设,做到长久可持续发展。**对于期货公司而言,唯有不断提升综合服务质量,协同交易所培育成熟的参与者,才能促进期货市场发挥更良性的作用,让期货工具真正起到价格发现、风险管理、提高市场效率及引导资金流向、优化资源配置的积极作用。

本轮行情看似结束,项目也顺利收官,但是作为期货公司的产业服务人员深知金融服务实体的道路是漫长的,也深刻体会到高质量发展中的期货力量是需要靠每一家实体企业、每一个个人交易者、每一家期货公司以及交易所共同蓄力而发,只有力量积蓄到一定程度才能集聚牵引力、引导产业转型升级,促进现代产业体系建设。

铁合金作为钢铁冶炼的炉料,主要应用于钢铁工业中从"铁"到"钢"的转变环节。其定价模式由"钢招定价"向"基差定价"衍变,贸易方式由"一口价贸易"向"套利基差贸易"衍变,并且在基差贸易广泛应用的过程中,不断出现"仓单服务 ＋ 基差贸易""含权基差贸易"等新型期现结合的经营模式,这些模式的重构有力促进了行业健康发展,众多像F公司一样的实体企业随着对期货工具认知的不断提升,将会深度融入其中且获益良多。

案例1-7 Z公司碳酸锂期货套保案例

一、项目背景

（一）宏观经济与产业背景

锂辉石作为一种天然矿石,是生产碳酸锂的重要原材料,其价格波动与碳酸锂的市场价格密切相关。2024年初,碳酸锂行情受到供需关系、成本变化、市场预期等多种因素的影响,市场整体处于供给过剩的状态,价格受到抑制,市场预期较为保守。尽管有停产和运输问题带来的短暂影响,但整体来看,碳酸锂价格在年初呈现下降趋势,碳酸锂产业链相关企业急需有效的风险管理工具来应对由此带来的冲击。

经营相关贸易的中小微企业,由于资本规模小,在产业链条中几乎没有话语权,经营模式经常受到下游产品价格的限制,风险抵御能力弱。而在大宗商品价格大幅波动的市场条件下,中小微企业往往因没有采取套期保值措施而产生经营亏损,对公司的稳健经营产生了很大的不利影响,使得公司展业越来越困难,因此对产品原材料现货进行套期保值的愿望越来越强烈。

(二)服务对象的需求

Z 公司是一家小微企业,其主营业务是有色金属矿采选业,专注于锂矿矿产开发及贸易。早在 2018 年该公司成立之前,其股东就已经在非洲的刚果(金)、津巴布韦和尼日利亚收购了总计约 19 万吨 LCE(碳酸锂当量)储量的五个锂矿项目。

五矿期货日常为 Z 公司提供套保咨询、设计套保方案的服务。在了解到 Z 公司一直都对锂辉石有套期保值的需求后,五矿期货结合 Z 公司具体经营情况与套保需求,选择使用碳酸锂期货为锂辉石现货套期保值。

2024 年 3 月初,碳酸锂期货市场显现出供需失衡的现象,价格随之呈现下滑趋势,在此背景下,企业担心从非洲进口的锂辉石会遭遇跌价损失,因此迫切需要使用套期保值工具对锂辉石现货保价稳价。在五矿期货的指导下,Z 公司开始启动上述碳酸锂期货套保项目,进入期货市场交易 LC2408 合约,为数量折合约 800 吨锂辉石精矿(6%Li)套期保值。

(三)期货套保策略分析

2024 年 3 月,碳酸锂期货价格受到多种因素的影响,包括但不限于供需平衡的变化、季节性需求波动以及宏观经济环境。尽管存在不确定性,但市场普遍预期碳酸锂价格会在一定区间内波动。在后续套期保值时间段内,若标的资产价格上涨,期货价格同样上涨,则卖出期货出现亏损,但这时现货端产生收益,期货市场的亏损可以通过现货市场的盈利来弥补,期现组合亏损更少或盈利更多;若标的资产价格下跌,则现货端产生亏损,期货端产生收益,期货收益能够抵补部分现货损失,有效降低现货的市场风险。

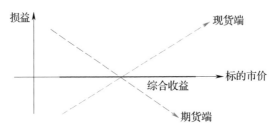

图 6-1-9 卖出期货套保理论损益

表 6-1-14 卖出期货套保实际损益

	锂辉石现货	碳酸锂期货	期＋现
损益（元）	−720 000	＋2 780 000	＋2 060 000

二、项目方案与服务过程

（一）项目的衍生品标的

根据 Z 公司的经营状况和风险管理需求,本次项目的标的是与锂辉石具有强相关性的碳酸锂,具体合约是最后交易日为 2024 年 8 月 14 日的 LC2408。

（二）项目的具体模式

项目开始前,五矿期货综合分析了 Z 公司的经营状况和风险承受能力,为 Z 公司提供风险管理咨询、专项培训等风险管理顾问服务,并为 Z 公司制订了碳酸锂期货套期保值方案。

项目进行中,五矿期货为 Z 公司提供行情分析和进出场时机建议等交易咨询服务。Z 公司作为套保需求方,参考五矿期货给出的套保方案和指导建议,自主做出决定和发出交易指令。

(三)项目的具体操作与执行过程

Z公司结合自身的经营状况与套保需求,以及五矿期货给出的方案建议,决定卖出碳酸锂期货。

公司库存出清时间为2024年7月底,考虑选择合约的最后交易日期与库存出清时间相近,故选择最后交易日为2024年8月中旬的2408期货合约;需要套保的现货是数量折约800吨的锂辉石精矿(6‰Li),而生产1吨电池级碳酸锂大约需要7.5~8吨品位为6%的锂辉石精矿,故卖出100手期货合约。

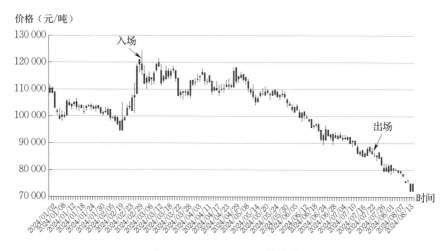

图6-1-10　LC2408行情走势

如期货价格上涨,卖出期货会出现亏损。入场时,Z公司在五矿期货的指导下,结合自身的经营状况设置了止损点,期货价格上涨到止损价时自动平仓,将期货市场的亏损相对于锂辉石的仓储成本和预期的风险管理成本控制在可接受范围。

持有期货空头过程中,五矿期货为Z公司提供行情分析服务与出场时机建议。虽然2024年3~4月碳酸锂价格存在一定的波动,有升有降,但都没有触发止损价,Z公司选择继续持仓到7月底库存出清后平仓出场。

三、项目总结

（一）项目的执行效果情况

入场时，卖出期货合约均价为 117 500 元 / 吨，现货买价为 10 200 元 / 吨；出场时，期货合约平仓均价为 89 700 元 / 吨，现货卖价为 9 300 元 / 吨。期货盈利总计 2 780 000 元，现货亏损总计 720 000 元，期现组合盈利总计 2 060 000 元。该期货套保项目有效降低了锂辉石库存的市场风险，满足了 Z 公司的风险管理需求。

表 6-1-15　期货套保结果明细

	锂辉石（6%Li）现货	碳酸锂期货	期 + 现
入场价格（元 / 吨）	10 200	117 500	—
出场价格（元 / 吨）	9 300	89 700	—
套保数量（吨）	800	100	—
套保手数（手）	—	100	—
单位盈亏（元 / 吨）	−900	27 800	—
总盈亏（元）	−720 000	2 780 000	2 060 000

另外，由于本次套保是以远月期货为主，可以调整一下套保方式，改以买入近月期权合约为主的套保策略，看看会有什么不同：

表 6-1-16　期权套保结果

日期	标的	期货价格	期权行权价	期权进场价	期权出场价	损益
03/04	LC2405	116 750	LC2405-P-116000	5 070	2 920	−2 150
04/09	LC2406	113 600	LC2406-P-112000	4 500	4 030	530
05/10	LC2407	108 350	LC2407-P-108000	4 450	7 900	3 450
06/07	LC2408	102 400	LC2408-P-102000	2 970	9 900	6 930
07/05	LC2409	92 750	LC2409-P-92000	2 130	3 180	1 050
合计						9 810

表 6-1-17　期权、期货套保结果比较

	碳酸锂期货	碳酸锂期权
入场价格（元／吨）	117 500	—
出场价格（元／吨）	89 700	—
套保数量（吨）	100	100
套保手数（手）	100	100
单位盈亏（元／吨）	27 800	9 810
总盈亏（元）	2 780 000	981 000

上表可看出，假如使用买入期权每月滚动套保，不仅可以省下大笔套保成本，也没有追保的问题，并且套保效率也是非常不错的。

（二）项目的作用

Z 公司参与碳酸锂期货套保，降低了锂辉石库存跌价的风险，使 Z 公司体会到运用期货衍生品对冲现货风险的有效性，同时使 Z 公司意识到在运用衍生品对冲现货风险时得到专业人员指导的重要性，这有助于提升我国产业企业风险管理的安全意识，有助于提高产业企业风险管理水平。

（三）项目的主要经验

作为利用期货工具为锂辉石现货套期保值的交易咨询服务提供方，五矿期货通过深入了解 Z 公司经营情况、套保需求与风险承受能力，协助 Z 公司顺利完成了锂辉石套保项目。通过该项目，五矿期货一方面了解了中小微产业企业对利用衍生品进行风险管理的需求，有助于后续更精准地定位客户的风险管理需求，协助客户降低经营风险；另一方面也了解了期货工具对于中小微企业的合适应用场景以及中小微企业在期货交易上的非专业程度，积累了服务产业客户的经验，有助于进一步明确指导方向、完善服务过程、提高服务质量。

（四）项目的亮点和特色

使用期货为现货套期保值，不仅能对冲现货不利时的亏损，甚至能参与现货有利的部分，降低了现货的市场风险。

（五）项目的可移植性

运用期货套期保值，具有操作方便、成本低、风险可控、效果明显的优点，可移植性强。同时，通过不同品种、不同月份、不同买卖方向的组合，能够构建出多种多样的期货策略，满足企业的个性化需求。

第二节　期权进阶套保案例

案例 2-1　L 公司螺纹钢期权海鸥套保案例

一、项目背景

（一）宏观经济与产业背景

在当前复杂多变的经济环境下，实体企业在贸易经营中遭遇了诸多挑战与不确定性。中小微企业受其资本规模所限，往往在贸易链中缺乏话语权，其经营模式亦常受制于上下游供销企业，因而风险抵御能力相对薄弱。面对大宗商品价格剧烈波动的市场环境，这些企业往往因未采取有效的套期保值策略而蒙受损失，进而对公司的运营情形造成显著的不利影响，加剧了企业经营的困境。因此，中小微企业对于产品现货进行套期保值的需求愈发迫切。

以螺纹钢贸易企业为例，企业必须与供应商、物流商等多方紧密合作以确保业务的顺利进行。然而，在当前的经济形势下，一些供应商可能会遇到生产困境、物流延误等诸多问题，这些问题直接影响了中小微企业的订单交付能力，甚至可能导致货源的不稳定性，从而增加了企业的经营风险。另一方面，螺纹钢等大宗商品的价格又受到国内外多重因素的共同影响，包括供需关系的变化、政策调整的冲击、汇率的波动等。这些复杂且多变的因素导致商品价格波动频繁，给企业的经营带来了极大的不确定性。特别是对于中小微企业而言，由于缺乏足够的资金和风险抵御能力，这种价格波动可能会对其经营造成严重的压力。综上所述，这些风险不仅可能对中小微螺纹钢贸易企业的日常经营产生负面影响,还可能阻碍企业的稳健发展,破坏市场的良性竞争环境。

(二)服务对象的需求

L公司位于青岛胶东地区最大的钢材市场,专注于螺纹钢等建筑钢材的贸易经营。青岛螺纹钢在全国螺纹钢市场中占有举足轻重的地位。从地理位置上看,青岛位于我国东部沿海,紧邻华东、华南等需求旺盛的地区,这为其产品运输提供了极大便利,海运与陆运方式使其能够迅速覆盖这些市场。产业环境方面,青岛地区的螺纹钢企业已与上下游企业形成成熟的产业链和产业集群,有效降低了生产成本,提高了效率,为全国螺纹钢市场的发展提供了有力的产业支撑。

然而,随着市场需求的变化和产业结构的调整,青岛螺纹钢企业——尤其是实力较弱的中小微企业,若想保持竞争优势,不仅需要加强技术创新和转型升级,提高产品质量和服务水平,也需要积极投身金融衍生产品市场,利用期货、期权等衍生工具套期保值,以应对市场的挑战和机遇。

作为一家民营中小微企业,L公司自成立以来,经历了螺纹钢价格的波动起伏,频繁波动的价格对L公司的稳定经营产生了冲击,在竞争激烈的青岛螺纹钢市场上惨淡经营,因此L公司对套期保值有着强烈的需求。

五矿期货一直致力于服务实体经济,重视产业客户的套期保值需求。在获悉客户L公司有套保需求后,五矿期货积极与L公司展开合作。考虑到L公司的实际情况,为L公司量身定制了一套期权组合策略。在策略实施过程中,五矿期货提供了全程指导和监督,确保套保工作的顺利进行。通过双方的合作,L公司得以有效应对市场风险,稳健经营。

二、项目内容

L公司日常保持3 000吨螺纹钢常备库存,日均贸易出货量约1 000吨。在库存数量小于3 000吨时,作为协议户向钢厂采购螺纹钢以维持常备库存(约3 000吨)和日常贸易量。

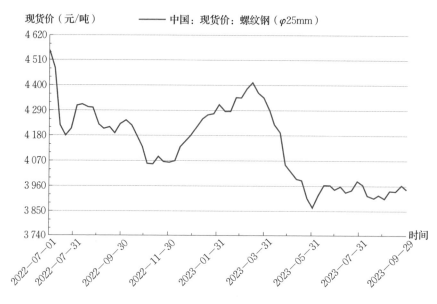

图 6-2-1　中国市场螺纹钢现货价走势

（一）第一阶段

2023 年初，短期需求疲软，公司维持低库存运转。2 月末，螺纹钢价格触底反弹后持续上行，L 公司咨询五矿期货后，研判螺纹钢价格已相对较高，预期后市可能下跌，经董事会决策，拟采用螺纹钢期权对 1 000 吨螺纹钢库存进行套期保值操作。五矿期货为 L 公司制订了三腿海鸥看跌期权策略，对应 RB2305 合约期权，当时 RB2305 期货合约价格在 4 175 元 / 吨，L 公司预期价格会下跌至 3 950 元 / 吨附近，若持续下跌则不会跌破 3 650 元 / 吨，若是价格上涨则不会涨破 4 350 元 / 吨，因此买入 100 手行权价为 3 950 元 / 吨的看跌期权对冲价格下跌的风险，同时卖出 100 手行权价为 3 650 元 / 吨的看跌期权和 100 手行权价为 4 350 元 / 吨的看涨期权以补贴买权的部分费用、降低套保成本。

期权持仓期间，若 RB2305 合约涨破卖看涨期权的行权价 4 350 元 / 吨，则库存现货价格上涨可以弥补期权损失，产生综合盈利；若 RB2305 合约跌破买看跌期权的行权价 3 950 元 / 吨，计划 RB2305 合约价格在 3 700 元 / 吨附近时卖出 1 000 吨库存现货，并平仓期权，以防止继续下跌触及

卖看跌期权行权价 3 650 元 / 吨的超跌风险,实现有限损失甚至是小幅
盈利。

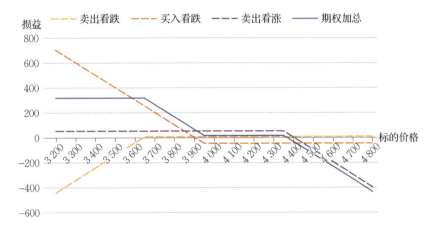

图 6-2-2　三腿海鸥看跌期权策略损益(第一阶段)

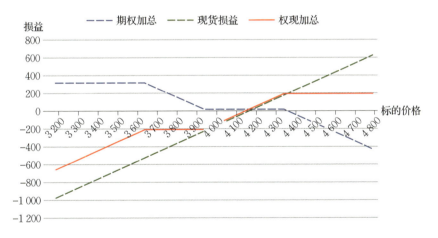

图 6-2-3　三腿海鸥看跌期权策略套期保值损益(第一阶段)

3 月中下旬,L 公司预测盘面有较大的下跌风险,故转变经营方式,以
销定采,逐步将常备库存降低至 1 000 吨以内。3 月下旬,RB2305 盘面跌至
4 170 元 / 吨,因现货已出,暂无库存价格下跌风险,决定对期权进行平仓。
在本阶段套期保值操作中,RB2305 价格下跌前,L 公司已经降低了常备库
存,保住了现货的利润,同时期权端在买卖权损益抵消之后并未产生亏损。

图 6-2-4　RB2305 期货合约走势(第一阶段)

(二)第二阶段

3 月底至 5 月中旬,L 公司维持低库存运行,暂无套保需求。

5 月中旬至 6 月中旬,螺纹钢需求有所回升,库存轮转速度较快,常备库存风险较低,L 公司重新维持 3 000 吨的常备库存进行正常轮转,以销定采,日均贸易出货量约 1 000~2 000 吨。短期螺纹钢市场情绪回暖,L 公司研判短期内易涨难跌,预估盘面波动范围为 3 600~3 850 元 / 吨,计划在 RB2310 期货盘面 3 850 元 / 吨附近对部分常备库存进行套期保值。

6 月中旬至 7 月中旬,现货市场环境偏差,市场需求下滑,销售不佳,叠加钢厂协议量持续到货,L 公司库存开始出现累库,库存达到 10 000 吨左右,且短期内难以降下来,虽然期货运行区间仍在预期的 3 600~3 850 元 / 吨之间,但库存的累积增加了经营风险。

L 公司库存上升,且预测螺纹钢短期内价格不易向上,为防止价格下跌造成库存贬值,再次启用三腿海鸥看跌期权策略,对 6 500 吨螺纹钢库存进行套期保值,套保策略对应 RB2310 合约期权,当时 RB2310 期货合约价格在 3 670 元 / 吨附近,L 公司预期价格会下跌但不会跌破 3 450 元 / 吨,若是价格上涨则不会涨破 3 900 元 / 吨,因此买入 650 手行权价为 3 650 元 / 吨的看跌期权对冲价格下跌的风险,同时卖出 650 手行权价为 3 450 元 / 吨的看跌期权和 650 手行权价为 3 900 元 / 吨的看涨期权以补贴买权的部分费用、降低套保成本。

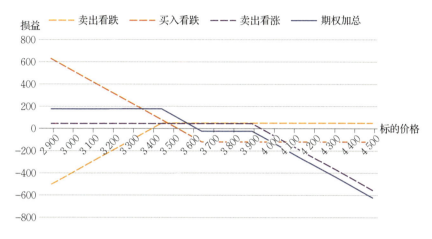

图 6-2-5　三腿海鸥看跌期权策略损益(第二阶段)

期权持仓期间,若盘面在预期内,则在 3 850 元 / 吨附近卖掉现货,同步进行期权相应平仓;若盘面超预期下跌,则在 3 450 元 / 吨附近卖掉现货同步平期权,获取期权平仓利润,对冲现货贬值损失。

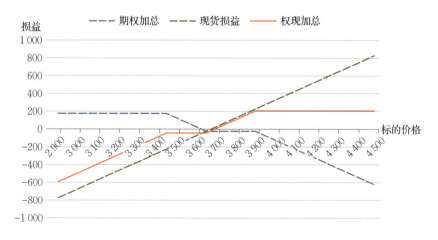

图 6-2-6　三腿海鸥看跌期权策略套期保值损益(第二阶段)

7月底,RB2310期货盘面价格上涨至3 850元/吨附近,卖看跌期权的时间价值基本收满,故提前平仓250手卖看跌期权,此后RB2310期货价格下行,截至8月中旬,RB2310期货价格低于7月底,但仍高于7月中旬。本阶段现货库存较大,获利较高,而且期权端买权收益覆盖了卖权亏损,增加了总体收益。

图 6-2-7　RB2305 期货合约走势(第二阶段)

三、项目总结

项目管理的现货规模计划 20 000 吨,在项目实施期间,L 公司实际贸易量共计约 22 500 吨。

在两阶段的套期保值过程中,L 公司与五矿期货多次沟通讨论,最后决定构建三腿海鸥看跌期权策略,策略优点在于卖权的权利金收入可冲抵大部分的买权权利金支出,卖权的收益覆盖了买权的亏损,最后结算,期权端盈利 71 680 元,现货端盈利 250 000 元。套保计划成本较低、风险可控、操作灵活,使 L 公司成功抵御了价格风险,达到了套期保值的预期效果,并出现了难得一见的期现两端同时获利的情形,亦使 L 公司在日常经营和贸易中能够更加从容自如地进行库存轮转。

表 6-2-1　套保交易情形

进场日期	合约	操作	手数	进场价	保证金	出场日期	出场价	损益
44985	RB2305	买开	100	45.5	—	45006	38.25	−7 250
44985	RB2305	卖开	100	54	886 240	45006	47.75	6 250
44985	RB2305	卖开	100	9.5	382 740	45006	7.75	1 750
45117	RB2310	买开	650	118	—	45153	61.7	−365 950
45117	RB2310	卖开	650	50.12	997 685	45153	79.74	192 530
45117	RB2310	卖开	650	46.9	695 960	45153	84.49	244 350
合计								71 680

表 6-2-2　套保结果

	现货	期权
损益	+250 000	+71 680
总计	+321 680	

通过本次项目合作,五矿期货成功帮助 L 公司探索出了一种有效的库存现货市场风险管理策略。这一成功经验不仅为中小微企业提供了大宗商品库存现货套期保值的优秀范例,同时也凸显了五矿期货在风险管理业务方面的高度专业性。在本次合作中,五矿期货充分展现了卓越的业务能力,实施了标准化的操作流程、高效化的管理方式、精细化的服务态度,确保了套保方案的实施质量,达到了预期的风险对冲效果。五矿期货的专业服务不仅保护了 L 公司库存螺纹钢的价值,也增加了 L 公司使用金融衍生品工具对冲市场风险的经验,提高了 L 公司的风险应对能力,有利于 L 公司的稳健经营与高质量发展。

第三节　金融期权套保案例

案例 3-1　G 基金公司科创 50ETF 期权套保案例

一、项目背景

G 基金公司目前持有 10 万股科创 50 指数成分股 N 公司的股票。在 2024 年 5 月 24 日至 6 月 20 日期间，N 公司的股价上涨了 18.9%，为基金公司带来了可观的投资收益。然而，随着市场环境的变化，G 基金公司开始担忧 N 公司的股价可能会面临回调风险。这种担忧源于近期市场波动加剧以及宏观经济环境的不确定性，G 基金公司希望能够有效防范未来股价下行的风险，同时保留现有的股价上行收益。

由于 N 公司作为科创 50 指数的成分股，其股价与科创 50 指数之间存在较高的相关性，这为 G 基金公司提供了一个理想的对冲机会。为了应对潜在的风险，G 基金公司决定利用科创 50ETF 期权构建保险策略。具体来说，G 基金公司计划购买相应数量的认沽期权，以便在科创 50 指数下跌时能够获得保障，从而抵消 N 公司股价可能带来的损失。

这一策略不仅可以为 G 基金公司提供下行保护，还能让其继续享受 N 公司股价上涨带来的潜在收益。通过构建这样的风险对冲策略，G 基金公司能够在不减少持股的情况下，有效管理投资组合的风险，提升投资信心，以期在市场波动中获得稳定的投资回报。这种灵活的风险管理方法将帮助 G 基金公司更好地应对未来的不确定性，维护其投资组合的整体健康。

二、项目方案与服务过程

（一）对冲的原理

G 基金公司持有的 N 公司股票市值经过 Beta 值调整后，估计出其系统性风险敞口所对应的科创 50ETF 市值。通过买入相应数量的科创

50ETF 认沽期权来进行等量对冲,以达到锁定价格,防范风险的目的。

（二）具体的操作步骤

第一步:计算 G 基金公司与科创 50ETF 的 Beta 值。

Beta 值是衡量个股相对于市场系统性风险的指标,表示个股收益率与市场收益率之间的线性关系。Beta 值越接近 1,说明个股波动与市场波动相关度越高。可以通过 Wind、同花顺等金融终端计算 Beta 值。根据 2023 年 6 月 21 日至 2024 年 6 月 20 日的日频数据,G 基金公司计算出 N 公司相对于科创 50ETF 的 Beta 值为 0.956。临近当月行权日,G 基金公司选择下月到期的平值科创 50ETF 认沽期权——科创 50 沽 7 月 800 进行对冲。

第二步:计算所需买入的认沽期权张数。

为了进行等量对冲,G 基金公司需要计算所需的期权张数。公式为:

$$所需期权张数 = \frac{股票市值 \times Beta}{单张期权对应的名义市值}$$

在 6 月 21 日,N 公司的收盘价为 48.75 元,G 基金公司持有 1 000 张,因此 G 基金公司的持仓市值为 4 875 000 元。科创 50ETF（688000）的收盘价为 0.795 元,单张期权对应的名义市值为 8 000 元。

代入公式计算:

$$所需期权张数 = 4\,875\,000 \times 0.956 \div 8\,000 \approx 582 张$$

此时,科创 50 沽 7 月 800 的价格为 0.023 4 元。G 基金公司需支付 136 188 元权利金,约占其净资产的 2.8%。因此,G 基金公司买入 582 张相应的认沽期权,完成了对所持 N 公司股票的系统性风险的对冲。

三、项目总结

（一）项目效果

在 7 月 8 日,G 基金公司对所持期权进行卖出平仓。在保险策略持续期间,N 公司的股价由 48.75 元下跌至 46.70 元,跌幅达到 4.21%,现货持仓亏损 205 000 元。然而,科创 50 沽 7 月 800 的价格由 0.023 4 上涨至 0.075 7,期权持仓盈利 304 386 元。整体策略盈利 99 386 元,收益率为

2%。通过这一对冲策略，G基金公司有效地降低了投资组合的风险，实现了在市场波动中的稳定收益。

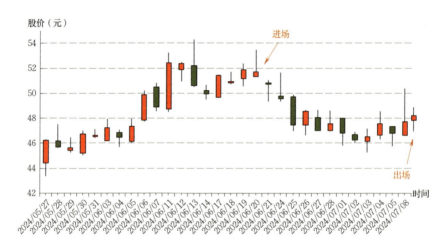

图 6-3-1　N公司股价走势

表 6-3-1　保险策略收益情况

	N公司		认沽期权	
	股价	市值	权利金	市值
2024/6/21	48.75 元	4 875 000 元	0.023 4	136 188 元
2024/7/8	46.70 元	4 670 000 元	0.075 7	440 574 元
持仓盈亏	−205 000 元		+304 386 元	
合计收益	+99 386 元			

（二）项目亮点和特色

　　G基金公司的投资策略通过有效的风险对冲、灵活的金融工具应用和低成本管理，实现了在市场波动中的盈利，充分体现了股指期权在现代投资组合管理中的重要性和实用性。这一过程不仅增强了投资组合的安全性，还提升了应对市场波动的能力。

　　在实施对冲策略后，尽管N公司股价下跌4.21%，导致现货持仓亏损205 000元，但期权持仓盈利达到304 386元，最终实现整体盈利99 386元，收益率约为 2%。这一结果展示了股指期权的杠杆效应和风险管理能力，使 G 基金公司在市场波动中获得了积极的财务结果。

与此同时，G 基金公司在选择期权时考虑到了费用和潜在收益的平衡，确保了对冲策略的成本相对较低。支付的权利金仅占其净资产的 2.8%，在风险对冲的同时，保持了资金的灵活性，使得整体投资组合在不显著增加风险的情况下，依然保持一定的收益水平。

（三）项目的可复制性

这种成功的案例为其他交易者提供了有价值的借鉴，尤其是在如今市场环境充满不确定性和波动性的情况下，如何利用期权进行有效的风险管理显得尤为重要。通过借鉴 G 基金公司的策略，交易者可以更好地应对市场变化，保护自己的投资利益，进而实现更稳健的资产增值。总之，G 基金公司的投资策略不仅是对风险的有效管理，更是对期权工具运用的成功实践，为交易者在复杂市场环境中提供了宝贵的经验和指导。

第四节　场外期权套保案例

案例 4-1　M 公司螺纹钢场外期权套保案例

一、项目背景

（一）宏观经济与产业背景

2024 年，受地产大行业去库存周期的影响，钢材价格大幅下行，行业整体陷入亏损，产能过剩问题再度凸显。螺纹钢是我国最重要的钢材品种之一，广泛用于房屋、桥梁、道路等土建工程建设，近年价格大幅下行背后，行业供需矛盾显著，在此背景下，情绪稍有好转或宏观利空转变，都容易引起价格的快速反弹，给钢材产业企业带来了风险和机遇。

经营钢材贸易的相关企业，由于进入大宗商品贸易"微利时代"，更加需要针对市场情况和企业自身发展需要，进行套期保值，期货及其他衍生品成为必备的价格风险管理工具。

（二）服务对象的需求

M公司的主营业务是冶金原材料和钢材的国内外贸易,主要的5家分销公司（北京／厦门／武汉／上海／杭州）承担了M公司现货交易中超过70％的份额,因此亟须对现货库存进行风险管理。

五矿期货日常为M公司提供套保咨询、设计套保方案的服务。为深化产融合作,加快构建"以融强产、以融促产"的金融生态,五矿期货结合M公司具体经营情况与套保需求,选择使用螺纹钢期权进行对应的现货套期保值。

据了解,受到供需错位、周期性波动等方面的影响,2024年以来钢材市场需求表现低迷,导致螺纹钢价格持续下跌。3月底,M公司一方面认为市场价格已然触底,另一方面也担心市场再次出现非理性杀跌。五矿期货为M公司提供精细化的风险管理服务,自2024年3月陆续开展钢材期权交易业务,累计完成18笔场外期权业务,涉及66 600吨螺纹钢和11 000吨热卷。

（三）期权套保策略分析

五矿期货构建期权组合策略,通过在价格底部位置买入看跌期权、将其原有套保空单换成买入看跌期权等策略,使M公司在继续持有现货的前提下,锁定生产成本,规避价格下降风险,并利用权利金等机制保留潜在现货上涨收益,增厚利润,稳定企业经营预期。

RB2410期货合约于2023年10月17日上市。2024年3月上旬,期货盘面价格延续自上市以来的宽幅区间震荡行情。在后续套期保值时间段内,若标的资产价格上涨,则买入的看跌期权价值下跌,期权端产生亏损,但这时现货端产生收益,当标的资产价格突破期权的损益平衡点上行时,期权亏损不再增大,现货却持续产生更多收益,权现组合亏损更少或盈利更多;若标的资产价格下跌,则现货端产生亏损,期权端产生收益,期权收益能够抵补部分现货损失,有效降低现货的市场风险。

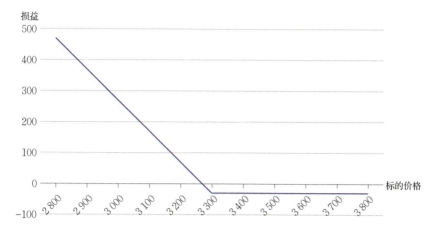

图 6-4-1 买入看跌期权损益(单位:元/吨)

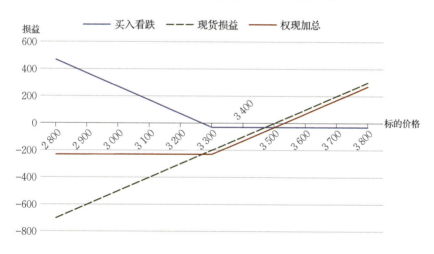

图 6-4-2 买入看跌期权套保损益(单位:元/吨)

二、项目方案与服务过程

(一)项目的衍生品标的

以 7 月 23 日和 24 日的 4 笔交易为例,具体合约为行权价 3 300 元/吨、标的月份 2410 的螺纹钢场外看跌期权。

(二)项目的具体模式

项目开始前,五矿期货综合分析了 M 公司的经营状况和风险承受能力,为 M 公司提供风险管理咨询、专项培训等风险管理顾问服务,并为 M 公司制订了螺纹钢、热卷场外期权套期保值方案。

项目进行中,五矿期货为 M 公司提供行情分析和期权策略推荐等交易咨询服务。M 公司作为套保需求方,参考五矿期货给出的套保方案和指导建议,自主做出决定和发出交易指令。

（三）项目的具体操作与执行过程

M 公司结合自身的经营状况与套保需求,以及五矿期货给出的方案建议,决定买入螺纹钢看跌期权。

场外看跌期权的行权价可以按照客户需求灵活设计,主要依据螺纹钢库存的成本价、仓储成本,叠加 M 公司对市场信息的判断,主要为 3 300 元 / 吨;标的选择套保期间的主力合约 RB2410,在交易量和流动性上具有优势;需要套保的现货数量约为 13 000 吨,需买入 1 300 手左右期权。

当标的期货合约的市场价格上涨,高于看跌期权的执行价格,期权变为虚值期权,权利金低于其他要素相同的平值期权和实值期权。权利金随着标的合约价格上涨而下跌。

M 公司判断标的期货价格上涨达到一定程度,期权的权利金数额相对于螺纹钢的仓储成本和预期的风险管理成本处于可接受范围,即下达交易指令,达成相关的期权交易。

图 6-4-3　RB2410 合约 3—9 月行情走势

持有看跌期权过程中,五矿期货为 M 公司提供行情分析服务与出场时机建议。2024 年 7 月下旬,螺纹钢期货盘面价格结束前期半年的宽幅震荡后缓慢下跌,到 8 月初,买入的看跌期权已达到实值,权现组合有效地防范了下跌风险。

三、项目总结

（一）项目的执行效果情况

7 月下旬入场时,RB2410-P-3300 期权权利金均价为 28.26 元 / 吨,现货买价均价为 3 530 元 / 吨;出场时,期权价值均价为 188.13 元 / 吨,现货卖价均价为 3 340 元 / 吨。期权盈利总计 2 066 258 元,现货亏损总计 2 470 000 元,权现组合亏损总计 403 742 元。

该期权套保项目有效降低了钢材库存的市场风险,满足了 M 公司的风险管理需求。

表 6-4-1　螺纹钢期权项目结果

	现货	期权	权＋现
入场价格（元 / 吨）	3 530	28.26	—
出场价格（元 / 吨）	3 340	188.13	—
套保数量（吨）	13 000	13 000	—
套保手数（手）	1 300	1 300	—
单位盈亏（元 / 吨）	−190	158.94	−31.06
总盈亏（元）	−2 470 000	2 066 258	−403 742

（二）项目的作用

五矿期货运用期权组合策略,降低了螺纹钢库存跌价的风险,使 M 公司体会到运用期权衍生品对冲现货风险的有效性,同时也坚定了五矿期货为企业单位提供有效风险管理措施,不断提升金融服务实体经济质效,助力产业高质量发展的信念。

（三）项目的主要经验

作为利用场内期权为螺纹钢现货套期保值的交易咨询服务提供方，五矿期货通过深入了解 M 公司经营情况、套保需求与风险承受能力，协助 M 公司顺利完成了螺纹钢套保项目。通过该项目，五矿期货一方面了解了钢铁产业企业对利用衍生品进行风险管理的需求，有助于后续更精准地定位客户的风险管理需求，协助客户降低经营风险；另一方面也了解了场外期权对于产业企业的合适应用场景，积累了服务产业客户的经验，有助于明确指导方向、完善服务过程、提高服务质量。

（四）项目的亮点和特色

使用期权为现货套期保值，不仅能对冲现货不利时的亏损，甚至还能综合保留对现货有利的部分，降低了企业主营业务的市场风险。

（五）项目的可移植性

运用期权套期保值，具有操作方便、成本低、风险可控、效果明显的优点，可移植性强。同时通过不同月份、不同行权价、不同买卖方向的组合，能够构建出多种多样的期权策略，满足企业的个性化需求。

案例 4-2　B 公司螺纹钢场外期权套保案例

一、项目背景

B 公司是一家主要从事国际和国内钢铁、建材、机械设备的贸易企业，业务品种涵盖钢铁产品、管桩行业专用设备和辅料、混凝土制品等。B 公司作为钢铁产业链企业客户，长期稳定供应或销售钢材，价格随行就市，现货经营极易受到钢材市场价格变动影响。

2023 年国内经济发展面临的内外部环境有所改善，宏观经济运行总体呈现回升态势，螺纹钢期货价格在 4—5 月持续下行，但 6 月初开始强势反弹，在 6 月中旬冲上 3 800 元／吨的高点。

在此背景下，B 公司以及全钢铁产业链中的企业客户普遍缺乏有效的金融工具对价格进行风险管理，被动接受市场价格，销售利润大幅下降。

因而,B 公司作为钢铁产业链中的中游企业,希望通过金融衍生品工具,构建稳定的销售或采购渠道,锁定未来钢材价格,规避现货价格波动带来的利润下降风险。

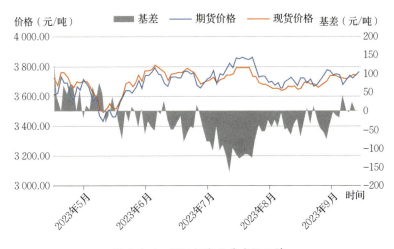

图 6-4-4 螺纹钢期现货市场行情

二、服务方案与服务过程

为解决 B 公司面临的销售利润与供货渠道的问题,五矿期货与 B 公司进行了沟通与交流。在探讨过程中,团队了解到 B 公司现有约 10 000 吨螺纹钢现货存量,但现阶段螺纹钢市场价格波动较大,B 公司预计未来螺纹钢价格存在下跌可能,从而导致库存贬值。

根据 B 公司的痛点与需求,项目团队通过场外期权工具,为现货库存进行套保,保障后续可能因价格下跌而利润缩水的问题,帮助 B 公司实现"保供稳价"。具体方案开展过程如下:

2023 年 7 月中旬,当时 RB2310 期货价格为 3 739 元 / 吨,螺纹钢现货价格为 3 666 元 / 吨,针对 B 公司对防范库存贬值的诉求,五矿期货场外衍生品团队为 B 公司提供了买入 45 天欧式看跌期权的方案,所需权利金 100 元 / 吨,对 10 000 吨螺纹钢进行套保,保障经营利润。期权具体情况如下:

表 6-4-2　RB2310 看跌期权具体情况

RB231008/29 收盘价 X	看跌期权效果
X < 3 739	产生赔付,赔付金额 ＝（3 739－X）元 / 吨 ×10 000 吨
X ≥ 3 739	不产生赔付

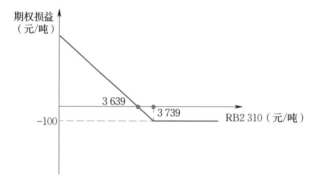

图 6-4-5　RB2310 看跌期权损益图

2023 年 7 月底,当时 RB2401 期货价格为 3 869 元 / 吨,螺纹钢现货价格为 3 738 元 / 吨,B 企业将库存梳理后,发现仍然有 5 000 吨左右现货头寸存在贬值风险。五矿期货场外衍生品团队为 B 公司提供了买入 45 天欧式看跌期权的方案,所需权利金 106 元 / 吨,对新增的 5 000 吨螺纹钢现货头寸进行套保,保障经营利润。期权具体情况如下:

表 6-4-3　RB2401 看跌期权具体情况

RB240109/08 收盘价 X	看跌期权效果
X < 3 869	产生赔付,赔付金额 ＝（3 869－X）元 / 吨 ×5 000 吨
X ≥ 3 869	不产生赔付

当期权到期后,B 公司按照场外期权交易清算书确定结算款项,进行赔付。

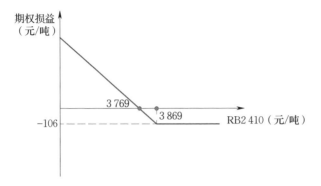

图 6-4-6　RB2401 看跌期权损益

三、项目总结

（一）项目执行效果

　　RB2310 合约在 2023 年 7 月 14 日至 2023 年 8 月 29 日期间,下跌 61元 / 吨,B 公司获得赔付 61.00 万元;RB2401 合约在 2023 年 7 月 27 日至2023 年 9 月 8 日期间,下跌 152 元 / 吨,B 公司获得赔付 76.00 万元,期权套保产生效益,期权端两期共产生盈利 60.50 万元,有效减少了 B 公司受螺纹钢价格下跌产生的损失,保障了 B 公司的销售利润。

表 6-4-4　买入看跌期权策略盈亏情况

项目	标的合约	数量（吨）	入场价格（元 /吨）	结算价格（元 /吨）	企业自缴权利金（元）	期权赔付（元）
第一期	RB2310	10 000	3 739	3 678	500 000	610 000
第二期	RB2401	5 000	3 869	3 717	265 000	760 000
合计					765 000	1 370 000
最终盈利						605 000

（二）项目优势及亮点

1. 锁定远期利润实现增效，保障产业链客户助力发展

钢铁行业在产销方面一直以来存在矛盾，一方面生产端因固定成本支出大，从铁矿石到最后的成品材，各工序之间协同作业在缩减生产规模和重启再生产的过程中都存在高额的开销；另一方面，用户需求受价格影响变化较大，企业容易堆积库存。因此对钢铁产业链企业来说，建立稳定的套保模式，合理安排经营，是十分重要的。通过期权套保模式，钢铁产业链企业可以提前锁定远期利润，规避锁价订单销售价格偏低 / 采购价格偏高的风险，实现销售价格遇涨则涨，遇跌不跌；采购价格遇跌则跌，遇涨不涨。

2. 流程简单，直接满足企业风险管理需求

与传统贸易业务相比，钢铁产业链企业只是增加了一个场外期权或者基差点价的环节作为保价工具，业务流程较为简单，企业的理解难度低，接受程度较高，能够满足企业对于钢材现货头寸的风险管理需求，助力钢铁产业链上游生产企业实现库存管理、扩大业务规模，助力钢铁产业链下游加工企业实现"锁价采购"，达成控制成本的诉求。

3. 精准定价，期货价格为现货企业保驾护航

钢铁产业链上下游企业之间进行传统钢铁的贸易模式主要为长期协议，长期协议普遍采用"一口价"的定价方式按月确定交易价格，月初预付，月末以均价统一结算。通过期权套保，钢铁产业链企业实现了对传统贸易的升级，对钢材现货的销售 / 采购单价定位更加精准，规避了价格波动带来的风险。

案例 4-3　Y 公司铝场外期权套保案例

一、项目背景

Y 公司是一家从事制造材料商品贸易的小微企业。2018 年，该企业的负责人与五矿期货接触，经沟通得知，小微型贸易企业由于资本规模小，风险抵御能力弱，同时由于在贸易链条中几乎没有话语权，经营模式受到上下游供销

企业的限制,承担了大部分的市场风险,在大宗商品价格大幅变化的市场条件下,由于没有采取套期保值措施,经营持续亏损,展业越来越困难。

以铝贸易为例,小微企业受到客观条件限制没有储存能力,只能采取从上游订货直接发给下游的贸易模式,运输期间的价格变化,就形成了经营风险。

了解相关情况以后,五矿期货对其进行跟踪辅导,向其传授期货、期权等市场工具的相关知识,以及使用市场工具进行套期保值,管理企业经营中面临的市场风险的相关概念和方法。

经过深入细致的沟通,双方认识到,受到小微企业资金等方面的限制,教科书式的期货套期保值模式可能不完全适应小微企业。由于现货交易的提货和付款存在一定的延迟性和周期性,当市场价格向不利于套保头寸的方向变化时,例如,企业卖出套保,开仓期货空头,但此时期货价格上涨,虽然企业持有的现货的价值增加了,但是并没有变成实际入账的款项,而小微企业却可能难以承受期货头寸立即产生的浮动亏损。

在这种情况下,期权工具的优势就得到了很好的体现。由于买入期权的最大亏损为权利金,在具备补偿风险功能的同时还能预估最大的亏损数额。在一些情况下,期权产品的权利金数额对于小微企业是可以接受的。

因此,五矿期货建议 Y 公司结合自己的实际经营情况和市场情况,择机选择和考虑通过期权构建风险管理方案,实现套期保值由教科书式走向市场的实际操作,也可称作"升级版"套期保值。

二、服务方案与服务过程

经过充分的前期跟踪辅导和持续沟通,五矿期货一方面进行日常的跟踪与辅导,进一步了解企业经营模式的具体落实措施;另一方面,五矿期货的场外期权团队持续关注企业经营所涉及的大宗商品价格的市场变化情况,尝试结合企业需求和市场的实际情况,为企业量身定制合适的风险管理方案。

通过沟通五矿期货得知,Y 公司主要采用的结算模式为 Y 公司与上游企业签订长期订货合同，Y 公司定期从上游提货，在规定的时间内提出规定数量的商品，例如每个月必须提取 1 000 吨。在这种情况下，当商品价格处于持续下跌的趋势时，市场主体将倾向于观望，表现出"买涨不买跌"的市场氛围；对于定时定量提货的贸易商，就很可能造成提货以后价格下跌、销售困难的局面，进而形成亏损。五矿期货针对上述经营模式，制订了对应的风险管理方案。

表 6-4-5　期权要素

交易确认书编号	Q202012-2105
标的名称及合约代码	铝，al2201
标的的交易所	上海期货交易所
标的数量	200 吨
生效日	2021 年 10 月 28 日
到期日	2021 年 11 月 26 日
结算日	同到期日
客户交易方向	买入
期权类型	欧式看跌
成交时标的价格	19 380 元／吨
行权价格	18 500 元／吨
期权权利金	单价：614 元／吨 总额：122 800 元

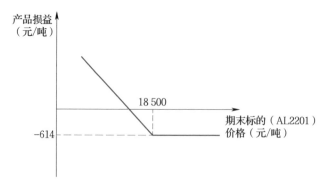

图 6-4-7　期权损益

　　以 Y 公司 2021 年 10 月 28 日发起的场外期权交易为例,企业通过持续观察市场并判断,铝价冲高回落,并出现止跌迹象,市场"买涨不买跌"的情绪转淡,下游采购需求复苏,于是向上游提货。但同时也担心对市场判断错误,Y 公司提货后,铝价继续下跌,则可能产生库存跌价损失。如果 Y 公司提货后铝价上涨,也希望能得到价格上涨带来的额外利润。

　　五矿期货根据企业的上述经营意图,设计看跌期权工具,如果后续铝价下跌,则期权将产生赔付,覆盖其库存跌价风险;如果铝价上涨,则期权的损失有限,可以部分实现企业获得额外利润的意图。根据当时市场情况,结合企业的经营预期与盈亏比,敲定了期权的入场价格 19 380 元 / 吨、执行价格 18 500 元 / 吨、期权期限等要素。

　　2021 年 11 月下旬,Y 公司卖出现货交割,同时了结期权,在期权了结日,铝期货价格 18 655 元 / 吨,高于企业的经营预期,由于 Y 公司售价较高,因此 Y 公司在现货端获得收益,不过由于标的价格高于预期,Y 公司持有的看跌期权亏损 33 600 元,但 Y 公司的稳定经营意愿得以实现。

表 6-4-6　期权项目结果

	现货	期权	期权 + 现货
入场价格(元 / 吨)	卖出 19 380	614	—
出厂价格(元 / 吨)	进货 18 655	446	—
套保数量(吨)	200	200	—
单位盈亏(元 / 吨)	725	−168	557
总盈亏(元)	145 000	−33 600	111 400

三、项目总结

　　根据 Y 公司的反馈,该企业与五矿期货的场外期权交易起到了很好的作用,主要体现在:

　　第一,企业通过期权交易,释放了很多市场条件下的风险顾虑,可以放心按预期展业;

第二，企业展业正常，提高了履约积极性，进而显著提高了企业在合作方中的信用；

第三，开展场外期权交易以及实施套期保值的措施以来，企业的经营状况显著改善，已经逐渐实现扭亏为盈。

案例4-4 E公司螺纹钢场外期权套保案例

一、项目背景

（一）宏观经济与产业背景

2021年6月开始，房地产行业景气度快速下行，黑色商品价格也随之持续走低。进入2022年初，经济出现较大波动，钢材也因物流中断、经济活动遇阻等因素无法顺利流通和消费，但钢厂的供应并未中断。因此，以E公司为代表的钢材贸易商面临库存持续积压等问题，对经营造成较大挑战。在价格持续下行过程中，企业大多需要不断加大套保比例来应对诸多不确定性风险。

图6-4-8　螺纹钢走势

（二）服务对象的需求

2022年6月到7月上旬价格出现加速下行，E公司逐步加大套期保值力度和缩敞口规模。时间来到 7 月中旬,价格变动对剩余库存敞口和现货经营依然存在较大的不确定性风险,此时市场情绪极度悲观、现货流动性较差,螺纹钢期货价格距年初最高价已下跌近 1 500 元 / 吨。

面对如此极端行情,E 公司需立即决策是否加大期货空单套保比例来压降敞口规模,防范极端下跌风险。如立即大规模加码期货空单,可迅速管控住价格继续下跌的风险,但同时也意味着锁定了对应保值规模的库存贬值亏损。

当时行情波动仍在加大,决策时间紧迫,产业单位没有更多时间对市场进行观察并安排其他风险管理措施,面临两难选择。

二、项目方案与服务过程

（一）项目的衍生品标的

根据 E 公司的风险管理需求,确定本次项目标的为螺纹钢场外期权,对应上期所螺纹钢 2210 合约。

（二）项目的具体模式

2022 年初以来,在钢材价格趋势下跌过程中,五矿期货持续为 E 公司揭示市场矛盾与逻辑,跟踪市场情绪对钢材价格弹性产生的影响,并持续通过投研辅助 E 公司进行决策,选择适配的风险管理工具,优化企业风险管理业务,从而助力 E 公司实现平稳经营。

（三）项目的具体操作与执行过程

2022 年 7 月 15 日,五矿期货通过持续的深入协同,充分理解 E 公司所面临的痛点,在早盘开市前向期货公司期权报价团队咨询不同期限、不同行权价格的螺纹钢期货 2210 合约买入看跌期权报价,随后致电 E 公司相关领导将期权策略进行详细汇报,包括螺纹钢买入看跌期权策略的设计目的、风险管理预期效果、基于目前敞口适配期权规模、综合风险收益比等逐一进行沟通。上午,E 公司迅速决策,形成了两万吨买入看跌期权头寸,权利金 70 余万元,用来对冲两万吨库存敞口风险。

当日下午,恰逢 E 公司内部经营分析会,五矿期货资深研究员作为参会嘉宾，讲解了上午期权风向管理策略应用的目的和逻辑。首先，作为大型企业，需继续防范极端下跌风险对经营的影响，以此作为买入看跌期权应用的首要目标。其次，钢材价格已经连续下跌多日，跌幅达 1 500 元／吨，并且钢厂减产的趋势在加大，接下来大概率会出现被动改善库销比的状态以支撑短期基本面，不排除价格出现快速反弹的可能性，因此使用买入看跌期权也不放弃存货上涨所带来的经营效益。即，既防范极端下跌风险，同时也不放弃潜在收益。

表 6-4-7　期权要素

品种名称	方向	生效日	到期日	产品规模（吨）	行权价（元／吨）	入场价格（元／吨）	名义本金（元）	初始权利金单价
螺纹	BP	2022/07/15	2022/08/03	20 000	3 453	3 653	73 060 000	38.5

三、项目总结

（一）项目的执行效果情况

2022 年 7 月 15 日—8 月初，历经两周时间，期货价格反弹 400～500 元／吨，若当时采取期货空单对两万吨敞口库存进行保值，那么潜在亏损将高达 820 万元，并且还需要追保资金；而通过买入看跌期权工具的应用，不仅套保成本大幅降低，并且最大损失有限，还可以享受库存大幅增值的好处，有效助力 E 公司风险管理业务实现降本增效。

表 6-4-8　场外期权损益

	RB2210	**RB2210-P-3453**
2022/07/15	3 653	38.5
2022/08/03	4 063	0
损益（元／吨）	−410	−38.5

	RB2210	RB2210-P-3453
吨数（吨）	20 000	20 000
套保成本（元）	9 497 800	770 000
损益（元）	−8 200 000	−770 000

（二）项目作用与经验

五矿期货为 E 公司提示价格波动风险并设计风险管理方案，有效规避价格不利波动对经营带来的风险。本案例是 E 公司第一笔利用场外期权进行风险管理的实操应用，通过螺纹钢买入看跌期权对库存敞口进行风险管理，既能控制敞口规模、防范极端下跌风险，同时也不放弃价格反弹的潜在收益，两周的时间有效助力 E 公司风险管理业务实现降本增效。

（三）项目的亮点和特色

五矿期货深入推动投研体系转型升级，打造五维一体的分析体系和全天候风险管理服务模式，持续为各类金属矿业类企业输出投研成果和期现策略，策略的有效性得到了市场的印证，获得了行业与相关企业的认可。

同时，优质高效的风险管理策略也为钢铁行业起到带头示范作用，丰富了风险管理业务工具箱、为钢铁产业链企业经营决策增加更多的选择权，践行了金融服务实业使命。

案例 4-5　T 公司螺纹钢场外期权套保案例

一、项目背景

（一）产业背景

2022 年以来，螺纹钢、热压卷板等黑色商品的价格出现大幅变化，给黑色产业企业在经营中带来了风险和机遇。

随着场外期权等创新型金融衍生品的发展越来越成熟，应用越来越广泛，企业希望能够更深入地参与市场，尝试通过创新型衍生品，在管理风险的同时，能够一定程度上把握住机遇，而不是以完全放弃机遇为代价来降低风险。

（二）服务对象的具体困难与需求情况

T 公司是 AA 集团下属的大型贸易企业，经营以螺纹钢、热压卷板等为主的商品。

长期以来，T 公司已经建成了以期货套保为主的风险管理机制，具备成熟完善的期货套保团队和部门。2022 年以来，螺纹钢、热压卷板等黑色商品的价格出现大幅变化。T 公司在实际经营过程中发现，按照传统的套保模式，为了实现贸易客户所需求的稳价供应，会牺牲很多收益机会；如果放大套保敞口，又面临风险暴露过高的问题；在高波动的市场价格变化条件下，使用传统工具和模式的套保操作，遇到了难以平衡收益和风险的困难，急需更丰富的市场工具，在实现上下游贸易畅通的同时，以相对稳健的方式控制风险敞口。

（三）项目开展的动因

T 公司决定首先尝试从买入端使用场外期权产品实施风险管理。主要出于以下几方面原因：

第一，近几个月，黑色商品的价格出现了连续大幅度的下跌，市场价格已经低于企业可接受的成本或向下游的卖出价格，企业已经在收购端形成获利的局面，愿意以一定的支出作为风险管理成本；

第二，黑色商品的仓储需要一定的费用支出，形成仓储成本，如果衍生品的价格接近或者优于上述仓储成本，那么通过衍生品建立虚拟库存，就可能是一个更优的解决方案；

第三，T 公司对市场的价格持有一定的观点，判断后续价格大概率下跌，希望能把握相关的盈利机会，但是又不宜暴露多头风险。

二、项目方案与服务过程

（一）项目的具体模式

T 公司通过与五矿期货开展场外期权交易实现对经营过程的风险管理：

在场外期权交易中，T 公司作为期权的买方，根据自身的经营意图和风险管理需求，提出需求要素。

五矿期货作为期权的卖方，根据 T 公司提出的需求要素，设计相应的场外期权产品，并给出报价。

T 公司经评估后接受上述期权产品的报价，并发出交易指令。

五矿期货接到交易指令后在场内挂单复制了上述期权产品的对冲交易单，交易单在场内成交后，即确认此项交易达成，随即制作相关交易凭证发送给 T 公司。

在上述期权产品持续期间，五矿期货持续开展风险对冲交易，以对冲期权头寸的风险。并根据要求向 T 公司报告持仓的盈亏情况。

期权产品到期了结，T 公司与五矿期货按期权合约结算并划转资金。

（二）项目的参与方

T 公司是 AA 集团公司开展钢材进出口业务和国内贸易的公司，是国内规模很大的钢材贸易企业。

T 公司与五矿期货有机协同，各自发挥所长，实现使用新型金融衍生品工具助力商品贸易业务模式的创新发展。

（三）标的

根据 T 公司的经营内容和风险管理需求，本次业务的标的是螺纹钢和热压卷板的标准化期货合约。

根据 T 公司经营的具体时间节点和经营内容，选择相应月份的期货合约。

（四）具体的操作与执行过程

T 公司经过评估，决定通过买入看涨期权的方式建立虚拟库存。看涨期权以 T 公司预定的商品成本或购买价格作为执行价格。

当标的期货合约的当前市场价格下跌,低于看涨期权的执行价格,期权变为虚值期权,权利金低于其他要素相同的平值期权和实值期权。权利金随着标的合约价格下跌而下跌。

T公司判断价格下跌达到一定程度,期权的权利金数额相对于商品的仓储成本或预期的风险管理成本处于可接受范围,即下达交易指令,达成相关的期权交易。

另外,对于T公司作为贸易卖方的经营内容,采取相对应的看跌期权进行风险管理。

自2022年7月15日起,T公司按上述方式与五矿期货实施场外期权交易11笔。其中10笔看涨期权,建立虚拟库存;1笔看跌期权,保护售出价格。上述交易名义本金共计2.45亿元,权利金740.9万元,涉及螺纹钢及热压卷板共计6.41万吨。

三、项目总结

（一）项目的执行效果情况

通过购买场外期权产品,T公司实现了其管理风险的同时争取市场机遇的经营意图。

对于使用看跌期权保护代售商品价格的部分,如果商品价格上涨,T公司就可以用新价格出售货物,获得价格上涨的收益,而期权成本已经锁定,不会因为价格上涨产生额外的损失,实现了争取市场机遇;如果价格下跌,T公司就会以较低的价格出售货物,场外期权的赔付可以弥补部分损失,实现风险管理。

对于使用看涨期权建立虚拟库存的部分,如果商品价格下跌,则T公司届时可以更低的价格买入,实现博取收益;如果商品价格上涨,则期权赔付可以补偿部分的购买商品额外支出,实现风险管理。

最后,期权标的物价格变化约300元/吨,其间变化最大幅度约500元/吨,而T公司持有的期权头寸价值变化约370元/吨,极大缩减了市场价格大幅波动下所持标的物的价值变化风险,持仓价值变化仅相当于市场价格最大变化的 26%。同时,在期权期限区间,标的价格在日线水平出现三次趋势性变化,总变化幅度达到约 800 元 / 吨,由于头寸风险已通过期权工具获得充分稳健的保障,T 公司可以充分利用上述时间和价格空间造成的盈利机会,以更低价格来进货。

通过使用期权工具,T 公司的套保头寸价值风险暴露降低 74%,同时获得了三次日线级别价格趋势变化提供的 800 元 / 吨价格空间的博取盈利的机会。

表 6-4-9　套保损益情形

	标的物价格最大变化 (元 / 吨)	看跌期权价格最大变化 (元 / 吨)	套保程度
套保期间	−500	+370	74%

(二)项目的主要经验

作为场外期权服务提供一方,五矿期货通过开展项目,了解了场外期权对于贸易型企业合适的应用场景,有助于在后续接触其他客户时,更精准地定位客户的风险管理需求;同时,也积累了服务产业客户的经验,有助于后续进一步提高对产业客户的服务质量。

(三)亮点和特色

本项目是 T 公司首次通过场外期权这样的新型金融工具实施风险管理,不仅打通了相关的工作流程,也借此探索了对上下游保价等新型业务模式。

场外期权的实际效果也为 T 公司锁定了购买成本或出售价格,在产业链的商品供应上发挥了保供稳价的作用。

案例 4-6　J 公司螺纹钢场外累沽期权套保案例

一、项目背景

(一)宏观经济与产业背景

受钢材市场主要矛盾钝化影响,2023 年,钢材价格波动率和基差波动率均有所降低，传统期现交易的持有成本上升，回报率明显下降。

一季度钢价高位回落后，钢材市场陷入持续低迷状态，金三银四的建筑业旺季未如期兑现。7月，国家会议要求加大逆周期调节力度，对房地产调控的内容有所缓和，市场预期逐步增强。但宏观与微观的互动未能在短期内有效验证，因此二、三季度钢价持续在 3 600~4 000 元／吨的价格区间内运行。

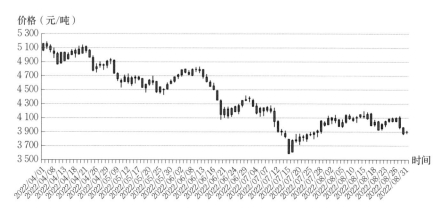

图 6-4-9　螺纹钢期现货价格走势

（二）服务对象的需求

J 公司成立于 2014 年，位于天津市，是一家经营钢材批发兼零售、加工的现货贸易企业，年贸易额 3 万吨左右，品种涉及螺纹、钢坯等。近几年随着市场竞争逐渐激烈，直采直供业务利润空间不断缩小，渠道风险不断加大，类似 J 公司这样的中小钢铁贸易企业不断寻求转型和业务创新。2023年钢材价格和基差波动率降低，J 公司原贸易模式，即远期点价采购及销售并结合正套业务的持有成本上升，相关的策略盈利率下滑。因此，企业需要寻求多元经营策略维持经营、保障利润水平，实现降本增效。

（三）期权套保策略分析

2023 年 9 月中旬，J 公司点价采购 2 000 吨现货，准备持有至国庆节后逐步向下游交货。原计划进行期现正套（买入现货卖出期货），但鉴于正套策略效率偏低，持有周期内财务成本高，仓储费用压力大，考虑使用金融衍生品调节采购成本及销售价格。

相比普通期权单一的行权价和到期日,累沽期权设置了上限价和下限价,同时有一系列的观察日。企业可在未来一段时间的每个观察日,以固定价格售出资产。可见,累沽期权适用于对产品有稳定销售需求的企业,有利于企业锁定优势销售价,稳定经营利润来源。

经五矿期货与其反复沟通交流,形成一致预期和判断,认为未来三个月钢材现货主要矛盾不突出,预期回升和建筑业现实偏弱的双重制衡下,螺纹钢 2401 合约价格大概率宽幅区间震荡(3 600~3 950 元 / 吨)。一方面,企业有稳定的销售需求,持有的现货可通过应用该期权降低企业资金成本;另一方面,企业预期最高销售价格 3 950 元 / 吨,如果价格超过 3 950 元 / 吨,企业在现货市场也会选择快速出货。为此,五矿期货利用累沽期权为 J 公司设计了一套基于当前价格的降本增效的风险管理方案,策略周期为 3 个月。

二、项目方案与服务过程

（一）项目的衍生品标的

根据 J 公司的经营状况和风险管理需求,确定本次项目标的为螺纹钢场外期权,对应上期所螺纹钢 2401 合约。

（二）项目的具体模式

项目开始前,五矿期货综合分析了 J 公司的经营状况和风险承受能力,为 J 公司提供风险管理咨询、专项培训等风险管理顾问服务,并为 J 公司制定了螺纹钢场外期权套期保值方案。

项目进行中,五矿期货为 J 公司提供行情分析和进出场时机建议等交易咨询服务。J 公司作为套保需求方,参考五矿期货给出的套保方案和指导建议,自主做出决定和发出交易指令。

（三）项目的具体操作与执行过程

累沽期权的运作模式如下:

1. 当每日收盘价在敲出价格与累沽价格之间时($Ko < C \leqslant K$),交易

者以累沽价格 K 售出相关产品。

2. 当每日收盘价高于累沽价格时（$C > K$），交易者以累沽价格 K 售出 N 倍相关资产。

3. 当任一收盘价低于敲出价格时（$C \leqslant Ko$），合约结束，期权自动作废，不可再售出。

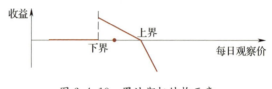

图 6-4-10　累沽期权结构示意

相比于普通期权，此方案的优势可使贸易商始终以高于市场价的价格出售相关标的。

结合产品特色和 J 公司情况，五矿期货设计了以螺纹钢 2401 期货合约为标的，入场价 3 852 元/吨、执行价 3 950 元/吨、障碍价 3 600 元/吨的 3 倍累沽策略。运行周期为 56 个交易日，即起始日 2023 年 9 月 19 日，到期日 2023 年 12 月 13 日。

具体流程如下：

1. 周期内价格如果运行在 3 600~3 950 元/吨区间内，J 公司每日按 3 950 元/吨高价卖出螺纹钢期货 2401 合约 10 吨，并每日以现金形式与五矿期货结算，结算利润为（3 950－当日螺纹钢 2401 期货收盘价）元/吨。同时择机销售现货库存，以此按实际经营节奏实现高价销售的目标。

表 6-4-10　螺纹钢场外累沽期权成交明细

场外期权成交明细	
标的	RB2401
期权类型	客户买入线性累沽期权
起始日	2023/09/19

续　表

场外期权成交明细	
到期日	2023/12/13
观察天数	56
入场价（元／吨）	3 852
执行价（元／吨）	3 950
障碍价（元／吨）	3 600
杠杆倍数	3
每日基础数量（吨）	10
总权利金（元）	－2 447.32
预估保证金（元）	204 412

2. 周期内价格如果运行在3 950元／吨上方时，J公司则每日按3 950元／吨高价卖出螺纹钢期货2401合约30吨，同样当日以现金形式与五矿期货结算，结算亏损为（当日螺纹2401期货收盘价－3 950）×3元／吨。亏损部分为企业愿意放弃当日更高价格，而以3 950元／吨价格获得3倍于日常的销售量所产生的潜在损失。3 950元／吨是企业初始的最高预期售价，也是J公司愿意在该时间周期内大量销售的点位，对应销量在企业的正常业务范围内。

3. 周期内价格运行在3 600元／吨下方时，当日无策略执行，即没有期货卖单，也不销售现货，企业无损失。

具体策略执行流程为五矿期货的风险管理公司五矿产业金融与J公司签订场外期权协议。J公司根据上述要素进行场外期权询价，五矿产业金融进行报价，客户在确认交易要素之后下单成交。

三、项目总结

（一）项目的执行效果情况

该项目实际运行周期为2023年9月19日至11月29日。周期内，价格多运行在 3 600~3 950 元／吨区间，仅有 6 个交易日超过 3 950 元／吨且价差较低，最大赔付区间持续时间也较长，企业整体取得较高收益，收益率在 35% 左右。而在此期间，整套策略价差收敛小，收益率低，该策略极大地提高了 J 公司的销售利润，真正实现了降本增效。

图 6-4-11　项目运行期间螺纹钢走势

表 6-4-11　企业套保效果

时间	现货平均价格（元／吨）	期货平均价格（元／吨）	期权执行价格（元／吨）	期权操作	套保效果
2023/ 9/19- 2023/ 11/29	3 806	3 773	3 950	买入执行价格 3 950 元／吨的累沽期权，每天卖出数量 10 吨，实际执行天数为 39 天，3 950（元／吨）上方亏损天数为 6 天，累计亏损为 5 220 元，本次清算盈亏为盈利 76 535.72 元。	累沽期权占用保证金，采购成本降低

表 6-4-12　套保期间损益情形

	总日数	>3 950 元 / 吨	3 950~3 600 元 / 吨	<3 600 元 / 吨
2023/9/19-2023/11/29	46	6	39	1
损益（元）	—	−5 220	+81 535	0
总损益（元）	+76 535			

（二）项目作用

期货、期权适用于不同市场行情及产业状况的套期保值。当出现单边行情时，期货是较优的对冲工具。当出现震荡行情时，期货套保模式难度较大，而期权则是较优选择。企业可通过灵活的期权策略达成经营和利润目标，实现更好的价格风险管理效果。

（三）项目的主要经验

本案例中，经济下行压力加大，钢材产业利润低迷，市场行情陷入震荡，企业选择期权进一步优化风险管理效果，以达成降本增效的目的。此外，遇到行情大幅上涨或下跌的行情，应及时根据自身采购订单以及期现结合的风险敞口对期权套保头寸进行相应调整。对于大幅上涨且超过价格上限的情形，可以继续用期货进行多头套保；而对于大幅下跌的行情，可采取将累计期权平仓或者做空期货的方式进行套保，防止损失进一步扩大。

（四）项目的亮点和特色

本项目取得较好成果，离不开五矿期货与企业的充分沟通、密切合作。一方面，五矿期货基于对产业的理解和未来市场的研判，同时结合企业需求及经营情况，提供精准、高效的策略，实现库存保值、增厚利润的目标；另一方面，五矿期货积极联动期货和现货优势，发挥现货渠道优势，灵活使用衍生品工具，丰富企业销售模式和风险管理模式，为企业与下游业务往来奠定良好基础。

企业应用期权工具优化经营，既可实现现货库存保值，实现增厚利润的效果，也可优化原料采购，达到摊薄成本的目的。期权策略灵活多样，应用场景广泛，有助于企业在不同的行情下开展价格风险管理，提升竞争力，助力企业行稳致远。

案例 4-7　D 公司铜场外累购期权套保案例

一、项目背景

国内外经济金融环境错综复杂，国际商品市场价格波动幅度加大，对实体经济冲击明显，铜产业链中小微企业面临铜价波动在内的多重经营困难挑战。为了解决铜产业链中小企业面临的困难，五矿期货积极行动，为铜供应链企业提供相应的解决方案。

2023 年 10 月以来，铜低库存及国内需求向好，铜价呈现震荡上行趋势。

D 公司是一家主要以有色金属铜为供应链的企业，运营铜的采购和分销业务。在铜价不断上涨偏强的背景下，D 公司受限于库存规模有限和较高的资金成本，面临较大的采购成本，并传导至产业链上下游。

二、项目方案与服务过程

针对铜价不断上涨带来的采购成本压力，五矿期货为 D 公司设计了沪铜普通累购期权策略方案，观察标的为 CU2401，期限一个月，每个观察日数量为 25 吨。通过累购期权设计成零权利金组合，在最大程度上降低了企业实施套期保值策略的成本。

表 6-4-13　累购期权要素

方案设计		沪铜累购期权	
标的合约	CU2401	入场价格	67 200 元 / 吨
开始日期	2023-11-14	结束日期	2023-12-13
期初收盘价	67 300 元 / 吨	期末收盘价	67 810 元 / 吨
每日数量	25 吨	反向倍数	2 倍
累购价格	66 500 元 / 吨	敲出价格	67 900 元 / 吨
每日保证金	7 000 元		

表 6-4-14 累购期权损益分析

CU2401 收盘价	当日盈亏
66 500~67 900 元 / 吨	以 66 500 元 / 吨采购 25 吨
＜66 500 元 / 吨	以 66 500 元 / 吨采购 50 吨
＞67 900 元 / 吨	无额外赔付

该累购策略预期短期内铜价以震荡偏多为主,逐日结算盈亏。

在每个观察日内,若 CU2401 收盘价始终在累购区间(66 500~67 900 元 / 吨)内震荡偏强运行,D 公司以低于入场价 700 元 / 吨(67 200~66 500 元 / 吨)的累购价每日采购 25 吨沪铜现货(远期多头),实现降低采购成本的套保效果;若 CU2401 收盘价在下方区间(累购价以下)内弱势运行,D 公司以累购价承接 50 吨远期多单;若 CU2401 收盘价在敲出价上方,则当日无盈亏产生。

表 6-4-15 累购期权套保效果

套保方案	保证金占用	套保效果
期货套保	6 300 元 / 吨	全部 550 吨:期初入场,采购成本 67 300 元 / 吨
累购期权	7 000 元 / 吨	（1）期间 10 天在区间 66 500~67 900 元 / 吨,共 250 吨:陆续入场,采购成本 66 500 元 / 吨 （2）期间 12 天敲出,即剩余 300 吨敲出了结,不再套保,剩余吨数按市价采购

表 6-4-16 期货期权套保对比

	期货	期权
吨数 1(吨)	550	250
价格 1(元 / 吨)	67 300	66 500
吨数 2(吨)	—	300
价格 2(元 / 吨)	—	67 810
成本合计(元)	37 015 000	36 968 000
差异(元)		47 000

从表 6-4-16 中可看出,期权有 10 天可以用 66 500 元 / 吨的较低价格买入,这次套保期权价格都没有在 66 500 元 / 吨之下,使得 D 公司无法以 66 500 元 / 吨的价格多买一些,而有 12 天收盘价在 67 900 元 / 吨之上,这些吨数最终以出场当天的价格买入。最终计算出的结果,本次套保累购期权还是比买入期权在采购上有成本优势。

三、项目总结

D 公司经过分析和研究发现,对比相同行情下,企业运用单一远期买入和普通累购期权产生不同的套保效果;考虑到保值目标要求策略相对稳定,运用普通累购期权实施买入套期保值,能在震荡偏强市场行情获取累购期权折价买入的收益,易于策略的管理以及现货期权套保的应用。

期权交易期内,铜价最高上涨超 2%,通过该累购期权交易为 D 公司节省了约 4.7 万元的采购成本,项目操作效果达到了 D 公司预期,为企业获取了采购阶段的成本优势,提升了企业经营效率。

案例4-8 I合作社场外亚式期权套保案例

一、项目背景

陕西省汉中市西乡县是传统农业大县,也是全国生猪调出大县。生猪产业是当地重点发展培育的县域特色产业和主导产业。2019 年生猪价格剧烈波动后产能大幅下降,此后西乡县生猪产能逐渐恢复,2022 年西乡县全县生猪总饲养量达 428 万头,其中堰口镇生猪年存栏量 5.7 万头,年出栏达到 11.77 万头。

2022 年,猪价自 7 月上涨到高位后开始宽幅震荡,到 10 月又经历了一波震荡下跌,且有继续走弱的趋势。2022 年底腌腊季即将到来,而市场需求不及预期。西乡县堰口镇 I 合作社是一家以成员为主要服务对象,提供畜禽业、种植业的养殖、收购、销售,以及与生产经营有关的技术培训、信息服务的合作社。

2022 年 11 月,I 合作社担心猪价从高位再度下跌,减少年底生猪出栏的收益,因此迫切需要为即将出栏的生猪进行价格风险对冲。

2022 年 5 月,五矿期货初步与 T 保险股份有限公司陕西省分公司(以下简称"T 保陕分")开展合作,在陕西省西乡县为 I 合作社开展生猪"保险 + 期货"项目。

二、项目方案及服务过程

(一)业务模式

"保险 + 期货"业务模式主要通过保险端和期货端对冲农户农产品价格下跌风险。农户、合作社通过购买保险公司的价格险,把相应农产品价格的风险转移给保险公司,以此锁定农产品销售收入;保险公司则是通过购买场外期权把风险转移给期货公司风险管理子公司;最终由期货公司风险管理子公司通过期货及衍生工具把风险转移到期货市场,到期后把场外期权期末权利金赔付给保险公司,进而起到最终赔付农户、合作社的作用。

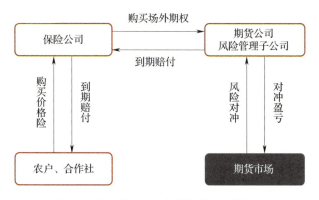

图 6-4-12 "保险 + 期货"项目开展流程

(二)项目开展计划

经协商,三方拟在 11 月底开展为期 1 个月的生猪价格保险,为 I 合作社年底出栏的约 2 300 头生猪提供价格保障，并在春节前完成赔付。为降低保险费用扩大承保规模，采用了增强亚式场外期权。

（三）项目实施情况

1. 项目协议约定

2022 年 11 月，五矿期货与 T 保陕分签订《西乡县 2022 年生猪"保险 ＋ 期货"项目协议书》，协议要素包括以下内容：

试点期间：2022 年 11 月 15 日—2023 年 4 月 15 日

保障内容：为投保户生猪价格下跌风险提供保障

保障数量：保障数量约 250 吨生猪

保险费用：总保费 20 万元

2. 场外期权的权利金构成和期权设计

2022 年 10 月猪价突然下跌后，五矿期货及风险子公司预测未来生猪价格波动率较高，同时在猪价大幅下跌后生猪期货合约价格可能在一个月内产生一定的反弹，综合考虑期权成本和行情走势，建议采用增强亚式看跌期权。

场外期权的各项要素如表 6-4-17 所示，损益效果如图 6-4-13。

表 6-4-17　场外期权要素

期权类型	增强亚式看跌期权
执行价格	18 425 元／吨
期权标的	大商所生猪 LH2303 合约
标的数量	285.625 吨
入场时间	2022 年 11 月 30 日
到期日	2022 年 12 月 29 日
入场时标的价格	18 425 元／吨
权利金	180 035.15 元（630.32 元／吨）
理赔金额结算公式	理赔金额 ＝max（理赔结算价 － 执行价格，0）× 标的数量

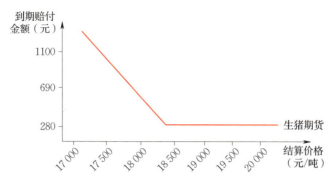

图 6-4-13　场外期权损益

3. 场外期权获利情况

按照原定计划,I 合作社约 2 300 头生猪将在 2022 年 12 月底陆续出栏。根据生猪期货行情走势,最终决定在 2022 年 11 月 30 日开展项目,项目到期日为 2022 年 12 月 29 日。

场外期权于 2022 年 11 月 30 日开始进行风险对冲,LH2303 对应下图中 A 点,进场价与执行价均为 18 425 元 / 吨。进场后 LH2303 价格小幅上涨后大幅下跌,最低价达到 15 355 元 / 吨。此后虽有反弹,但在 2022 年 12 月 29 日 LH2303 价格仍处于下图中 B 点价位,当日收盘价为 16 300 元 / 吨。根据理赔结算价计算公式,最终理赔结算价为 17 319.5 元 / 吨,因此场外期权获得了 1 105.5 元 / 吨的赔付。

图 6-4-14　项目执行期间标的生猪期货价格走势(单位:元 / 吨)

2022 年 12 月 29 日到期后,场外期权期末权利金达到 315 758.44 元。

4. 赔付完成

场外期权在 2022 年 12 月 29 日到期后,T 保陕分和五矿产融加速推进权利金的划转流程,并完成理赔前的复核,在 2023 年 1 月 20 日完成赔付。

三、项目总结

(一)执行效果

在项目开展期间,生猪现货价格大幅下跌 4 560 元／吨,I 合作社的社员面临较大损失。在本次项目中,I 合作社获得了 31.57 万元的赔付,即每吨生猪获得赔付 1 105.5 元,项目整体赔付率 157%,一定程度上降低了养殖户生猪出栏时猪价下跌带来的损失。

本次项目赔付金额未能完全覆盖现货产生的损失,导致整体依然亏损 98.67 万元,主要原因在于采用了流动性较好的 03 合约作为场外期权标的,与现货价格下跌幅度不匹配。不过采用低成本的增强亚式期权结构,还是降低了在猪价大幅下跌行情下的最大赔付金额。

表 6-4-18　损益结果

	现货	期权	现货＋期权
执行价格(元／吨)	23 220	18 425	—
结算价格(元／吨)	18 660	17 319.5	—
套保数量(吨)	285.625	285.625	—
单位盈亏(元／吨)	−4 560	＋1 105.5	−3 454.5
总盈亏(元)	−1 302 450	＋315 758.44	−986 691.56

欧式期权结算价为期权到期收盘价,为 16 145 元／吨,参考表 6-4-19。欧式期权可获得收益 2 280 元／吨,相比于增强亚式期权可多增加收益 1 174.5 元／吨。但同时也应注意,欧式期权的成本较高,而且在震荡行情难以产生赔付。

表 6-4-8-19 欧式期权与增强亚式期权比较

	欧式期权	增强亚式期权
执行价格（元/吨）	18 425	18 425
结算价格（元/吨）	16 145	17 319.5
套保数量（吨）	285.625	285.625
单位盈亏（元/吨）	+2 280	+1 105.5
总盈亏（元）	+651 225	+315 758.44

（二）项目亮点

本次项目亮点在于在较低费率的情况下实现了较高的赔付率。五矿期货坚持服务实体经济初衷，以尽可能多地为合作社生猪价格提供保障为目标，充分发挥专业投研能力，深入研究行情走势，从成本和赔付概率的角度着手，选用成本较低赔付概率较高的增强亚式看跌期权，最终实现了较高的赔付率，一定程度上降低了生猪价格下跌风险。

（三）项目意义

一是对促进生猪产业稳产保供具有一定借鉴意义。多年来，生猪价格一直在大幅波动之中。本次生猪"保险 + 期货"项目开展于 2022 年生猪价格下跌过程中，是典型的为养殖户生猪出栏"保价格"的案例，充分彰显了"保险 + 期货"模式对于农产品价格保障的作用。

二是对建立参与方正确的套期保值意识具有一定示范作用。自"保险 + 期货"项目推出至今，该模式已在全国遍地开花，但对于项目参与各方而言，尤其对参保农户来说，都抱有"价格高时不保价，价格见底时再参与"的心态。但价格见底时再参与往往得不到高赔付，难以发挥出价格险的作用。本次项目的成功实践，充分说明了在价格有利的情况下开展"保险 + 期货"对参保护降低损失、保障收入有较好的积极作用。

案例4-9 天然橡胶"锁定＋敲出结构"套保案例

一、项目背景

海南省白沙黎族自治县（下称"白沙县"），位于海南岛中西部，是一个以黎族为主的少数民族聚居山区革命老区。白沙县是海南省天然橡胶的主产区，年均天然橡胶种植面积50万亩以上，2023年可开割面积超过67万亩，天然橡胶种植业是该县的主导产业之一。

五矿期货自2017年起在上期所的大力支持下试点"保险＋期货"项目，在2020—2022年期间已连续三年在白沙县开展上期所天然橡胶"保险＋期货"试点，积累了足够的项目经验，也得到了地方胶农及政府部门的充分信任。五矿期货和白沙县人民政府金融工作服务中心（下称"白沙县金服中心"）以及T保海分三方积极协作，共同支持此次项目落地。

海南省每年割胶时间为3月至10月，其间胶价波动剧烈，胶农同时面临胶价下跌产生的亏损及卖胶后胶价上涨造成收益减少的风险，保障胶农稳收增收是每年上期所天然橡胶"保险＋期货"的宗旨。

二、项目方案及服务过程

（一）业务原理和意义

上期所天然橡胶"保险＋期货"是由上期所牵头发起，由期货公司、保险公司合作服务我国天然橡胶产胶县胶农的价格保障产品。

首先，上期所为农户提供保费支持，并由期货公司先行垫付保费，农户为规避市场价格风险向保险公司购买价格保险产品。其次，保险公司通过向期货风险子公司购买与保险产品保障价格一致、数量相同、保障期限一致的场外期权，将赔付风险再次转移。然后，期货风险子公司利用期货市场进行风险对冲。最后，若保险到期后市场价格向不利方向变动，则保险公司可获得场外期权收益，并将收益作为保险产品的理赔款赔付给参保主体。

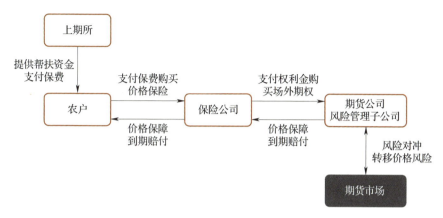

图 6-4-15　上期所天然橡胶"保险 ＋ 期货"项目开展流程

（二）业务实施过程

确定参保对象：参保主体由白沙县金服中心根据当地私人种植胶的胶农参保意愿、胶农的实际帮扶需求确定。最终参保胶农数 2.73 万户。

项目启动：在各方协商一致后，由 T 保海分在 2023 年 7 月分 2 批向五矿期货购买与保单要素一致的场外期权，每批 1 000 吨。

表 6-4-20　场外期权及保单要素信息

批次	第一批	第二批
标的	上期所 RU2401 合约	上期所 RU2401 合约
目标价格	13 310 元／吨	13 345 元／吨
数量	1 000 吨	1 000 吨
期限	2023/7/11-2023/11/10	2023/7/12-2023/11/10
保费	705 000 元	705 000 元
单位保费	705 元／吨	705 元／吨
保费费率	4.7％	4.7％
投保人	白沙黎族自治县人民政府金融工作服务中心	
受益人	27 310 户农户	

根据理赔结算方式，赔付金额可分为以下三种情况，可参考下图。

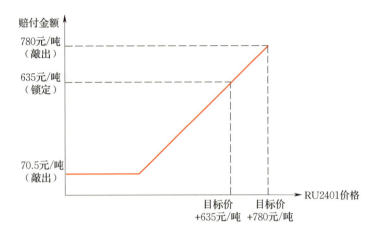

图 6-4-16 价格险赔付损益

情况一： 在保险有效期内，若场外期权剩余单位权利金低于初始单位保费 ×10％，场外期权和对应的保险提前了结，赔付金额为 70.5 元/吨；若场外期权剩余单位权利金始终高于初始单位保费 ×10％，但 RU2401 合约价格低于目标价格以上 635 元/吨，则以 RU2401 合约到期收盘价为理赔结算价，以理赔结算价高于目标价的部分为单位理赔金额，可参照下图。

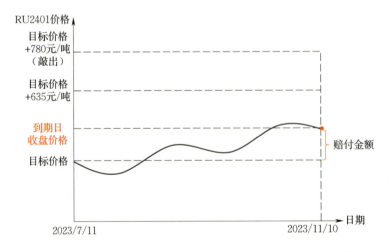

图 6-4-17 RU2401 价格始终低于目标价格 +635 元/吨时的情况

　　情况二：在保险有效期内，若 RU2401 合约价格达到目标价格以上 635 元／吨，则锁定 635 元／吨的赔付，如图 6-4-18 所示；此后，若到期后 RU2401 合约价格始终未突破目标价格以上 780 元／吨，但高于目标价格以上 635 元／吨，则以 RU2401 合约到期收盘价为理赔结算价，以理赔结算价高于目标价的部分为单位理赔金额，如图 6-4-19 所示。

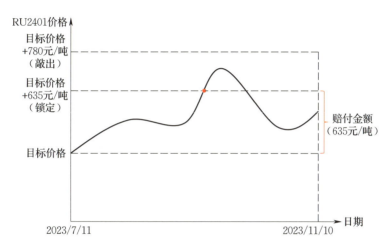

图 6-4-18　RU2401 价格达到目标价格 +635 元／吨但到期收于其下方的情况

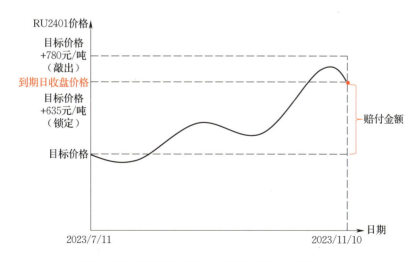

图 6-4-19　RU2401 价格达到目标价格 +635 元／吨

但到期未收于目标价格 +780 元／吨的情况

情况三：在保险有效期内，若 RU2401 合约价格突破 780 元／吨，则保险触发敲出了结，单位理赔金额为 780 元／吨，可参照下图。

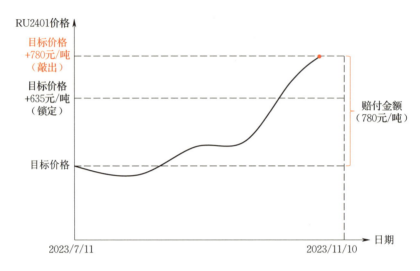

图 6-4-20　RU2401 价格达到目标价格 ＋780 元／吨的情况

其间，五矿期货联合多家期货公司及 T 保海分共赴白沙县开展了上期所天然橡胶"保险 ＋ 期货"专业培训及党建相关活动，为白沙县政府相关干部、胶农代表深入讲解了"保险 ＋ 期货"的背景、原理、案例及意义等内容，促进了各方的协同合作。

保险到期，理赔程序启动。本次价格险项目最终在 2023 年 9 月 1 日提前结束敲出，2023 年 11 月 1 日，五矿期货将场外期权期末权利金 156 万元转账至 T 保海分指定账户，T 保海分开启理赔程序。

三、项目总结

参考图 6-4-21，本次项目场外期权在 2023 年 7 月 11、12 日入场，到 2023 年 9 月 1 日触发敲出条件提前了结，确定赔付 780 元／吨，2 000 吨天然橡胶理赔金额共计 156 万元。

参考表 6-4-21。同期，海南省天然橡胶现货价格上涨了 650 元／吨，已卖胶的胶农损失了 650 元／吨的现货收益，而通过"保险 ＋ 期货"的场外

图 6-4-21　RU2401 合约 2023/7/3-2023/11/30 行情走势

期权却获得了 780 元 / 吨的赔付, 不但完全弥补了胶价上涨带来收入减少损失, 还增加了 130 元 / 吨的收益, 整体增收 26 万元。

表 6-4-21　现货与期权综合损益

	现货	期权	现货 + 期权
执行价格（元 / 吨）	11 000	13 327.5	—
结算价格（元 / 吨）	11 650	14 107.5	—
套保数量（吨）	2 000	2 000	—
单位盈亏（元 / 吨）	−650	+780	+130
总盈亏（元）	−1 300 000	+1 560 000	+260 000

　　本次项目充分保障了白沙县 2.73 万户胶农的价格风险, 稳定了种植收益, 保障效果不仅得到胶农的积极评价, 也获得了白沙县金服中心等有关部门的一致认可。

　　7 月进场之前, 从技术面上看, 期货端橡胶形成温和上涨趋势, 但基本面因素偏弱, 对 RU2401 主要保持中性思路。在市场波动的风险较大的情况下, 选用锁定 + 敲出的结构更易于实现较高的赔付, 为当地农户拉起价格的"防护带"。

　　此次期权结构的合理设计，成功帮助农户抵御了市场价格风险。在项目进场后，受地产政策和合成橡胶现货库存绝对值偏低的影响，合成橡胶形成多头市场。9月1日，合成橡胶大涨，带动天然橡胶主力大涨，橡胶价格直接达到敲出条件。

跋

期权作为现代金融风险管理的重要工具，其重要性在现代市场经济中愈发凸显。然而，许多交易者和从业者对这一工具的理解仍停留在表面，缺乏深入和系统性的认识。撰写这本书的初衷，正是希望通过自己的经验和研究，为读者提供一个全面、深入且实用的期权套保指南。

在筹备过程中，我们查阅了大量资料，参考了众多前辈和专家的研究成果，并结合自己的实战经验，力求将期权套保的理论与实践紧密结合，为读者呈现一个清晰、完整的框架。

当然，由于金融市场的复杂性和不确定性，本书所提供的方法和策略并不能保证百分之百的成功。因此，恳请读者在阅读过程中保持批判性思维，结合实际情况灵活运用所学知识。

最后，期待本书能够激发更多人对期权套保的兴趣和研究，共同推动金融风险管理领域的进步和发展。相信在不久的将来，期权套保将成为更多交易者和从业者手中不可或缺的金融工具。

让我们携手共进，在金融市场的风浪中稳步前行！